上品和馬

広報外交の先駆者

鶴見祐輔

1885-1973

藤原書店

鶴見祐輔
（1885-1973）

中学時代、兄弟と共に。右より良三（五男）、祐輔（次男）、憲（六男）、良輔（三男）、定雄（四男）。（北岡寿逸編『友情の人鶴見祐輔先生』より）

一高弁論部委員（1904年）。上段左より、大井静雄、鶴見祐輔、石川鉄雄、金井清、石橋茂、下段左より、武富敏彦、前田多門、一人おいて谷山初七郎（一高教授）、丸山鶴吉、芦田均。（同上）

後藤新平（1857-1929／左）と新渡戸稲造（1862-1933）。この二人との出会いが、鶴見祐輔を広報外交の世界へと飛躍させた。

左より、ウッドロー・ウィルソン（1856-1924）、チャールズ・ビアード（1874-1948）、フランクリン・ローズヴェルト（1882-1945）。いずれも鶴見祐輔と個人的に接触のあった人物である。特に、ビアードとの個人的交流は深かった。

北米遊説の行に上らんとする鶴見祐輔（1924年7月。鶴見祐輔『北米遊説記』より）

1924年8月、ウィリアムズタウン政治学協会年会の会長および講師陣。右より、ボン博士（独政府顧問）、ルイ・オーベール（伊エコー・ド・パリ主筆）、ガーフィールド博士（米ウィリアムズ大学総長）、サー・アーサー・サルター（国際連盟財政部長）、鶴見祐輔、ヘンリー・トーネー（英）（鶴見祐輔『北米遊説記』より）

第 2 回太平洋会議出席の日本委員。前列中央に澤柳政太郎、前列右端に鶴見祐輔夫人愛子、最後列右から 2 番目に鶴見祐輔（1927 年 7 月、於・ホノルル。鶴見祐輔『中道を歩む心』より）

北米横断飛行に上らんとする瞬間の鶴見祐輔（1928 年 1 月。鶴見祐輔『自由人の旅日記』より）

ウッドロー・ウィルソン夫人を自宅に迎えて。右より、鶴見祐輔、ウィルソン夫人、愛子夫人、トイスラー夫人（1929 年 10 月 14 日。北岡寿逸編『友情の人鶴見祐輔先生』より）

著書『母』英語版出版記念晩餐会の様子。アメリカの思想界・外交界・文壇・学界から出席者が集った（1932 年 2 月。鶴見祐輔『欧米大陸遊記』より）

1935年10月〜36年1月渡米の際、秩父丸の甲板にて（鶴見祐輔『読書三昧』より）

家族と共に。左より、妻愛子、次女章子、長女和子、鶴見祐輔、長男俊輔（1933 年）

長女和子、長男俊輔と共に、キャンベラ丸にてオーストラリアへ向う（1937 年 7 月）

父の仕事――刊行に寄せて

鶴見俊輔

私の父、鶴見祐輔の民間外交は、一九二四年、米国の国会を通った排日移民法に反対して、米国各地で米国人を相手に演説したことにある。

この努力は、米国二百年の歴史の中で、非米国人のなしとげた重要な活動だった。

私は、姉とともにオーストラリアにつれていってもらったとき、英語を話す聴衆を前に、彼が英語で演説するのをきいたことがある。一九三七年。

日本のある農民が自分のもつ畑の数をかぞえていて、もう一つあったはずだとくりかえしかぞえ、やがて気がつく。自分の立っている畑地をかぞえ忘れていたのだった。

ここで笑い。英語で演説をして笑いをとることができるのに、誇りをもった。そのころ私は英語をわかっていなかったから感心したのかもしれない。

だが、姉と私が米国留学から一九四二年八月の交換船で帰国した後、父は私たち姉弟に、自分の英語の発音を直してくれとたのみ、英語の本の輪読会を、家の者が寝静まってから開いた。このときわかったことだが、父の発音は岡山一中、第一高等学校、東大法学部ととおってくるあいだに培われたもので、その後に米国滞在があってもその発音の性格はかわらない。たとえばnが二つ並んでいるconnectionをコンネクションと発音する。

彼の言うところによると、彼が親しく行き来するようになったC・A・ビアード博士のところで松本重治とともによばれたことがあり、松本（エール大学出身）にくらべて父の発音が日本風を抜け出していないのはなぜかと尋ねられ、父はこう答えたという。松本は銀の匙を口に含んで生まれて育ったのに対して、自分は貧しさの中で育った。そのせいであると。

それでも、たとえばオーストラリアの聴衆にわかったのは、彼の演説が一高弁論部と東大緑会で鍛えられた度胸と雄弁術に支えられていたからで、流れをつくると、その流れによって聴衆を魅了することができた。それは今日、能・狂言が米国の舞台で通るようなものである。彼が十九歳から二十四歳まで、学生界の人気弁士であったことが米国に渡ってからその演説を英語においてさえ支えた。

それだけとは言えない。彼が鉄道省官吏になってから、役所の許可を得て、新渡戸稲造の鞄持ちとなって米国を旅行し、新渡戸の英語演説を現場で学んだ経験が、米国人相手の演説の習得にあずかって力があった。彼の演説旅行は、恩師新渡戸と相い似たかたちの先行きを迎える。

新渡戸の死後も彼は一度ならず日本国の中国侵略を米国で弁護し、それは彼の心中に後悔を残した。新渡戸の場合、そのカナダにおける客死のもととなったと、父は自宅で私たちに述べた。父の日米外交活動において意義のあった排日移民法反対も、やがて日本の侵略擁護のわだちに入り、彼として不本意な終わりを迎えた。

このように彼の民間外交は失敗に終わった。しかし、北米各地の演説を自由な民間人として続けたことは、今日から見て、米国に向かって正しい方針を指さしていたと私は思う。父の活動の最も優れた側面に、今回、上品和馬氏が光を当てて下さったことを光栄に思う。

広報外交の先駆者・鶴見祐輔／目次

広報外交の先駆者・鶴見祐輔　*1885-1973*

凡例

一　引用文は、原文のままとし、漢字については当用漢字に改めた。その際、当用漢字にない場合には、ひらがな書きとした。

一　当時の呼称が今日では不適切と判断される場合があるが、本書の学問的性格上、歴史的用語として、引用文と本文中において原文のまま用いた場合もある。

はじめに

二〇〇九年八月に、和歌山県太地町のイルカ漁を批判的に描いた映画「ザ・コーヴ」（The Cove）が、アメリカとオーストラリアで公開され、日本国内では、「ジャパン・バッシングだ」、「異文化を一切認めないのか」といった意見が出され、物議を醸した。こういった事態に至った時に、日本はただ黙って事態の収拾を待っているのではなく、国際社会に向かって日本人として、たとえ何か一言でも発言する必要がないだろうか。日本政府外務省といった組織としての発信ではなく、顔の見える人物の発信として、なるほど日本人はこう考えているのかと相手をある程度納得させる、生の声で訴えかけたいところである。

そう考えてみると、いま日本の顔となって発信し、それに対して世界が耳を傾けてくれるような日本人がいったい何人いるのか。たとえば、アメリカに出かけて行って講演で直接訴えかけ、アメリカの大衆に話を聞こうという気にさせるような人物を、我々は持っているだろうか。残念ながら、すぐには思い浮かばないのではなかろうか。

また、日本は、顔の見える外交を目指すといっているが、世界の人々にどれだけ日本の顔がみえているのだろうか。この数年間に限っても、日本の内閣総理大臣は次々と交代していて、顔がみえるどころか、前の前の総理大臣が誰だったかさえも思い出せないといっても過言ではない。総理大臣に限らず、日本の大衆が見知っていて、海外で体験したことを日本の大衆に語りかけてくれる外交官は、何人いるのか。実際こちらも顔など、まったくみえない。キャラクターがくっきりと印象的な人物は一人もいないのである。日本国内でみえていないのだから、海外の大衆にみえるはずがない。

戦前、アメリカ各地をめぐって有料で講演活動を行い、アメリカの大衆を大いにわかせた日本人がいた。鶴見祐輔(一八八五―一九七三)である。彼は、第一高等学校、東京帝国大学を経て、官界に入り、一四年間の官界生活を送った後に、政治家になろうとした。しかし、政治家としての第一歩を踏み出そうとした衆議院議員選挙で落選し、そのフリーの立場を利用して、アメリカ講演活動を行うようになった。

一九二四年七月、日本人移民をアメリカ全土から締め出す、排日移民法がアメリカで施行され、それに対して非を唱える形で、鶴見の講演活動はスタートした。アメリカ国内で成立した法律に対して、日本が口をはさむ筋合いはないと考えていたアメリカに対して、彼は、法律の成立のさせ方が非礼である、欧米列国と同等の待遇ではなく、他のアジア諸国と同等の扱いを受けたことに憤慨していると述べて、日米間の理解の相違点を明らかにしたのである。一九二四年八月に、ウィリアムズタウンの学会で行った彼の英語講演が新聞各紙に掲載されて評判となり、鶴見の人気に火が点いた。その後は、大学、学会、クラブ、婦人会、宗教団体といった、アメリカ各地の団体から講演依頼が殺到した。鶴見は当初予定していた滞在期間を延長して、一九二四年七月から一九二五年一一月にかけて一年四ヵ月にわたってアメリカ各地を講演した。これが、彼の第一回目のアメリカ講演旅行となる。その後も一九二〇年代から三〇年代にかけて、全六回のアメリカ講演旅行を行った。数ヵ月の旅行もあれば、一年以上に及ぶ旅行もあった。彼の講演活動は、排日移民法成立当時に最も受け入れられ、日本の中国進出にともなって困難となり、やがて日中戦争に至って、止めざるを得なくなった。

鶴見という人物の発信力に驚かされる場面の一つに、次のようなシーンがある。

一九五八(昭和三三)年九月、鶴見はアメリカのヒューストンで商工会議所の有力者約七〇名の前で講演を行ったが、その時の様子を現場で見た赤塚正一が、「演説は五〇分で最初はゲラゲラ笑わせていたが、二〇分位したころから完全にひきつけられ、咳一つする者もなく、最後の一〇分位は聴衆が立ってきいいた。演説後の批評は、今日のような演説を貴国から聴こうとは夢にも思っていなかった。丁度爆弾を胸にたたきつけられたような気がし全く感動した、とのことであった」と語っている。笑わせてから、やがて会場がしんと静まり返り、一同が胸を打たれて傾聴している様子が目に浮かぶ。

この時、鶴見は七三歳であった。この年齢でのこの話力から推して、排日移民法成立当時の三九歳のアメリカ講演は、いかばかりの凄まじさであっただろうか。

日本人が外国語を駆使して外国人を感動させるには、大変な力量を要する。彼は、第一次世界大戦後から第二次世界大戦前までのいわゆる戦間期、そして戦後に、アメリカを中心に海外講演活動を行った。これほどの長期間にわたって海外に訴えかけ続けた日本人は、他にいないであろう。金子堅太郎（一八五三―一九四二）、末松謙澄（一八五五―一九二〇）、新渡戸稲造（一八六二―一九三三）といった、明治維新以降に、海外で講演活動を行った人々の中でも、鶴見の活動の長さは突出している。

期間の長さだけではない。彼は有料で講演を行った。当時のアメリカでは、講演は書籍と同じ価値をもっており、無料で行われる講演は、外国政府が実施させているプロパガンダではないかと疑われたからである。つまり、講演の内容が、偏った形で自国の立場を擁護するものであったり、公平性を欠いたものであったりした場合は、その講演者には二度と講演依頼が来なくなるという厳しいものであった。疑わしいものに大衆が金を出さないのは当然である。そういった条件下で、鶴見にはアメリカ各州の様々な団体から講演依頼が寄せられた。戦後も、講演旅行を再開してくれという依頼が寄せられた。

鶴見は、子供の頃から政治家として活躍することを生涯の仕事と考えていた。一九二四年以降、三五年間に選挙に立候補すること一〇回、そのうち落選五回、当選五回。一九四〇年には、米内内閣の内務政務次官になったが、米内光政（一八八〇―一九四八）内閣は半年足らずの短命であった。戦後一九五四年の鳩山内閣の時に厚生大臣になったが、三ヵ月で内閣が辞職したので、鶴見は大した仕事のしようもなかった。内閣総理大臣になることを夢見つつも、政治家としては大成しなかったのである。アメリカ講演旅行などの、鶴見の国際的な活動は、政治家としては落選していたフリーの時期に行われた。彼自身は、海外活動よりも国内の政治活動を重視していた。しかし、本書は、彼の政治家としての側面ではなく、国際的な活動のほうに大きな意義を見出し、そこに焦点を当てる。

ところで、アメリカ排日移民法に非を唱えるなど、華々しい活躍がありながら、鶴見の活動は、これまでなぜ取り上げられなかったのだろうか。

その最も大きな理由は、戦時中に彼が戦争遂行内閣に協力したからであろう。しかしながら、戦時下における彼の活動は、対敵宣伝、すなわちアメリカへの宣伝活動を提案しただけであった。政府の議会における提案に終始していて、情報局という対敵宣伝の中央部で具体的な行動を取ったわけではなかった。鶴見という人物は、本来、ネガティブなことには向いていなかったと思われる。

ともあれ、戦時中に彼が日本政府の行動を批判したり沈黙したりといった行動をとらなかったために、彼の活動全体に対して否定的な視線が向けられていた。つまり、戦時下の行動のために、彼の活動全体が黒く塗りつぶされているのである。しかし他方で、彼の戦間期のアメリカ講演活動や、戦後のアメリカやインドにおける活動が、平和や国際協調を志向したものであったことは、紛れもない事実である。

近年、学界でもパブリック・ディプロマシー（広報外交）やソフト・パワーといった言葉が、度々、聞かれる。しかし、明治維新以降の日本のパブリック・ディプロマシーを正面から見据えた研究書はほとんどなく、戦前のそういった活動は顧みられていないのが現状である。その代表格が、鶴見祐輔である。

彼の活動から、我々が学ぶべきことは多い。たとえば、彼の活動が欧米を志向していてアジアに向いていなかったことや、パブリック・ディプロマシーには人を育てることが重要であるといったことなどは、大きな課題として今日の我々の前に存在している。

現代に生きる我々は、鶴見の活動を全否定するのではなく、彼の活動のすばらしい部分と、戦時中のネガティブな部分の双方を冷静にみつめ、そこから今後の日本や世界で活かせることを学ぶ姿勢が大切であろう。彼の活動のどこがよかったのか。どんな点に問題があったのか。それらをじっくりと検討することによって、初めて我々は将来の日本の世界に向けた発信、あるいは国際交流というものがどうあるべきなのか、その方向を見極めることができるのである。

本書は、そういった提案をするために、鶴見の活動を詳細に分析し、紹介する。未来の日本の発信、世界との交流、異文化間理解の一助となることを期待したい。様々な意味で、パブリック・ディプロマシーの先駆者、鶴見の活動には、大きなヒントが隠されているのである。

序章

いま、なぜ鶴見祐輔なのか

鶴見の活動の光と影

第一次世界大戦から第二次世界大戦に至る間のいわゆる戦間期、日本は国内の人口増加問題に頭を抱えていた。そして、その解決を阻んでいたこととして、三つの世界情勢があった。第一は、一九二二年の九ヵ国条約以降（ワシントン体制）の世界的な領土保全の潮流である。領土を広げることはできなかったのである。第二に、一九二四年のアメリカ排日移民法の成立による日本人移民の禁止である。アメリカに移民を送り出すこともできなかった。第三に、一九三〇年のスムート・ホーリー法成立以降の欧米各国によるブロック経済政策である。日本製品を輸出しようにも、高い関税に阻まれていたのである。

この三つの障壁によって生存の危機に曝されていた状況に対して、日本の知識人たちはそれぞれ策を練って対応したが、その中で日本の活路をいかにみいだせばよいのかを案じ、世界各国とりわけアメリカに向かって、英語講演、新聞・雑誌への寄稿、ラジオ演説といった方法、すなわち広報外交（パブリック・ディプロマシー）によって日本の立場を訴えかけ、日本に対する理解を求めようとした人物が、鶴見祐輔である。その対象は、大衆、政府要人、知識層、報道関係者、文化人、日系移民と実に多様であった。

鶴見祐輔は、一八八五（明治一八）年一月三日、群馬県多野郡新町（現・高崎市新町）に生まれた。絹糸紡績工場の所長であった父の転任にともなって、群馬、東京、岡山を転々とした。(1) 東京帝国大学在学中に新渡戸稲造と出会い、自由主義を学び、親米的な考え方も含めて思想的にその影響を強く受けた。実家が没落したことによる経済的な理由と将来的に政治家を志したことから、大学卒業後は官界に入り、内閣拓殖局朝鮮課に勤務した。

その後、後藤新平（一八五七―一九二九）の長女と結婚したことで後藤の影響下となり、一九一一年に鉄道省に転勤した。同年八月には新渡戸が日米交換教授として招かれたのに随行して、初めて渡米した。その後約一四年間にわたり官界にあったが、鶴見の特徴は、退官後の自由人・国際人としての活動にある。

ウッドロー・ウィルソン（Woodrow Wilson：一八五六－一九二四）大統領の理想主義の政治理念を研究、摂取し、自由主義を唱えた。また、フランクリン・D・ローズヴェルト（Franklin D. Roosevelt：一八八二－一九四五）大統領とも懇談する間柄であったし、ほかにもアメリカの知識人や政府要人の友人を多数持って交流を図った。

文筆活動にも才能を発揮し、小説、随筆、旅行記、伝記ほか約八〇種類もの著書を出版した。その発行部数は、総計で二五〇万部にのぼった。

さらに渡航回数は約四〇回に及び、アメリカ各地を旅行し講演を行った。その回数は五〇〇回以上を数え、流暢な英語を駆使して、多くのアメリカの大衆に感動を与えた。

太平洋問題調査会（The Institute of Pacific Relations. 以下、略称のＩＰＲで呼ぶ）の国際会議（通称は太平洋会議（Pacific Conference））には、日本の代表者として戦前に開催された六回すべてに出席した。日本国内の活動としては、一九二八年以来五回代議士に当選し、議会政治の壇上においてもその雄弁を揮った。

一九三〇年代の日本は、満州国建設、国際連盟脱退、ワシントン・ロンドン両海軍条約破棄といった一連の行動によって国際的に孤立していった。その過程で、日本の自由主義的知識人の大勢は、時勢に迎合するか沈黙を守ることによって、戦後は批判や揶揄の対象とされた。鶴見も戦間期に自由主義を提唱し、日米開戦の直前まで日米親善を唱えたが挫折し、戦争遂行内閣に協力するという形で時勢に迎合した。そのことによって、戦後、太平洋協会の常務（専務）理事、翼賛政治会の総務、大日本政治会の総務をつとめたことを理由に約五年間の公職追放を受けたのである。

一九五〇年一〇月に公職追放を解除されると、国土防衛民主主義連盟を組織して国民運動を展開した。また太平洋協会を組織して、アメリカを中心に各国の情報を集め、国際問題の研究に従事した。広報外交も再開して、アメリカ、南米、インドに赴いた。

では、鶴見は、広報外交で何を訴えかけたのか。

戦前は、アメリカ排日移民法に対して非を唱え、逆に日本の満州政策や中国政策についてはアメリカに理解を求めた。後半は、次第に日本の中国進出を擁護する形となったのである。

戦時中は、一転して親米の姿勢を棄て、日本国内の議会において対敵宣伝を提案した。

戦後は、日本が共産主義に傾くことはなく、アメリカと協調し自由主義・民主主義国家として生きることをアメリカに訴え、さらにアジア諸国との協調や世界平和を唱える広報外交を行った。

鶴見の活動は、なぜこのように時期によって変転したのであろうか。それは彼の中に並存していた帝国主義と自由主義のあり方に左右されていたと考えられる。鶴見は、イギリスという国を一つの手本と考えていた。イギリスが、世界中に植民地を有する帝国主義の側面と、多様な意見を出し合い検討し合う議会政治を機能させる自由主義の側面とを併せ持っていたことを鶴見は評価していた。こういった国家が現実に存在していたことから、彼の中で自由主義と帝国主義を並存させることが可能となった。鶴見はその主張において、ある時期は自由主義を表出させ、また別の時期には帝国主義を色濃く表出させた。従って、彼は九ヵ国条約による領土保全、不戦条約といったワシントン体制以降の自由主義・平和主義の時代潮流を完全には理解していなかったといえる。自由主義を自分が信奉する理念として堅持していなかったことから、自由主義と帝国主義の間をゆれ動いたのである。

鶴見の中の自由主義と帝国主義のあり方を国際関係から考えると、彼は欧米に対しては自由主義による視点で接し、中国をはじめとする発展途上国に対しては帝国主義による視点で接するという形で表れた。つまり、脱亜入欧の姿勢が顕著であった。このことは、中国においては政治家や学者といった層に面談という形で接触しただけで、アメリカにおける活動のように大衆に向けての広報外交がなされていないことからも明らかである。日米関係を重視するのであれば、日中関係の構築に対してももっと熱心であるべきであるが、鶴見にはその視点が欠けていたといわざるを得ない。それは例えば、当時、中国国内の政情が乱れていたからという理由にもよっていただろうし、アメリカを志向するほうがよりリアリティがあったからともいえよう。しかし、それらは今日の我々の目からみると、マイナスと評価せざるを得ない部分である。我々は、排日移民法に非を唱えた鶴見の華々しいプラス面だけでなく、今日からはマイナスともみえる面にも目を向ける必要があるだろう。

鶴見はこれまで政治家として不向きな人物、大成しなかった人物、自由主義者としてそれを貫徹できなかった人物と評価されてきた。(2) そういった意見の代表的なものが、次に挙げる、鶴見の長女・鶴見和子（一九一八－二〇〇六）の批評である。

戦時中の父の政治家としての態度は、けっして立派なものではなかった。日米開戦を支持せず、早期終戦を意図してはいながら、大政翼賛会に入り、戦争遂行内閣の内務次官になっている。（中略）

敗戦後、アメリカ占領軍によって追放になったことは、父の生涯のショックであった。しかし、これは、みずからが招いた不幸でもあった。一九五四年六月、海外派兵禁止動議が、参議院本会議に提出され、可決された。この時の提案者のひとりは父であった。父は憲法改正に反対であり、たとえ憲法が改正されなくても、第九条の解釈しだいによって、自衛隊が海外で戦うようになることを心配した。「日本の自衛隊は、如何なる場合にも海外には出さないのだ、と世界に声明した」のが、この海外派兵禁止動議だと父は説明している。戦争中の戦争協力の態度への自省の一つのあらわれであった。（中略）

父の身辺には、反骨の思想家実践家は、少数ではあったが存在した。父はそれらの人々を敬愛し、支持し、賞讃した。しかし、父自身は、自分の考えを、政治家としての行動において、つらぬかなかった。（中略）公人としての父は、自由主義を説いたが、おこないはべつであった。家庭では、自由主義を説かなかったが、徹底的に実行した。たとえそうすることが自分にとって不利になるとしても、そうすることが相手の自主性を守ることになる場合には、あえてそうするという徹底ぶりであった。(3)

このように、鶴見和子は父親の鶴見に対して、公的には自由主義を貫徹できなかった人物として手厳しく批評した。この評価は、鶴見を間近で長年支え続けた人物による一つの当を得たものとして受け止めざるを得ないであろう。

鶴見和子が指摘した、鶴見が自由主義を貫徹できなかったという面は、彼の政治活動においてだけでなく、彼の広報外交にも及んでいる。それは、彼の戦前の広報外交が日米開戦に至って、対敵宣伝の方向へ一転したことからも明らかである。

ところで、鶴見の政治活動と広報外交の関係は、彼の中でどのように位置づけられていたのだろうか。

鶴見はかねがね諸先輩や同僚たちから、政治家を辞めて講演や英文著述活動を行う国際人として対米問題に取り組んではどうか、また評論家としての仕事に専念するべきではないかという忠告を受けていた。しかし、少年期の読書体験によって、政治に最も深い興味を覚えた鶴見は、人間というものは少年時代の経験や感化から離れることはできないと考えた。政治活動を開始した一九二八（昭和三）年九月には、「政治は私の一生の仕事である。国際人としての活動も、文筆弁論も、畢竟するに政治といふ一つの目標に向っての仕事である。私は日本民族の一人として、この民族の政治の中に死んでゆきたいのだ。ゆえに日本の政治がどのやうに濁ってゐるやうとも、それが我々日本民族自身の政治生活である以上それを逃避し高踏することは私はしたくない(4)」と述べている。こうして、鶴見は中学時代から、世界的に活躍する政治家になりたいと考えるようになった。つまり、アメリカ講演や英文著述による広報外交は、彼自身が本来目標とした政治活動から生じた副次的な産物であり、基本的には政治活動とは別物と考えて差しつかえないだろう。

鶴見が一九二四年二月に一四年間にわたりつとめた官吏のポストを捨てるに至った理由は、政治家として立つためであった。彼の広報外交は政治活動とは別物であり、広報外交それ自体に主たる目的が置かれていたわけではなかった。従って、鶴見はこの価値観に基づいた選択を重ねていく。つまり、広報外交よりも、日本国内での政治講演や選挙のための活動が優先され、日本国内での政治活動に多忙な時期には海外渡航は行われず、国際的な活動は政治活動の間を縫うように展開された。日本国内の政治活動が主筋であり、海外活動は枝葉であるため、前者が優先された。例えば、アメリカ講演旅行中に日本国内で衆議院が解散に至り、自身の選挙活動のためにアメリカ講演旅行を打ち切って急遽帰国したことや、新渡戸から推薦された国際連盟事務次長のポスト就任を断ったことが、そういった行動の実例である。本書では、彼の広報外交に焦点を当てるために、日本国内の政治活動が海外活動の足を引っ張っている印象を与えるかもしれない。しかし彼自身は、基盤を日本国内の政治活動に定めていたという点を念頭においておく必要がある。

パブリック・ディプロマシーとは何か

パブリック・ディプロマシーという言葉について、説明したい。

第一次世界大戦後、国民がそれまで以上に政治に参加するようになり、大衆の意見としての世論が、外交政策に大きな影響を及ぼすようになった。その結果、ある国が自国の外交政策を円滑に進めるためには、別の国の世論を動かす必要が出てきた。そして、別の国の国民に心理的影響を与える手段の一つとして、「宣伝」が実施されるようになったのである。「宣伝」の具体的な方法としては、外国において自国の立場を訴える講演をすること、同様の内容を英文で執筆して新聞や雑誌に掲載すること、英文著書を出版すること、ラジオ演説を行うことなどが挙げられる。

第二次世界大戦前は、「宣伝」と呼ばれたが、戦後は「広報外交」と呼ばれた。「広報外交」は、「パブリック・ディプロマシー（public diplomacy）」の訳語である。

本書では両者を区別せず、基本的に同じものと考えて、戦前・戦後を通して「広報外交」という呼称を用いることとする[5]。

鶴見自身は、自分の活動を「宣伝」と呼んでおり、引用文との関連から、必要に応じて「宣伝」と呼ぶ場合もあるが、その場合でも、「広報外交」を指しているものと考えていただきたい。この場合の「宣伝」や「広報外交」は、平和・親善・友好といったポジティブなものを志向するものであると定義し、講演や新聞・雑誌への寄稿のように、鶴見個人の名前を公表して行われたものを対象とする。

しかし他方で、鶴見自身は、外国が無記名で行った活動を「宣伝」や「プロパガンダ」と呼び、謀略・陰謀・紛争・侵略といったネガティブなものを意図するものとして表現している場合もある。従って、鶴見による「宣伝」や「プロパガンダ」の用語の使い方は、折々の文脈ごとに判断する必要がある。

鶴見の第二次世界大戦中の活動については、それが謀略・陰謀・紛争・侵略といったものを志向する「対敵宣伝」であったこと、その「対敵宣伝」は、完全に日本政府の方針に沿った国策そのものであり、鶴見個人の記名でなされたものではなかったこと、彼は「対敵宣伝」を提言しただけであって実施しなかった、つまり鶴見の頭の中にあった計画案に過ぎなかったこと、といった理由から、概略を述べるにとどめる。従って、本書で扱う彼の「広報外交」の範囲は、戦前と戦後の活動に限定される。

また、鶴見の場合、海外における講演、日本国内から海外向けに行われたラジオ演説といった海外向けの発信活動だけでなく、講演、著書出版、新聞・雑誌への寄稿といった形による日本国内での発信活動が同時平行的になされた。海外向けと国内向けの発信活動はともに重要であることから、海外向けの発信活動に重点を置きつつも、日本国内における外交に関わる発信活動についても必要に応じて視野に入れたい。

「広報外交」は基本的には国家レベルの行為であり、民間人による海外広報活動ではない。鶴見の場合、官僚であったことや、退官後も日本政府を代表する形での活動が多かったこと、その渡航費用を国家の経費で賄っていた場合が比較的多かったこと、従って純粋な意味での民間人とはいいがたいので、鶴見の発信活動を「広報外交」と捉えたい。

鶴見が欧米や中国の主要な政府要人らと直接的に面談できたことは、日本の官僚としての訪問であったからこそなし得たことであった。当然ながら、民間人として各国を訪問した場合、各国の政府要人に面談することは非常に困難か、不可能であったものと思われる。このことは欧米、中国、その他の国への視察に共通していえることである。さらに、鶴見は、退官後も海外の政府要人に面談することができた。これを可能にしたのは、日本が鶴見のように語学力を有し海外経験の豊富な人材を多く持たなかったという事情にもよるし、鶴見が政治家として活動していたために日本の官界との関係が継続していたという事情にもよる。

以上のように、鶴見の発信活動を「広報外交」として位置づけ得る最大の理由は、政府関係者として海外に赴いて視察し、退官後も政府の支援が継続する立場にあったという点にある。一民間人がフリーの立場で海外に出て行って政府要人に面談して、日本国内や海外において広報活動を行ったという次元では決してなかったのである。

さらに、鶴見の考え方自体が日本政府寄りであったことも、彼の活動を「広報外交」として位置づける理由の一つである。しかし、鶴見の発信した内容が完全に日本政府の意向に沿ったものであったかという点については、戦前と戦後の「広報外交」においては、必ずしも日本政府の意向をそのまま伝えていたわけではなく、発信内容や発信の手法において、彼のオリジナリティが存在し、鶴見個人の名前を冠して活動を行った。彼独自のパーソナリティが込められた講演でなかったなら、パーソナリティを重んじるアメリカで受け入れられることはなかったのである。

また、鶴見の「広報外交」の発信内容については、日本の政治や経済を論じた内容ばかりではなく、日本文化、日本文学（小説、詩歌）、日本の演劇（戯曲）といった内容も含んでおり、その活動は今日的な意味における「文化交流」の要素を持っていた。

実際、彼の戦前の活動には、例えば、歌舞伎の海外公演のコーディネート、日豪親善の文化使節就任、オーストラリアの珍鳥の上野動物園寄贈、自作の英文小説『母』（*The Mother*）（Rac D.Henkle, 1932.）のアメリカ国内における出版といった、今日的な意味における文化交流に相当するものがあった。特に、『母』については、一九三二年二月一六日にニューヨークのタウンホールで出版記念晩餐会が開かれ、約二〇〇名のアメリカの名士たちが出席し、鶴見のために祝辞を述べた。

鶴見は次のように語っている。

経済的に国際化しつゝある日本人の生活は、文化的精神的にも国際化せられずしては、も早や納まらない時期になつてゐるのだ。物資交換といふことが文化交換と相伴（あいともな）ふことは、殆んど説明を待たない程平凡な真理である。日本の文化国際化は、日一日と急流の如き速力で進んでゆくであらふ。（中略）日本が大胆に真率に、世界文明の主流と合流し、世界のよきものを取り入れると共に、日本のよきものを全世界に放射して、日本精神と日本文化と日本生活とを、世界万民共通の一大財産にしてやるといふことが、昭和新時代の国民的向上心の標的でなくてはならない。(6)

鶴見は、ここで「文化交換」と呼んでいるが、これが「文化交流」に相当すると思われる。このように、鶴見は「文化交流」の重要性を説いた。この点に、彼の「広報外交」の一つの特徴があったと考えられる。しかし、彼が「日本のよきものを全世界に放射して」と述べている通り、その表現は「交流」というよりも発信的である。また、別の表現では、「世界語をもって、日本精神と日本生活とを、世界に宣布する一つの方法として、米国の講演行脚がある」[7]や、「日本文化輸出」[8]と述べているように、彼の発想は相互交流というよりは発信的であり、彼の活動もまた、講演といった手法に見られるように発信的であった。しかし、発信的ではあるものの、相互理解の上に成立する要素が排除されていたのではないことから、その活動には交流的な性格を帯びた部分があったことは事実である。

ある意味で、鶴見の活動は、今日の国際交流や文化交流のバリエーションを大量に含んでいるのである。彼は、文化交流のコーディネーターとしても先駆者であったといえよう。

ところで、鶴見はどのような動機から広報外交を行ったのであろうか。彼は、次のように述べている。

私は亜米利加に行くまで一四年間準備してゐたことがある。それは私が初めて亜米利加に渡つて以来考へて居りましたことで、日本にとつて一番重大なる相手国は亜米利加である。将来の世界を支配すべき勢力は亜米利加大陸から起つて来ると云ふことである。さうして此亜米利加国民の中に日本人の思想を叩き込まなければ、日本の国は本当に立つていけないと云ふことである。[9]

ここで「亜米利加国民の中に日本人の思想を叩き込」むと述べているのは、アメリカの大衆に訴えかける「広報外交」を意味している。鶴見のアメリカにおける「広報外交」は、アメリカ隆盛の波に日本も乗ることで日本の活路を拓こうという発想で行われた。

また、鶴見が広報外交を行ったもう一つの別の理由としては、アメリカにおいて反日感情を煽る中国による「宣伝」に対抗するためであった。

> 米国は世論の国であって、民衆的世論はプロパガンダで動かされる。この点に最も早く着眼して、米国において私は、支那の政客の達見に感服する。日本人は世界一と言わざるも、世界において一、二を争う宣伝下手（べた）である。無口を自慢の日本人は、世界の真中において、悪罵（あくば）せられたるままにて、無口で押し通してきた。その結果は全世界における滔天（とうてん）の排日論である。このために世界のプロパガンダの投売場たる米国において、日本の評判の不当に悪いのは当然である。そうしてこの宣伝を、宣伝によって戦はんとせずして、日本人はただ日本国内で空威張り（からいば）をしている。正に陰弁慶（かげべんけい）である。何故に日本人は進み出て、堂々と世界の面前で、是（ぜ）を是とし、非（ひ）を非として、日本の真面目を主張しないのか。それをせずして、外国に悪罵せられたりとて、日本国内で歯ぎしりしても、それはごまめの歯ぎしりだ。かかる事情のため日本は、不必要なる誤解を世界各国から受けて、外交上の不利益をしているのである。ことにその甚だしきが米国である。日米関係の過去における不幸は、多くはかかる誤解の結果であって、日米の利害の衝突のためでは

ない。米国は支那において日本を排斥すべき理由は少しもない。この点は私が微力をも顧(かえり)みず、しばしば米国に渡って米国人に講演する要点である。[10]

ここで、鶴見は「プロパガンダ」や「宣伝」という言葉を用いているが、いずれも同義語として用いており、単なるいい換えであって厳密な意味での差異はないものと考えられる。

以上の通り、鶴見の「広報外交」は、日本に対する誤解を解き、アメリカ大衆に日本を知らしめることで日本に親近感を持ってもらい、アメリカの世論を日本にとって有益な方向へ誘導することを目的として行われた。いい換えれば、鶴見にとっての親米や日米友好親善は、当時隆盛を極めていたアメリカと協調することによって日本の活路を拓こうとする、日本の国益に根ざしたものであった。

従って、日本の国益に適わない場合には、一九二六(大正一五)年の時点で、「之れ等の外国が幸にして、国際協調の精神をもつて、日本に対し寛宏にして、同情ある政策を取ればよし、然らざる限りは、日本の工業立国策は、忽ち破綻せざるを得ない。その時に我々は、戦争するか、自滅するかの二策中の一を撰(えら)まなければならない」[11]と述べているように、鶴見の親米や日米友好親善は戦争に転じる可能性を当初から含んでいたのである。鶴見のナショナリストとしての側面は、戦前・戦中・戦後を通して彼の活動を貫いている。

現代へのメッセージとして

鶴見の本領は、政治家としての側面よりも、政治活動の副次的な産物であった広報外交において発揮されたと考えられる。具体的には、国際的な講演、著述、国際会議の調整・運営といった活動である。例えば、アメリカにおける講演活動は、東部、中西部、南部、西海岸沿岸部、ハワイの広域において五〇〇回以上に及んでおり、太平洋会議には戦前期の全六回に出席して、その国際事務局委員として調整・運営活動を行った。さらに、海外の要人との個人的面談や交流、ヨーロッパにおける歌舞伎公演のコーディネート活動、オーストラリアやアメリカへの文化使節としての渡航、ニューヨークにおける日本図書館設立といった国際的活動を展開している通り、その活動はアメリカだけでなく、イギリスをはじめとするヨーロッパ、オーストラリア、南洋各国、中国、インドにまで及んだ。

しかし、これらの国際的な舞台における活動である広報外交については、十分な検証がなされないまま今日に至っている。その理由は、国立国会図書館『鶴見祐輔関係文書』が近年まで未公開であったために、その活動の詳細な研究ができなかったこと、彼の活動を検討するに当たって、海外講演活動をはじめとする広報外交という視点からの分析は、政治学や外交史という枠組みには馴染みがたい部分があり、さらに彼の活動は異文化コミュニケーションという分野にまで及んでいること、講演活動や、会議の調整・運営活動といったものが研究対象として捉えがたく敬遠されがちなモチーフであること、鶴見が第二次世界大戦開戦に至って、それ以前の親米的な姿勢を捨て、戦時下に戦争遂行内閣に協力する形での政治的活動を行った結果、終戦直後に公職追放を受けたことなどが挙げられる。

これらの理由の中で、最も大きなものは、鶴見和子が指摘した通り、「日米開戦を支持せず、早期終戦を意図してはいながら、大政翼賛会に入り、戦争遂行内閣の内務次官になって」、自由主義を貫徹できなかったことであろう。

しかしその一方で、鶴見の活動のうち、戦時下の対敵宣伝を除いた戦前と戦後の広報外交までも詳細に分析されないままであり、従って正当な評価がなされていないのが現状である。戦時中に戦争遂行内閣に協力し戦後に公職追放を受けたという事実が、彼の活動すべてを非としているのである。戦前の自由主義から外れた部分が批判の的となることは仕方がないとしても、それ以外の部分も無視されていることは正当な評価がなされているとはいえない。

本書は、こうした観点から、彼の講演活動を中心とする広報外交、すなわち発信活動を考察することを目的としている。具体的には、どのような日米関係の状況下において日本に対する理解をアメリカの聴衆に求めたのか、また対日感情がどのような時期にどういった方法で講演活動が行われ、彼の主張がどの程度受容されたのか、その活動にどのようなすぐれた特徴と越えられない限界があったのかといったことを明らかにする。さらに、その特徴と限界は、どのような歴史的意義があり、現代においてはどのような課題を示しているのかについても触れたい。

我々は、いま、鶴見の活動のマイナス面とプラス面を直視し、見極めることで、将来の日本の広報外交や国際交流を初めてきちんと考えることができるのである。プラス面については、それを現代的な形で継承しさらに進展させ、マイナス面については、どういった点に問題があったのか、そこから何を学ぶべきなのかを考える必要があろう。鶴見の広報外交は、我々に多くのメッセージを投げかけているのである。

第一章

発信力に貫かれた鶴見の生涯

三国干渉の屈辱に燃えた少年時代

広報外交という視点から、鶴見祐輔の生涯を概観してみたい。彼が少年期に何を学び、何を摂取し、またどのような社会的出来事に影響を受け、どのような考え方をするようになったのか。それらの諸要素はどのように関連し影響し合いながら、広報外交を展開する基盤を形成したのか、といったことを時系列でみていきたい。

鶴見は、一八八五（明治一八）年一月三日に、群馬県多野郡新町（現・高崎市新町）に八人兄弟の次男として生まれた[1]。

新町は、近世の笛木新町・落合新町の両町が一八七五（明治八）年に合併して新町駅が出来、一九八九（明治二二）年の町村制施行によって緑野郡新町と改称、一九九六（明治二九）年に新設の多野郡に属した町である。群馬県の南端にあって、川を隔てて埼玉県と接しており、滝川一益の古戦場神流川と烏川との合流地の平野である。鶴見の生家の周囲にも、支流がいくつか流れている。

父の鶴見良憲（一八五一―一九〇六）が工務局新町紡績所長心得であったので、鶴見はその紡績所の社宅で誕生した。(2)

良憲は、一八五一（嘉永四）年七月二五日生まれで、元々は岡山県の武家の出自であり、水谷勝得という旗本に仕える代官の跡継ぎであったが、維新後に武士の身分を捨て、一八歳の時に家を出て、主に農商務省が管轄する紡績工場の運営を任されていた。良憲が運営した紡績工場は、明治一〇年に設立されたもので、後年、鐘淵紡績の工場となったが、昭和三一年に廃業するに至る。

良憲は、努力家、勤勉家で、人のために尽くす人物であった。日本赤十字社や岡山県知事から感謝状を授与された経歴を持っていた。独創力に富み、明治中期における日本の紡績会社の制度は、多く良憲の創案によるところが大きい。体が丈夫で五〇歳を超えても二晩くらいは平気で徹夜をして働いた。しかし、彼の努力は彼自身ではなく、資本家の懐ばかりを富ませた。勤勉に働いてはその仕事の成果を他人に奪われるというお人よしの人生であったと鶴見は評している。他人から恨まれることはまったくなく、人から泣きつかれると、自分も経済的に苦しいのにもかかわらず、援助したりする人物であったが、最期まで借家住まいであった。(3)

鶴見の評伝の大半は、鶴見が貧しい出自であると伝えているが、父が官営紡績所関係の仕事に就いていた間はそれほど貧しくはなかった。鶴見家が没落したのは、良憲の晩年以降のことで、特にその没後であろう。

良憲の父（祐輔の祖父）・鶴見良造良直は、岡山県備中布賀（黒鳥）にあった黒鳥陣屋の最後の代官であった。その直系尊属の鶴見内蔵助は、水谷藩に仕えていたが、その城が没収される際に、これを受け取りに来た浅野藩名代の大石内蔵助と交渉した人物である。つまり、鶴見家は元来、備中の地方名望家の家系であった(4)。

鶴見の母・琴子（?―一九〇〇）は、明治維新の混乱期の大阪の商家の生まれで、十分な学歴も教養もない、平凡な女性であった。正直で涙もろく、怒ったり笑ったり感情の起伏が激しく、騙されやすい人物であったという。彼女は、自分の子供を偉くしたいという野心を持っていたが、具体的にどのように偉大な人間に育てたいのかという明確な考えはなかった。良憲が別々の町にある三つの会社の重役をつとめていたために旅行が多かったことが琴子には不満で、夫が帰らない日々が続くことが彼女の苦悩のもとであった。良憲は、豪放磊落な性格で、宴会好きで、二升の酒を飲んでも酔わないほど酒が強く、座持ちがよかった。酒と芸者を目の敵にしていた琴子は、良憲が帰宅しない夜半にはよく鶴見を叩き起こして、「お前は、酒と女で身を誤ってはならない」と泣いた。彼女が鶴見を夜半に叩き起こして愚痴をこぼす癖は、鶴見が一五歳の時から琴子が亡くなるまで続いた。

良憲は武家の出自でありながら絹糸紡績業に従事し、事業家的傾向が強い人物であった。一方、琴子の出自は大阪の商家であったが、息子の鶴見に対して「槍一本立てた生活をさせたい」と武士道的な生き方を要望していた。つまり、この夫婦はその出自を転倒させていたのであった。琴子は、新町に住んでいたアメリカ人宣教師夫妻と交友があったので、幼少時の鶴見にキリスト教的な影響がまったくなかったわけではないが、主たる影響は、儒教的かつ武士道的なものであった。

当時の日本では、母親は家庭内にあって夫を助ける任に当り、子供の世話を一身に引き受けがちであった。鶴見も、幼時から父親よりも母親の感化の下に成長するという風潮から例外ではなく、人一倍母親に同情して、幼年時の鶴見は父親に対しては反抗心さえ持っていた(5)。

鶴見の兄弟姉妹については、省一（長男）、敏子（長女）、祐輔自身（次男）、良輔（三男）、静子（次女）、定雄（四男）、良三（五男）、憲（六男、末弟）がいた。長男・省一は早世した。

末弟・憲の息子が、アジア学者で人類学者の鶴見良行（一九二六―一九九四）である。したがって、良行は、鶴見の長男・俊輔（一九二二― ）の従兄弟にあたる。俊輔の姉が、鶴見和子である。

長姉・敏子の長女が、後に政治家として活躍する加藤シヅエ（一八九七―二〇〇一）である。俊輔にとっては、従姉妹にあたる。加藤シヅエの先夫が男爵・石本恵吉で、彼は東京大学在籍中に新渡戸稲造に師事しており、祐輔とは兄弟弟子の関係であった。石本と加藤との間に生まれたのが、哲学者の石本新である。後に、俊輔の幼友達となった。

新町で幼少期を過ごした鶴見は、生家の周辺を流れる小川で、放課後によく川魚捕りをして遊んだ。小川をあちこち逍遥して魚捕りをしたことは、鶴見の健康を培った。

少年期の鶴見には読書面での指導者はおらず、鶴見がせがむままに母は買って与えた。父は寛大で、子供に強制したことはなかったので、鶴見は読みたい本を勝手気ままに読むことができた。雑誌『少国民』や『少年世界』、単行本『少年文学』、黒岩涙香の探偵小説、滝沢馬琴『南総里見八犬伝』、『演義三国志』を好んで読んだ。史伝では、川崎紫山『世界百傑傳』、戸川残花『三百諸侯』を読み、この二書からは日本史と世界史の知識を得た。また、当時、鶴見が読んだ歴史書には、『日本外史』、『世界戦史』、『普仏戦争』、『フレデリック大王戦記』、『ナポレオン戦記』がある。これらの読書から、鶴見は歴史に対する興味を強く覚えた(6)。

鶴見が新町町立尋常小学校時代に大きな衝撃を受けた出来事としては、まず三国干渉を挙げなければならない。日本は日清戦争で勝利をおさめたが、その矢先の一八九五年四月に、ロシアがドイツとフランスを誘って、日清戦争で日本が領有した遼東半島を清に対して返還するように日本に求め、日本は受諾せざるを得なかった。この出来事に対して当時一〇歳であった鶴見は、「比較的早熟であつた私は、これからひどい刺激を受けた。桑畑の土の上にひれ伏して、遥か東京の皇居に向つて礼拝し、心中ある誓を立ててゐる少年の姿が今も心眼の中に甦つてくる。それから後一〇年間、日本民族の頭を支配した思想は、この不正に対する雪辱といふことであつた(7)」と述懐している。この事件は、地方の田園都市の一少年であった鶴見の目線を日本から世界へと向けさせ、彼に世界の中における日本の位置を考えさせたのである。

鶴見は、良憲の転勤にともなって、新町町立尋常小学校から東京の赤阪尋常高等小学校に転校、さらに一八九六（明治二九）年二月に父が岡山の絹糸紡績株式会社取締役となって、岡山市岡山高等小学校に転校した。一八九八（明治三一）年四月には、岡山県立岡山中学校に入学し、岡山市東部の門田屋敷に移転した。一八九九（明治三二）年に両親は名古屋市会人町に転居したが、一四歳の鶴見は岡山に留まり、池田長康（一八八三－一九六二）の家に寄寓した。鶴見家と池田家が親しい関係にあり、琴子が度々の転校は教育上好ましくないと考えたからであった。

鶴見は池田を親友として岡山中学校時代の五年間を過ごし、池田との親交は晩年まで続いた。池田は、備前領主・池田侯の家老職にあった家の養子で、二万石の家柄であった。彼の養母・池田福子は明治天皇（一八五二－一九一二）の皇后の姪であり、九條公爵家の娘であった。池田家には約三年間にわたり同居したが、鶴見が池田家の人々から影響を受けたものは、武家の教養や生活習慣であった。具体的には、剣道の稽古を始めたことと、維新の志士の伝記を読み、彼らの生き方を手本として、厳冬の早朝五時に起床して冷水を浴び、寒風に身をさらし、粗衣粗食を守り、読書研学するという禁欲克己・精進の生活を送ったことが挙げられる(8)。

池田は、日頃から鶴見の長所や短所に対して折々適切なアドバイスを与えてくれる人物でもあった。鶴見は、中学生の時すでに、自分自身を含む岡山中学校生の競争相手は、日本の他都市の中学生ではなく、ロンドン・ベルリン・パリ・ニューヨークの外国青年であり、「我々は、（中略）全世界の秀才を目標として、日本を世界の強国とするという決心で勉強しなければならない(9)」と考えていた。これは、三国干渉を実体験したことが大きく影響していたからである。

この頃から鶴見は、多くの伝記を好んで読んだ。その中でも、イギリスの政治家のジョン・ブライト（John Bringht：一八一一‐一八八九）や、ベンジャミン・ディズレーリ（Benjamin Disraeli：一八〇四‐一八八一）の伝記を好んだ。それは、演説によって政治活動を行う様子が描かれていたからである。

また、鶴見は、当時の岡山中学校の校長であった服部綾雄（一八六二‐一九一四）と、同中学校・西洋史教師の阿部寅之助から演説について影響を受けた。服部は、アメリカで苦学した経験を持つ人物で、かなりの雄弁家であった。弁論部の部長もつとめていた阿部からは、演説面で影響を受けただけでなく、西洋の歴史に対する興味も喚起され、より一層歴史書や伝記の読書に傾倒するようになり、当時邦訳されていた大半の史伝を読破した(10)。

その結果、鶴見は岡山中学校三年生の時に、尚志会という校友会で「敵は本能寺にあり」と題して、同校の生徒約三〇〇人を対象に初めて演説を行った。その趣旨は、岡山中学校生の競争相手は日本の他都市の中学生ではなく、海外の青年たちであるという世界を視野に入れたものであった。この演説は好評であった。岡山中学校で演説に興味を覚えた鶴見は、早朝四時頃に起床して林の中で発声練習をし、演説の稽古を続けるようになった(11)。

また、鶴見は、演説だけでなく、同中学校四年生時に雑誌『中学世界』に投稿して入賞している。その内容は、日本に出現すべき興国の偉人を賞賛するというもので、後年に鶴見が出版する『英雄待望論』の原型ともいうべき論旨であった。

日本を世界の強国にする気で勉強しなければいけないという岡山中学校での演説内容にみられるよ

うに、鶴見は日本の実力を欧米諸国に認めさせ、彼らと対等の関係を築きたいという希望を少年期から強く抱いていた。このことから、世界を舞台として活動するための発信力である講演力と英語力を磨くことが重要であると考えるようになった。

英語の学習面についてみると、鶴見が多大な影響を受けた人物として、岡山中学校の英語教師・青木要吉（一八六七－一九三八）を挙げなければならない。青木は、浮田和民（一八六〇－一九四六）と同期で同志社大学を卒業した後にイェール大学で学び、帰国後の数年間を岡山中学校で英語教師として教鞭を執っていた。青木は後に第六高等学校の教授となり、晩年は東京で実業家となった人物であるが、田舎の中学にはもったいないような博学の教師であった。鶴見は青木の自宅を訪問して個人的に英語を習い、さらに英語だけでなく英米人の国民性や精神的伝統についても旺盛に学んだ[12]。

そのほかにも、鶴見の英語学習に影響を与えた人物としては、少年時代に雑誌『ザ・ステューデント』（*The Student*）に掲載されていた随筆を熱中して読み耽り、帝国大学時代には直接指導を受けた新渡戸稲造や、一高時代に一年間だけ英語を習った夏目漱石（一八六七－一九一六）が挙げられる。しかし、その期間と個人的指導という緊密さから考えて、鶴見の英語習得に最も影響を与え、またアメリカへの目を向けさせた人物は青木であったものと思われる。

英雄をめざした青年時代

鶴見の第一高等学校時代は、一九〇三（明治三六）年九月の入学から一九〇六（明治三九）年六月の卒業までの三年間である。その間の一九〇四（明治三七）年二月に、日露戦争が勃発した。国家主義と立身出世主義という時代潮流は、鶴見の根幹的な価値観に影響を及ぼした。日本が世界の流れに乗り遅れないように活路を拓き、それを正当化する方向で世界に向かって発信するという点で、彼の広報外交についての考え方にも大きな影響を与えた。その詳細を以下にみていきたい。

一高では、岡山中学校時代とは異なり、演説を学ぶ先輩が多くおり、活況を呈していて競争のし甲斐があった。鶴見は入学早々に学内で演説を行う機会を得た。さらに日露戦争の最中にも、一高の寄宿舎の全寮茶話会において一高生約一千人の前で、日露戦争開始を記念する演説を行った。入学の翌年で、まだ一年生間では演説ができるものが少なかったこともあって、鶴見が候補者として選ばれた。しかし、一年生の分際で生意気であるとの野次を飛ばされて鶴見はのぼせ上がってしまい、冷静に演説を続けることができなかった。この失敗を悔いて、演説の練習に一層精進した[13]。

ところで、鶴見は岡山中学校時代に剣道をやっていたことから、一高入学後すぐに撃剣部（剣道部）の選手の一人に加えられて、三度の対外試合に出場したが、いずれも敗退した。さらに、鶴見個人だけでなく、一高の運動部全体が対外試合で優勝する可能性が非常に低いことを彼は知った。その理由は、一高の入学試験が過酷に学力を競うために体力だけでは合格できず、また一高の三年制と他校の七年制では、在籍年数によって運動経験に大きな開きがあったからである。これを契機として鶴見は、「これからは演説で、勝つより外はない。一高弁論部でこの復讐戦をやるのだ」と考え、演説の稽古に一層力を入れた。(14) この辺りの鶴見の行動も含めて、鶴見俊輔は、自分の父親を「一番病」であったと評している。(15) 鶴見は、とにかく負けず嫌いの性格であったのである。

こうして鶴見は、演説で他校に勝ちたいと決心し、一高の弁論の型を創造することに熱中するようになった。それと相前後して、一年先輩の前田多門（一八八四－一九六二）と武富敏彦から弁論部の委員になるように勧められ、撃剣部委員になるのを辞退して弁論部委員になった。この選択が、前田を通じて新渡戸との出会いに結びつき、やがて後年のアメリカ講演活動のような広報外交へと鶴見を大きく導いた。

弁論部委員に就任したことは、広報外交に接近しただけでなく、思想的な面においても影響を受ける契機となった。鶴見が入学当初から所属していた撃剣部をはじめとする諸運動部は、個人の自由よりも集団の利益を重んじる、体育会的、集団主義的な色彩を基調としていた。それとは対照的に、弁論部は集団内の個人の精神や自由を尊重しようという生活態度を基盤としていた。つまり、鶴見自身の表現によると、当時の一高では、運動部を中心に人間の完成方法として短所や弱点を抑制するスパルタ式の「克己（restraint）」に重きを置いた伝統的な生活態度が遵守されていたが、それに対して、弁論部や文芸部を中心に、長所や美点を伸ばしていくアテネ式の「修養（culture）」を重視する新しい潮流が生起していた[16]。後者の特徴は、寄宿舎の画一的、規則的、形式的な集団生活に自己を埋没させず、個人の自由な生活が干渉されることを拒み、運動部の対外試合における武勲を評価せず、伝統的、画一的な規律に従うのではなく、個人に内在する理性を尊重しそれを拠り所として、人としての教養に最高の価値をおいたところにあった。この新しい潮流は、倫理観における理想主義であり、社会観における個人主義であった[17]。

一高における新しい潮流は、文芸部が中心となったものと弁論部が中心となったものとの二つの方向から生起していた。前者はその拠り所を文芸・哲学におき、後者は主として宗教においていた。前者の代表的な人物としては、阿部次郎（一八八三―一九五九）、安倍能成（一八八三―一九六六）、小宮豊隆（一八八四―一九六六）、魚住影雄（一八八三―一九一〇）が挙げられ、後者の代表的人物としては、前田多門が挙げられる。

鶴見が岡山中学校三年生となった一九〇〇（明治三三）年四月に、母・琴子が亡くなり、同年秋には父が静岡県駿河郡小山にある富士ガス紡績に技師長として赴任したために、実家は小田原に転居したが、鶴見は学業を重視して岡山に留まった。さらに二年後、父は富士ガス紡績を辞職して小田原で紡績関係の事業を手掛けたが失敗し、上海に行った。鶴見の中学四年生頃から、実家は没落の一途をたどった。父は、窮乏のうちに一九〇六（明治三九）年一〇月、小田原で病没した。鶴見が二一歳の年で、七月に一高を卒業し、九月に東京帝国大学法科大学政治科に入学した秋のことであった。父の死によって、鶴見は大学卒業後には、一家を背負って立たざるを得ない立場となった。

大学を終えるまでは、幸いにも、長姉・広田敏子のはからいによって、敏子の夫である東京帝国大学工学部講師の広田理太郎（一八六五－一九三五）から一高の学費を全面的に支援してもらうことが可能となった。しかし、義兄の支援を受けたことによって、姉の面目をつぶすわけにはいかず、鶴見はどうしても好成績を修める必要に迫られた。さらに鶴見の成績いかんが、弟妹たちの学費を支援してもらえるかどうかまでも左右していた。鶴見は自分が個人的に興味のある課外読書や勉強よりも、学校の成績を上げるための勉強に力を入れざるを得なくなった。そのために岡山中学五年から一高二年までの読書体験は、自己の欲求に基づいたものではなく、成績向上のための空疎なものとなった[18]。

鶴見とは対照的に、前田多門や同級生の石川鉄雄は学業の席次（成績評価）を気にせずに自分が興味を抱いた課外読書に重点を置いていた。両名は東京の立教中学校の卒業生で、教養の根幹はキリスト教であり、読書の傾向も洋書の原書が多く、彼らが鶴見に与えた影響は、西洋風なキリスト教的教養であった。鶴見は前田らの姿勢を見習って、次第に学校の授業における課題として与えられた読書よりも、課外読書を優先するようになった。鶴見は自己の読書傾向を維新の伝記のような日本精神を唱導したものから、ヘンリク・シェンキェーヴィチ（Henryk Sienkiewicz：一八四六－一九一六）の『クオ・ワディス』や、ジョン・モーレー（John Morley：一八三八－一九二三）の『グラッドストーン伝』など、洋書を中心とした西洋文化へと移行させ、活躍の場を撃剣部から弁論部へと移行させた。その背景には、一高の学生文化が、武士道的なものから西洋文化を中心とした教養主義へと転換した時期であったということがある。

鶴見が、前田と石川らの影響によって、様々な洋書の読書経験を積んだ結果、一高三年生の夏休みに、トーマス・カーライル（Thomas Carlyle：一七九五－一八八一）の『英雄および英雄崇拝論（以下、英雄崇拝論）』（*On heroes and hero-worship*、一八四一年）に出合い、大きな衝撃と深い感銘を受けた。この著書は、鶴見の思想上に多大な影響を与えた(19)。

鶴見がカーライルの『英雄崇拝論』で学んだことは、「偉人」についてのイメージ、すなわち偉人像であった。それは、以下のような内容である。

カーライルは、一切の人間社会の虚飾や形式や小さな理屈や月並みな道徳論を突き抜けた、もっと深い所にある宇宙の実在と正面から向かい合っている誠実な人が偉人（「英雄」と同義）であると定義した。彼のいう誠実さとは、自然や宇宙の実在をありのままにみつめ、それを自分の魂の中に直接的に享受することであって、正直とか道徳的な誠実とか誠意と同義ではない。つまり受け売りではなく、彼自身が受け止めた本物であることを意味する。誠実であることと独創的であることは同義である。人間は誠実であればあるほど、新しい工夫や新思想を抱かずにはいられない。この自己の独創を実行しようとする人こそが、カーライルのいう偉人である。

また、偉人は宗教観を持っていることが必須条件である。誠実に行動するに当たって、自己を信じることができなければ、その独創性を発揮することができないからである。しかし、この場合の宗教とは必ずしも既成の宗教を信仰することを指しているのではなく、宇宙と人間との生命的な関係についての確固たる考えを宗教と呼ぶ。従って、この世に宗教なしと考えるのも、その人の宗教観であると捉えることができる。

誠実であることが偉人の最大の条件であるが、偉人でなければ誠実ではないというわけではない。今まで世の中にまったく存在しなかったものを新しく考え出すという意味だけではなく、他人が生み出したものであっても、それを自分のものとして誠心誠意信じて信仰するならば、それはそれで十分独創的であるとカーライルは捉える。

いつの時代にも、偉人の存在も英雄崇拝も認めない人がいるが、実際はどの時代においても偉人は求められる。人間なら誰しも優れた者を尊敬することによって、自分がより高くなったと感じない者はない。この英雄崇拝の情操こそが、革命による破壊を遮り、破壊された社会を復興させるものである。自分よりも優れた者を妬み、これを袋叩きにする社会は滅び、優れた者を尊敬して、彼に指導的な地位を与えて前進する社会は興るのである。[20]

以上が、鶴見が捉えたカーライルの偉人についてのイメージであり、この部分に鶴見は最も共感を覚えた。これは、偉人が大衆を善導するという考え方である。

鶴見がカーライルから学んだ偉人像と英雄崇拝の捉え方は、彼の価値観に大きな影響を与えた。その一つ目は、実行することの大切さであった。鶴見は、研究室や書斎に閉じこもらずに自己の独創を現実社会において実現させることが非常に重要であると考えた。鶴見が生来持っていた実現志向の性格を、カーライルの言葉がより強いものとしたのである。

二つ目は、偉人が大衆を善導するということである。この発想は、彼が後年、自由主義について語る中で表出される。

三つ目として、宗教観への影響である。鶴見は、前田や石川からの影響を「西洋風なキリスト教的教養」であったと記しているが、鶴見に影響を与えたキリスト教的教養の中で最も影響が大きかったものは、カーライルの『英雄崇拝論』にみられる宗教観であったと思われる。[21] 彼は、「私は漢文の古典の中では、孟子と王陽明が好きで、日本の過去の宗教の中では、禅学に一番心が牽かれる。それがカーライルと融合して私の心内にあることを感じる」[22] と述べているように、禅的なものを基盤として、その上に前田らのキリスト教や、カーライルの宗教観の影響を受けた。それは、キリスト教・仏教・神道・儒教といった宗教の種類や宗派を超えたものとなった。

宗教面では以上の通りであるが、思想面全体からみると、鶴見は一高時代に前田らとの交歓によって少なからぬ思想的影響を受けたものの、それによって、スパルタ的なものからアテネ的なものへ、武士道的なものから西洋的、キリスト教的なものへ、国家主義や立身出世主義から理想主義や個人主義への移行は、完全には行われなかった。この点について、鶴見と晩年に至るまで交友関係にあった河合栄治郎（一八九一―一九四四）は、こう述べている。

彼の中に潜む国家主義と立身出世主義とは、明治が与へた牢乎（ろうこ）不抜（ふばつ）の人世観である。尋常一様に新思想を呼吸した位では、之等の旧思想は根絶さるべくもない。之を征服し之より離脱せんが為には、一方に於て国家主義と理想主義とを体系的に把握し、理論的に基礎付けねばならなかつた。之を完了しない間は、旧思想は新思想と雑然として混在し、夫れ自身対立し矛盾する両思想は、一人格の中に於て並立し争闘する。彼は時代に先んじた少数者の一人ではあったが、果して以上の思惟の径路を完了したかどうか、筆者は遺憾ながら否と確信せざるをえないのである。[23]

一高以降の鶴見の進路選択をみると、河合のこの批評は否定しがたいであろう。

鶴見の一高時代の価値観形成を概観すると、次のようなものであったと考えられる。彼が一高で過ごした三年間は、まさに明治の躍動期であった。一高一年生第二学期であった一九〇四(明治三七)年二月に日露戦争が勃発し、一高三年生となった一九〇五(明治三八)年九月に終結、ポーツマス条約が締結されて、東京ではこの結果に不満を抱いた人々による大暴動や交番の焼き討ちが続発し、一時的な無政府状態に陥った。さらにその後は、大好況、株価の暴騰、新設会社の相次ぐ創設、成金の続出といった激しい世の中の動向があった。このような国民全体が興奮の渦中にあった時代潮流を、鶴見は、「私の心に払い去ることのできない深い印象を刻んだ。それは明治日本の全盛期であつた。皇国の気象が日本の隅々にはち切れるように満ち満ちてゐた」[24]と感じて、彼自身の中で国家主義や立身出世主義を肯定的に捉える価値観を育んだ。一九〇五(明治三八)年六月の一高二年生時に、鶴見は成績優秀であったことから、学者になるように勧められたが、鶴見はこの時点ですでに学者の道ではなく、日本語の文章力・講演力・英語力を磨いて、世界的な政治家として活躍したいと考えていた。

こうして鶴見は、弁論を通して知遇を得た前田や石川によって理想主義や個人主義の影響を受けたものの、それらを思想的には未消化のまま、国家主義や立身出世主義を是とする価値観にとどまった状態のままで、東京帝国大学へ進学した[25]。

さらに、鶴見の一高在籍時の政治家になりたいという目標は見失われることなく、一高、東京帝大、官界勤務という方向で進んでいった。この進路選択は、実家が没落したためという経済的な理由もあったが、岡山中学校時代から抱き続けていた目標とその根幹にある鶴見自身の国家主義的、立身出世主義的な思想や価値観によってなされたのである。

鶴見は、一九〇六（明治三九）年七月に一高を卒業し、受験勉強期間を経て、同年九月に二一歳で東京帝国大学法科大学政治科に入学し、一九一〇（明治四三）年七月に卒業した。彼はこの四年間の大学時代には懐かしい思い出がないという。その理由は、東京帝大が一クラス約五〇〇人という大集団であり、その上に大講堂で講義を聴いてはすぐに散会していくという、まるで演説会の聴衆のような生活の連続であったからである。鶴見にとっての東京帝大時代は、一高時代の寮生活のように学生同士がともに泣いたり喜んだりしてお互いの魂を結びつけるような人間的な交流は皆無であったし、単に文官高等試験やその他の国家試験を受けるための準備場に過ぎないものであった。鶴見は、もし当時の青年が高等学校という緑林を経ないで、いきなり大学という砂漠に進学していたら、近代日本はもっと殺伐としたものになっていたであろうとさえ述べている[26]。

そのような大学時代に、広報外交という面からみて鶴見に大きな影響を及ぼした出来事が二つあった。一つ目は、新渡戸稲造に知遇を得たことであり、二つ目は、野間清治（一八七八－一九三八）の出版事業に協力したことである。前者は、後年に広報外交を展開する契機となり、後者は、広報外交と平行して行われた国内における著述活動に導く契機となった。

まず、新渡戸稲造との関係についてみると、鶴見は岡山中学校の時に、『ザ・ステューデント』という雑誌に掲載されていた新渡戸の英文エッセイを愛読し、『武士道』（一九〇〇年）の著者としても有名であった新渡戸を知っていた。鶴見が一高を卒業した一九〇六（明治三九）年の夏に、新渡戸はすれ違いの形で一高の第七代目校長として赴任した。鶴見は、一高の新校長である新渡戸がどのような人物であるかを知りたいという思いから、前田と一緒に一高の倫理講堂に忍び込んで、新渡戸の講義を聴いた。鶴見は、演壇上を歩き回って話す新渡戸のパフォーマンス、高校生にも非常に理解しやすい語り口、前校長の狩野亨吉（一八六五－一九四二）とはまったく異なる講義スタイルに驚かされた。彼は、新渡戸が一高生のために定期的に開いていた面会日に出席するようになった。木曜日に開催されていたために、通称「木曜会」と呼ばれていた。新渡戸は、わざわざ面会日を設けて、一高生個人に直接的に接触する方法で人格教育を行ったのである。[27]

鶴見は、新渡戸が一高校長として赴任した翌年一九〇七年夏には、前田と一緒に、東京・小石川の新渡戸の私邸に招待され、その後、次第に新渡戸に私淑するようになった。[28]

鶴見が東京帝大に在籍していた期間中の一九〇九年に、新渡戸が一高校長と東京帝大法科大学教授を兼任したので、鶴見は一年間だけ新渡戸の講義を受けることができたが、英語講義「経済史」を聴講しただけで、新渡戸の専門分野の「農政経済」や「植民政策」の講義を聴くことはなかった。鶴見は東京帝大当時、新渡戸の専門分野の講義よりも、彼の人格や哲学的な面に惹かれていた。鶴見が新渡戸を師として仰ぐようになった理由について、「人格玲瓏玉のごとしという言葉があるが、それがぴったり当てはまったのが、新渡戸博士であったと思う。いろいろの意味で先生よりすぐれていた人は、たくさんあった。しかし、人格がまるで玉のように美しく出来上がった点では、先生以上の人に私は今まで会ったことがない。これは私だけの考えではなかった。先生は晩年、スイスのジュネーブで国際連盟の事務次官をして七年を過ごされたが、先生の下で働いたいろいろの国々の人――ほとんど皆西洋人――が、異口同音に、先生を神さまのような人、といったのでもわかる」と述べている[29]。

鶴見は新渡戸から思想的にはどのようなものを享受したのだろうか。鶴見は新渡戸の知遇を得てから、東京帝大時代の四年間を通して新渡戸の影響下にあった。さらに卒業の翌年一九一一年から一九一二年までの一年間は、新渡戸の欧米旅行に随行した。東京帝大時代以降の六年間は、彼が新渡戸の感化を最も強く受けた時期となった。

国家至上主義によって教育されていた鶴見は、新渡戸から、人間の荘厳と自由の尊貴の自由主義、富国強兵よりも、人類の可能性を花開かせる民主主義、インターナショナル・マインド（国際心）の三つを学んだ[30]。

また、鶴見は一高時代にカーライルの『英雄崇拝論』によって思想的に大きな衝撃を受けたが、そのカーライルの思想を新渡戸の影響によってさらに深めた。鶴見は当初、新渡戸から学んだことを新渡戸自身の思想として受け取っていた。しかし、後にその教えはカーライルの思想であったことに気づいた。つまり、鶴見は「私が先生から受けた最大の影響は、先生の中のカーライルである」、「生きた人間として新渡戸稲造先生からカーライルを叩き込まれた」と述べているように、新渡戸を通してカーライルの思想を一層深化させたのである[31]。

その内容とは、難しい観念論や抽象論を重んずるよりも、自分の考えを行動に移す、すなわち実践や実行を重視するということであった。この実践の思想は、知ることはすなわち行うことであるとする、王陽明の知行一致の思想とも通じていると鶴見は考えた。実践するに当たっては、理知や理念よりも、大自然の中に飛び込んでいく直観力を大切にし、意志の力と道徳的意欲（道徳を重んじる心、信仰を求める心）の二つが重視された。この二つは、偉人が有する誠実さの本質的な要素であり、大自然すなわちリアリティの真髄であった[32]。

新渡戸を通じて鶴見が学んだカーライルの思想は、常に「現場で実践する」という形を取るようになる。鶴見は、書斎にこもって研究を行いその成果を出すという方法を選ばず、アメリカをはじめとする外国に赴いて、大衆や知識人に直接向かい合って、講演、個人面談、新聞への寄稿、国際会議への出席、国際会議の調整・運営といった活動で発信した。彼は、その発信の成果が具体的に実現されることを期待した。つまり、彼は発信することで世論を動かすという行動を取ったのである。新渡戸が説いたカーライルの思想における意志の力は、晩年まで政治家への道を諦めないという鶴見の行動に表れており、誠実さ（信じること）は、新渡戸の言葉を信じて、新渡戸から勧められた縁談を承諾するといった鶴見の行動に表れている。

次に、野間清治との関係についてみてみたい。

一九〇九（明治四二）年頃の日本の社会は、日露戦争後の勢いで経済・政治・文化・社会といった面において活気を得て、ほぼ同時期に日本全国の学生の間で弁論への関心が非常に高揚していた。特に専門学校や私立大学には相次いで弁論部が設立され、従来からあった弁論部は一層盛んになり、学外の対抗試合まで開催された。この風潮は学生間にとどまらずに一般青年にも広がって、日本全国各地の都会・農村・漁村で弁論大会が開催された。鶴見の青年期であった日露戦争後の時代には、青年が社会との接点を持つ手段の一つとして弁論があった。弁論はこの時期から第二次世界大戦後にかけて、日本においても政治的に重要なパフォーマンスの位置を占め、講演会は政治活動そのものであった(33)。

当時、東京帝大には弁論部がなかったことから、東京帝大法科大学の緑会に弁論部を設置しようという意見が、一九〇九年の初夏に一気にわき起こった。その主な発案者は、鶴見の一年下級生である法科二年の芦田均（一八八七－一九五九）、大井静雄、保々隆矣らであった。鶴見はその設立の代表者に加えられて、緑会弁論部の発足に協力した。緑会弁論部は、後に新人会（無産政党運動、労働農民運動を展開した）の母体となった(34)。その結果、鶴見が四年になった同年一一月に、第一回演説会が千数百人の聴衆を集めて東京帝大で開催され、鶴見は「ポーツマス条約の記憶」という演題で次のような演説を行った。

ポーツマス条約は外交としては失敗であり、この失敗は外交官の技術的な失敗でなく、国民全体の人格的な失敗であった。従って、その責任は日本国民全体にある。政治と外交において修養が乏しい日本人は、再びこの失敗を繰り返す懸念がある。列国の競争の場においては、イギリスの個人的修養や人格重視の風潮は低調であり、ドイツの努力主義や物質主義が全盛を極めている。後進国である日本にとって、努力主義や物質主義が国家の政治上において有益であるかは疑問である。ドイツは、カント（Immanuel Kant：一七二四－一八〇四）、シラー（Friedrich von Schiller：一七五九－一八〇五）、ゲーテ（Johann Wolfgang von Goethe：一七四九－一八三二）というような偉人を輩出し、彼らの思想があったからこそ、ドイツの努力主義や物質主義は国民的な堕落に陥らなかったのである。その点を無視して、日本は産業や努力主義や物質主義の部分だけに目を向けている。そうではなくて、日本はカントやシラーのような偉人を輩出するべきである。われわれ青年の天分を活かし、日本の将来を担っていくべきである、という趣旨であった。[35]

この講演は美文調で貫かれていて、ポーツマス条約の外交そのものについて政治的な分析を加えているものではなく、ポーツマス条約の失敗を題材として、明日の日本を担っていこうと青少年に呼びかけ、若者を精神面から鼓舞するものとなっている。

鶴見が緑会弁論部、法学協会、国家学会の学生代表として、調整業務のために大学の事務局に出入りしていた時に、東京帝大法科大学首席書記（事務職員）として勤務していたのが野間であった。鶴見と野間は、折衝する機会を多く持つようになった。第一回演説会の開催に当たって、野間は大学事務局担当としてコーディネーター役を任された。演説会の後、鶴見は野間から、演説会の演説記録をまとめて雑誌として出版することを検討していると聞かされた。しかし鶴見は、大学四年生時の試験、大学卒業試験、文官高等試験の三つの試験を目前に控えていて非常に多忙であったし、雑誌についての経験がなかったことから、野間の話に深く関心を示さなかった。野間は、演説会の企画段階から雑誌の創刊を計画し、すべての演説を速記させていた。当時、大学における演説は学内の学生だけに聴かせるものであり、また大学教授も専門以外の雑誌に意見を発表する慣習を持たなかった。野間は、世間の一般人が気軽に大学教授や著名人の講演内容や意見を読むことができたら素晴らしいと考え、鶴見に語った通り、一九〇九年一一月に東京・本郷駒込坂下町に「大日本雄弁会（後の講談社）」を設立して、翌一九一〇（明治四三）年二月に雑誌『雄弁』を創刊、創刊号は一万四千部を売り上げた。『雄弁』第三号も第三版まで増刷される勢いで売れたが、その売れ行きの一方で、野間は掲載原稿の不足から、度々鶴見に原稿の執筆を依頼した。鶴見は、購読していた雑誌『ロンドン・タイムズ』（London Times）の記事を材料にして原稿を執筆した。当時イギリスはハーバート・H・アスキス（Herbert H. Asquith：一八五二－一九二八）内閣であったが、その反対党の党首アーサー・J・バルフォア（Arthur J. Balfour：一八四八－一九三〇）の演説を鶴見が翻訳・掲載したこともあった。野間は、『雄弁』創刊の翌年の一九一一年には大学の事務員を辞職して出版業に専念した。さらに、一九一三（大正二）年に、野間は、第一回演説会の演説を単行本『青年雄弁集』として出版した。[36]

電波メディアのない時代に、野間は講演と雑誌こそが政治的コミュニケーションの有力媒体であることに注目し、その分野におけるコーディネーターになろうとした。これに対して鶴見は、野間に協力しながらもジャーナリズムに身を投じる気はなく、官界への道を選択した。これは、当時の東京帝国大学生としては、至極当然の選択であった。当時、第二次桂太郎内閣が隆盛を極め、日本は官僚政治の全盛期にあった。その影響を受けて、東京帝大法科大学の学生は官吏を志望する者が非常に多い傾向にあった。ジャーナリズムは、今日のように社会的な位置が高くなく、鶴見もジャーナリズムに対して、その程度に捉えていた[37]。また、広報の大切さを認識してはいたものの、前述のように実家が没落したことから、経済的理由から官界勤務を選択したというのも大きな理由の一つであった。鶴見は、「その当時の青年の持ってゐた思想は頗る単純なものであつた。社会思想としては国家主義であり、個人の人生観としては、この国家組織の中で、如何にして自分自身の地位を築くかといふこと、もつと平たく言へば、立身出世主義であつた[38]」と述べている。その立身出世主義の世界に、鶴見自身も身を投じたのである。

以上から、鶴見は大学卒業の青少年期の終わりまでには、講演と英語の能力を形成していたといえよう。

ところで、鶴見には良輔という二つ年下の弟がいた。良輔は、頭脳明晰で信仰心の厚い人物であったが、鶴見が大学を卒業する半年前に、肺結核のために療養先の岡山で夭折した。鶴見は実家が没落したために、義兄の広田理太郎によって学費の面倒をみてもらっていたが、自分の卒業が半年早ければ、良輔に薬を買い与え、適切な病院に入れてやることができたのにと悲嘆する。貧しかったばかりに、有能な弟を失ったのである。大学を卒業してやっと鶴見自身が稼いで鶴見家を復興させようとしていた矢先のことであった。彼の内奥には、自分が兄弟の面倒をみて、鶴見家を何とかしなければならないという強い思いが、強迫観念として存在していたように思われる。

鶴見は、常に自分が何とかしなければならないと考える。自分が動きを止めては物事が前に進まないと考えて、立ち止まらないのである。こういう心の動きが、後年、満州事変以降、日本が日中戦争に突入した際も、日米開戦に立ち至った際も、自分が何とかしなければならないと考えさせ、行動させたのではないか。その行動は報われない場合もあったが、肉親や国家に対する彼の深い愛情であったと思われる。

官界の枠をはみだす才能

鶴見は一九一〇（明治四三）年七月に東京帝大を卒業し、一一月には高等文官試験に合格して、拓務属官として内閣拓殖局朝鮮課に勤務した。この後、一九二四（大正一三）年に退官するまでの一四年間を官界において過ごした。

その間に、新渡戸の仲介によって後藤新平の長女・後藤愛子（一八九五－一九五六）と結婚したことで、後藤の女婿となった。鶴見は官界時代のほぼ全時期にわたって後藤の影響下にあって、出張や配属については後藤の采配によった。こうして、鶴見は後藤の命を受けて度々の海外出張を経験し、その体験が彼の広報外交の下地となった。従って、鶴見に広報外交の基礎的経験の機会を与えたという意味において、新渡戸と後藤の両名の存在は大きいものであった。

官界時代の代表的な経験としては、新渡戸のアメリカ講演旅行に随行、鉄道省の『東亜英文旅行案内』作成のための南洋取材旅行、第一次世界大戦直後の欧米視察、中国視察旅行の四つが挙げられる。それらは、いずれも後藤という後ろ盾によって実現したものである。特に、新渡戸に随行したアメリカ旅行は、新渡戸という広報外交の先達の間近でその現場を実体験したという意味で重要な経験となった。また、第一次世界大戦直後の欧米視察では、アメリカの空気や世論の動きを直に体験し、後の広報外交に役立った。

アメリカを舞台にした華々しき活躍

一九二四年二月に官界を去った鶴見は、政治家としての活動を開始する。海外における広報外交は、その政治活動の間を縫うように展開されたのである。

当時の日本は人口増加問題を抱えていたが、鶴見は人口増加が国力充実の表れであると考えた。その人口問題の前に立ちはだかっていたのが、領土保全（領土不拡張）、各国の移民排斥、高関税の三つの障壁であった。鶴見は、この情勢の中心にあるのがアメリカであると考え、アメリカの世論に訴えかける広報外交を展開することで日米協調を図り、これらの障壁を克服しようとした。一九二〇年代から一九三〇年代にかけてアメリカで行った広報外交において彼が主張したことは、大きくは排日移民法に非を唱えることと、日本の対中・対満政策に対して理解を求めることの二つである。

鶴見は、三つの障壁に対して日本は国内の工業化によって生きていくしかないと考え、そのための原材料の供給地と製品の市場を、満州と中国に求めた。彼は、一九二〇年代、大陸進出は経済的に行うべきであると考えて、政治的、軍事的進出には反対であった。しかし、一九二〇年代から一九三〇年代にかけて、日本の中国進出が軍事的に進められるように変化すると、鶴見は英米の反応を気にかけながらも軍事的進出を容認し、彼の広報外交もそれを弁護するようになった。この変化は、政府や軍部の圧力といった外的な要因によるだけでなく、鶴見自身が元々自分の中に帝国主義を内在させていたことにもよっている。彼の帝国主義や膨張的側面は、一九一七年に出版された彼の最初の著書『南洋遊記』に表れているが、第一次世界大戦以降、再分割後の植民地の維持を前提とする平和論としてのベルサイユ体制やワシントン体制、自由主義や平和主義の台頭という時代潮流もあって、一旦は封じ込められた形を取った。彼の南洋への興味は、一九二〇年代を通じて満州へと向けられる。

鶴見が広報外交を展開する発端となったのは、一九二四年五月に成立したアメリカ排日移民法に抗議するために渡米したことであった。一九二四年八月にウィリアムズタウンのウィリアムズ大学で開催された国際政治学協会の講演会に招聘され、この時の講演が話題となり、さらに新聞各紙に掲載されて評判となった結果、大学・学会・クラブ・婦人会・宗教団体といったアメリカ各地の団体から講演依頼が殺到した。こうして、鶴見は当初予定していた滞在期間を延長して、一九二四年七月から一九二五年一一月にかけての一年四ヵ月にわたってアメリカ各地を講演したのである。[39]

彼が戦前に行った対米講演旅行は、一九二四（大正一三）年七月〜一九二五（大正一四）年一一月、一九二七（昭和二）年一一月〜一九二八（昭和三）年二月、一九二八（昭和三）年九月〜同年一二月、一九三〇（昭和五）年五月〜一九三一（昭和六）年九月、一九三二（昭和七）年一月〜一九三三（昭和八）年一月、一九三五（昭和一〇）年一〇月〜一九三六（昭和一一）年一月の合計六回である。

鶴見が一九二〇年代から一九三〇年代にかけて行った広報外交の二本柱の一つは、以上の六回にわたるアメリカ講演旅行であり、もう一つが太平洋会議における活動であった。太平洋会議は、太平洋問題調査会（ＩＰＲ）が開催する国際会議の一般的な呼称であった。ＩＰＲは、一九二〇年代に世界で初めて設立された国際的な非政府組織である。第一次世界大戦が終結した後、その戦争の反省から自由主義・国際主義・平和主義・民主主義といった風潮が世界的に高まる中で、太平洋を挟んで東西の接触が増大し、それにともなって、社会・政治・外交・経済・文化・宗教といった多様な分野の問題が生起し、太平洋を取り巻く情勢が深刻化してきた。それらの諸問題について普段は研究を重ねるとともに、太平洋地域とその地域に利害をもつ国の代表者が約二年に一回集まって太平洋会議を開いて、そこで意見交換することによって国際理解を図ろうとした組織がＩＰＲである。第一回太平洋会議が開催されるに至った直接の契機となったのは、ハワイやアメリカ西海岸における東洋人移民の排斥運動が活発化した結果、一九二四年五月にアメリカで排日移民法が成立したことであった。この状況下の一九二五年七月に、ハワイのホノルルでＩＰＲの第一回太平洋会議が開催され、日本、アメリカ、中国、カナダ、オーストラリア、ニュージーランド、朝鮮、ハワイ、フィリピンの九つの地域から一五〇余名が参加して、二週間にわたって討議を行った[40]。

太平洋会議における鶴見の活動は、会議の表舞台の円卓会議で意見を述べたり、講演を行ったり、英文論文を提出したりする発信活動と、会議の裏舞台でプログラム委員として議題の順番を決めたり、円卓会議のメンバーを振り分けたりする調整・運営活動の二つに大別できる。鶴見の場合には、この両方を併せて広報外交として捉える必要がある。いずれの活動も、国際協調路線を取りつつも、究極のところで日本の国益に貢献する方向へ会議を導く意図で行われたものであった。

戦前、太平洋会議は、第一回ハワイ（一九二五年七月）、第二回ハワイ（一九二七年七月）、第三回京都（一九二九年一〇～一一月）、第四回上海（一九三一年一〇～一一月）、第五回バンフ（一九三三年八月）、第六回ヨセミテ（一九三六年八月）の合計六回が開催され、鶴見はそのすべてに出席した。

鶴見は、対米講演旅行や太平洋会議への出席を通して、一九三〇年のロンドン軍縮会議以降、欧米の親日的な空気が高まったと感じた。排日移民法の改正は、一九三〇年前後には実現する気配であったし、日本の満州進出についても、アメリカは何ら異存のない反応を示していると捉えた[41]。

一九三一年九月に満州事変が勃発すると、鶴見は日本の行為を擁護する方向で広報外交を行うようになった。中国の混乱状態によって日本は満州における日本の経済的権益を守るためには政治的、軍事的進出にならざるを得ないと考えた。講演の中で鶴見は、一九三一年九月末に国際連盟が満州問題を取り上げて論議し、日中両国は国際連盟によって解決すべしと意思表示したことが、武力による権益擁護に反対していた自由主義者の態度を硬化させ、国論統一に向かわせた、と述べた。国際連盟が中国の報道に過大な信用を置いたことから、全世界が公平に満州問題を審議しなかったと日本国民が判断したからであると彼は主張した[42]。

アメリカが日本の行動を黙認したことと、国際連盟も日本に対して具体的制裁を加えなかったことから、鶴見は、中国進出が経済的進出でなく政治的、軍事的進出であっても、対英米協調は可能であると考えた。彼は、満州国成立後の一九三五年以降も、対英米協調の姿勢を継続させた。彼は、満州国の統治、その接壌地の治安維持、北支の経済開発については日本が堅持し、中支・南支については列国と協力することで、中国問題を円滑に解決することが可能であると考えた。鶴見は、日中戦争の拡大については、英米の反発を懸念して反対であった。満州事変以降、鶴見の対英米協調の主張は一貫していたが、一九三七年頃から物資補給の必要性から再び南進論を説いた。石油を蘭印に求めたのである。彼は、「自分の残りの半世を日米関係の融和とその下における日本の南方発展のために捧げたい[43]」と述べている。彼は、対英米協調を維持しながら南進することは可能であると考えて、それが実現すれば、中国問題と対ソ問題は解決できると考えた。鶴見は、最後まで日米開戦を回避する意思を持っていたが、結果的には日本が南進したことで英米の防衛線と衝突し、日米開戦に至った。

広報外交についてみると、第六回目の対米講演旅行以降は、アメリカにおける対日感情が悪化したために、講演活動を行うことは困難となった。そうした状況下でも、一九三七年一二月から一九三八年三月にかけてニューヨーク日本情報図書館設立のために渡米したり、一九三八年六月から同年一一月にかけて国民使節として渡米してニューヨークで記者会見を行ったりといった広報外交を行った。

一九三八（昭和一三）年五月に、鶴見は太平洋問題研究のために太平洋協会を創設した。太平洋協会は、「太平洋国策の樹立」を標榜して設立された日本の国策調査・研究機関である。会長は空席のまま、副会長を松岡洋右（一八八〇－一九四六）、理事を鶴見がつとめ、実際的には、鶴見が協会の運営を行った。太平洋協会設立に当たっては、海軍が大きく関与し、これに鶴見ら日本IPRに関わった親米派知識人が加わった。太平洋協会は、環太平洋地域、すなわち南北アメリカ大陸地域を調査対象としたところに特徴があった。第二次世界大戦中には、関嘉彦（一九一二－二〇〇六）を班長として北ボルネオ（旧英領ボルネオ）で占領地調査を行った。一九四五（昭和二〇）年八月に解散された。

太平洋協会の業務内容は、南洋の経済社会問題の調査が中心であった。しかし、その後、日本はますます大陸の泥沼戦争へとのめり込んでいき、それにともなって日米関係も悪化した。鶴見は何とかして日米開戦だけは回避したいと考えて、日本国内の新聞・雑誌に記事や論文を執筆し続け、また米内光政や永田秀次郎（一八七六－一九四三）といった陸軍に批判的な人物を太平洋協会に集めて協議を重ね、さらに、陸軍の穏健派を助けて議会政治に対立する軍部主導の政治を抑えようと努めたがなし得ず、開戦の勅旨が下った後は、太平洋協会は日本政府に全面的に協力する方針を取った。(44)

激動する中国の息吹きにふれて

鶴見は、アメリカを主とする広報外交を展開したが、その一方で中国研究の必要性も説き、日本国内で講演や出版という形で広報した。例えば、鶴見の講演「急変し易き米国の国民性」(『鶴見祐輔氏大講演集』大日本雄弁会、一九二四年)や、著書『偶像破壊期の支那』(鉄道時報局、一九二三年)において、彼は「日支親善、同文同種といふやうな抽象的な、概念的な言葉だけでは、支那と日本との間に蟠(わだかま)つてゐる今日のこだはりを取つてしまふことは出来ない。それは新しき眼を開いて見なければならない新しき問題である」と述べている。講演や出版活動の基となった情報は、中国出張時に得たものであった。

鶴見は、(一)一九一一(明治四四)年三月から同年五月まで、公用(内閣拓殖局)で国際ペスト会議随員として満州(奉天)と中国北部へ出張、(二)一九一一(明治四四)年八月から一九一二(明治四五)年九月まで、公用(鉄道院)でアメリカに出張した帰路にヨーロッパ・シベリア・中国を経由、(三)一九一三(大正二)年六月から同年八月まで、公用(鉄道院)でモスクワにおける万国鉄道会議に日本代表として出席した帰路に中国を経由、(四)一九一五(大正四)年九月から一九一六(大正五)年二月に、公用(鉄道院)で『東亜英文旅行案内』編纂材料収集のために、仏領インドシナ・海峡植民地・蘭領東インド等の南洋諸国に出張した時の行き帰りに中国(香港)を経由、(五)一九一七(大正六)年一〇月に、公用(鉄道院)で中国に出張、(六)一九二二(大正一一)年五月から同年七月まで、公用(鉄道院)で日支鉄道会議出席のために中国に出張、(七)一九二三(大正一二)年三月から同年五月にかけて、公用(鉄道院)で青島鉄道会議出席のために中国に出張、(八)一九二七(昭和二)年五月から六月まで、満鉄の依頼で下関から釜山を経て奉天に向い、大連・天津・漢口・広東・上海・南京といった各都市を旅行、(九)一九三七(昭和一二)年一一月に、天津・北京・満州・上海の各都市を訪問、以上の合計九回の中国旅行を行った[45]。

ここでは、そのうちの六回目以降の出張について触れる。その理由は、五回目までは鶴見の中国に対する興味は希薄であり、彼の関心は主としてアメリカに向けられており、六回目の訪中に至って、中国に「心胸に深き感慨を」覚えるようになったからである。日本の人口が増加したことで原材料の供給地としての満州がより一層意識されるようになり、アメリカとの関係においても中国を考える必要が高まった結果、鶴見は中国を「太平洋時代の最大因子」と捉えるようになった[46]。

まず、第六回目の中国視察旅行についてみる。

鶴見は、一九二二年の第六回目の訪中時に、政界・学界・実業界といった中国の国論を代表するような人々に面会して、彼らの意見を聞きだすことによって、中国の政治的、社会的運動がどういう方向へ進み、いかなるところに落ち着こうとしているのかを見定めようとした。

彼は、辛亥革命は本当の意味での革命ではないと考えていた。その理由は、辛亥革命が漢民族の中の知識階級である儒者が満州民族の政権を代議政体(議会制度)によって奪った運動であり、帝政から共和制に変化した意味では革命に相違ないが、本質的には革命の根底をなす思想的な変化がなかったからである[47]。この時、辛亥革命によるアジア最初の共和国の樹立が、袁世凱(一八五九―一九一六)によって打破されてから一〇年が経過していた。この時点から一九二八年の北伐完了までは、軍閥が中国全土を割拠する時代が続く。鶴見は、儒者による代議制度の失敗がこの一〇年間における中国での最大事であったとみていた。この情勢について彼は、中国の統治が順調にいくかどうかは、儒者に代表される知識階級、軍人（兵士）・博徒・無頼漢といった武力階級、農商工業者に代表される実業階級の三階級、とりわけ儒者をいかに支配できるかに懸かっていると考えた。

鶴見は、儒教を否定的に捉えていた。それは、「従来の支那が古き孔子の教に中毒せられて、人間の研究といふものが遂に儒教の範疇の外に出なかつたといふことは、少とも支那の振はざるところの大なる原因であつたに違ひない[48]」という認識によっていた。鶴見は、儒教が国家の隆盛を妨げるものであり、その意味で儒教の衰退によって起こった今回の動乱の状況は、むしろ中国自身にとっては変革のための好機であると捉えた。しかし、清朝崩壊後の中国の将来を考えるに当たっては、中国の政治情勢だけでなく、外国の圧力を政治的な大要因として考慮する必要があった。それは、単に国内問題として悠長な無政府状態や変遷的な過渡期を続けることは不可能な国際情勢になっていたからである。

そこで中国の現状をどのように革新すればいいのかを検討するに当たって、鶴見は、儒教が衰退して代議員制度が失敗した後の軍閥が割拠する中国を統治していく具体的な手段として、新しい教育による改革（北京大学）と、経済による立国（南通州）に注目して、その可能性を探った。教育分野については、学者の辜鴻銘（一八五七－一九二八）、北京国立大学総長の蔡元培（一八六八－一九四〇）、山東魯督弁公署の督弁の王正延（一八八二－一九六一）、北京大学教授の胡適（一八九一－一九六二）らに面談した。国家による改革に期待するのではなく、個人の経済生活の発展によって国を改革するという発想に基づいた経済立国については、南通州を訪れて張謇（一八五三－一九二六）が手がける事業を視察した[49]。

一方、鶴見は第六回目の訪中時に、「支那に於ける民族的自覚といふものを自分は南北到る処で目賭した。それは争ひ難き時代相である。吾々が軽蔑してゐたところの支那人の中に、今新な国民的自覚が台頭して居る。そしてその国民的自覚を抱かんとして居る民衆の数は四億万人（ママ）である」と述べているように、中国各地でナショナリズムが勃興しているのを目の当たりにした。

辛亥革命以前は、中国の大衆はイギリスによる華南の侵略に対して、中国国家の存続を危うくするという危機感を抱いていなかったが、辛亥革命以後は、中国の大衆の間でナショナリズムが勃興し、彼らは外国の侵略を強く意識するようになったと鶴見は捉えた。二一ヵ条の要求や山東問題については、中国人の国家意識が明確になった後であったために、中国全土を挙げてそれらに反対するようになったと彼は考えた。

中国におけるナショナリズムの台頭は、産業革命によって増加した労働階級の間で民族的自覚が起こり、その労働運動に政治的要素が加わるという経過をたどった。広東のような地域の独立心旺盛な大衆が、労働組合を背景として、イギリスの長年にわたる専制に反抗したのも、一種のナショナリズム勃興の動向であった。

また、鶴見はナショナリズムの勃興と連動して、西洋文化に対する反動の高揚を実感した。(50) 鶴見の考えによると、反動が起こった理由としては、西洋文化を輸入しようとしたにもかかわらず、帰国した留学生の実力が乏しく、留学生による変革が失敗に終わったこと、また、かつて中国は欧米の最新知識を崇拝していたが、中国国内の教育の進歩によって欧米人との知識の差を縮めたことが挙げられる。

この西洋文化に対する反動の余波として、中国独自の文化を見直そうとする動向が生まれた。この流れから、学生による反キリスト教運動が生起した。[51] 西洋文化から一転して自国の文化を見直す際に、文学運動による社会変革をある程度成功させた日本に倣って、中国において有島武郎（一八七八－一九二三）や武者小路実篤（一八八五－一九七六）といった日本文学が注目された。例えば、北京大学教授の周作人（一八八五－一九六七）は、一九二五年に「東方文学系」という日本文学専攻コースを北京大学に創設した。

鶴見はこの視察旅行の帰国後に、自らが見聞した中国の情勢や感じたことを、『偶像破壊期の支那』として日本国内で出版した。

次に、第七回目と第八回目の中国出張についてみる。

鶴見は、一九二三年三月の第七回目の訪中時に、広東政府大本営において第三次広東政府大総統の孫文（一八六六－一九二五）に会見した。当時、孫文は中華民国臨時総統の地位を袁世凱に奪われ、長く失意の状況にあった。当時、孫文は、日本贔屓であったが、日本は正統の政権でないものに対して支援しなかったので、日本から見放され、援助が得られずにいた。

孫文は、日本の明治維新のような改革を目指しているが、日本は中国の発展を阻止する対中政策を執っていること、日本が袁世凱の北京政府を中国代表の政府として認可することを止めて、対中国外交において絶対不干渉の立場を取れば中国の統一は完了すること、日本は西洋かぶれの侵略主義を捨てて満州から撤退し、虚心坦懐な心で東洋の保護者になってほしいこと、日本は列国に追随することなく、たとえ単独であっても北京から即時撤退するべきであることを鶴見に訴えた。孫文は鶴見に対して、「打ちつゞく日本の外交の失敗は、自分をして最近望を日本に絶たしめた。支那の依るべき国は日本ではない。露西亜であることを知つた。支那にして、露西亜と同盟し、社会主義国と為つて、攻守の盟約を結ばば、天下恐るゝに足るものなし」と述べた。この背景には、第一次世界大戦でロシアが崩壊し、一九二二年一二月にソ連が成立したが、ソ連のコミンテルンはまず中国共産党を上海の租界に設立したものの非力であったので、中国国民党の孫文に接触して提携を仰いでいたということがあった。この面談の後に、孫文はボリシェヴィキ（ソ連共産党の前身）と手を結び、一九二三年には広州で中国共産党と中国国民党の第一次国共合作が成立した。そして、孫文は、北京に交渉に赴き、一九二五年三月に北京で没することになる。(52)

一九二六（昭和元）年七月に、蒋介石（一八八七－一九七五）を総司令とする国民革命軍が北伐を開始し、翌一九二七（昭和二）年三月には上海・南京を占領した。北伐によって中国の反帝国主義運動は一層盛んになり、漢口や九江のイギリス租界を実力で回収した。北伐により日本の対中国輸出は大幅に減り、日本の権益も脅かされ、一九二七年四月に成立した田中義一（一八六四－一九二九）政友会内閣は、一九二七年五月に山東出兵を行った。

鶴見は、一九二七年五月の第八回目の訪中時に、張作霖（一八七五－一九二八）や蒋介石らに面談した。北京で会った張作霖は、「今回の我々の運動は、支那赤化の防圧である。しかして支那の赤化は日本の危険でもあるがゆゑに、我々の運動は同時に日本国民としても共通の利害を感じなければならぬはずである」、「今次の南北交戦をもつて、張、馮、蒋、唐氏との個人的戦争となすを不利となし、ある主義主張の闘争なり」と語った[53]。

次に、鶴見が南京で面談した蒋介石は、「革命の目的は、政治的成功であつて、軍事的成功ではない。（中略）それには政党といふ組織力が必要だ。しかして、われわれは内においては国民会議を開催して、三民主義の実現を期し、外に対しては、不平等条約の排除を達成したい[54]」と語った。

以上の面談から鶴見は、「今次の支那革命運動」が従来のような軍閥同士の争いではなく、民族的理想主義をめぐる中国の南北交戦であると捉えた[55]。

この出張中に、鶴見は、漢口・広東・上海・南京の各都市で起こっていた外国人排斥運動、その結果としての、在中欧米人宣教師の引き上げの急速な進行、日本留学経験のある中国人による、日本研究や日本に対する軽視を実感した。日本に留学した中国人は、日本研究を軽視して日本語で西洋文化を研究しただけであったので、日本についての知識が乏しかっただけでなく、むしろそれを誇りとしていた、と鶴見は述べている。この状況に対して、鶴見は強く脅威を感じた[56]。

鶴見の中国における活動の特徴についてみると、彼は、以前から中心的人物や指導的立場の人物との面談を行っていたが、一九二二年の第六回目の訪中時に前国務総理の王寵恵（おうちょうけい）（一八八一―一九五八）と面談した際に、中国の世論形成を先導しているのは、学者・学生・実業家の三つであると聞かされ、彼らへの発信の重要性を一層感じた[57]。

しかし、実際に鶴見が中国で接したのは、政治家・学者・実業家であって、学生に対する講演活動がなく、中国の大衆向けの講演活動もなされていない。さらに地元新聞や雑誌への寄稿といった形での発信もない。これは、鶴見が英語力はあったが中国語ができなかったために中国の学生や大衆に直接発信することはできなかったことにもよるが、通訳を介してでも講演を行うことはできたはずである。それを行わなかったことは、広報外交という観点からみた場合に、鶴見の興味や意識が中国の大衆には向いていなかったことを意味している。このことは、学生や大衆を対象として旺盛に行われた対米広報外交とは対照的である。その意味において、鶴見の活動の中心はアメリカを志向しており、アメリカの世論を日本に有利に変化させようとすることに焦点が当たっていた。この点については、彼が中国における広報外交を軽視して、欧米志向であったという批判を免れないであろう。

鶴見が中国で行った活動の主目的は、広報外交としての発信よりも、北京大学や南通州の経済運動の現場を視察したり、中国の主要人物がどのような人物なのかという情報を収集したりといった受信が中心であった。これは、彼のアメリカにおける活動が発信中心であったのとは対照的である。

鶴見が中国において接したのが、政治家・学者・実業家に限られていることからも理解できるように、彼には中国の大衆に訴えかけるという発想がなかった。アメリカを世界の中心国として捉え、そこに向かって日本の立場を訴えかけていくと同時に、日本とアメリカが中国をめぐってやり取りする上で、中国に対しても日本の立場への理解を求めることが絶対的に必要であっただろう。にもかかわらず、鶴見の発想には、中国への理解を求めるという視線が決定的に欠如していたのである。

以上のことから、鶴見が、英米に対しては自由主義で接し、アジア諸国などの発展途上国に対しては帝国主義で接するという発想、すなわち脱亜入欧といった発想を彼の基本的な部分に持っていたものと考えられる。このことはワシントン体制以前の発想の延長であり、九ヵ国条約による領土保全やパリ不戦条約といった時代の潮流に乗り切れていなかったことを意味しているのではなかろうか。

ところで、鶴見は、自著『偶像破壊期の支那』の中で、次のように述べている。

日中両国民の間に横たわる最大の障害は、両国民の中に存する相手方の心理状態に対する無理解である。日中関係では悉く日本が能動的立場にあったことから、日本側が中国に色々なものを押しつけた形となっている。アメリカ人が、アメリカ流の民主主義を日本に強要した場合に、日本人は心穏やかではない。しかし、一転して日中関係をみた場合に、日本は、日本流の国家主義を中国に強要している。日中両国民の関係は、その第一条件として、お互いの人生観、倫理観をもつて、相手を裁判し、価値判断をしないということから出発しなければならない。すなわち、相手国にこちらの主張を押しつけないことが、国際関係においては重要である(58)。

以上のように、鶴見は主張した。しかし、結果的に、彼は満州事変以降、当時の日本政府の立場であった軍事的進出を擁護する広報外交を行ったことから、この発言は最後まで貫かれなかったといえる。それは同時に、自由主義から逸脱したことを意味している。

自由主義者としての挫折

一九四一（昭和一六）年一二月一日の御前会議で米英蘭との開戦が決定され、一二月八日に日本軍は、マレー半島・ハワイ・フィリピンを奇襲攻撃した。鶴見は、『『ハワイ』戦勝ノ結果、吾々日本人ノ受ケマシタ感激ト云フモノハ、殆ド生レ変ツタヤウナ清々シイ気持ヲ持ツテ、挙国一致此ノ政府ヲ助ケテ大東亜戦争ヲ完遂シナケレバナラナヌ[59]」と決意を示した。日米開戦は、鶴見にとって一大転回をなし、それまでの親米の姿勢を棄てる転換点となったのである。

一九四二年五月に衆議院議員選挙で当選した鶴見のこの時期の政治活動は、翼賛政治会の下での活動であった。しかし、彼は一貫して独裁政治には反対であり、議会政治を行うことを念願した。彼は、軍部が主導する政治への対抗手段としては、政党の連携を考えた。戦況が悪化していた一九四五年五月のドイツ降伏時には、ドイツの敗戦の原因として、「独裁者が誤断する時これを阻止し矯正する力なし。これ専制政治の危険」と述べているように、議会を無視した独裁に対しては一貫して批判的であった[60]。

鶴見は、「日本は指導者が要らない。天皇陛下を戴いてゐるから、余所の国とは全然違ふ。区々たる指導者論議を冠絶してゐます[61]」と述べている通り、東條英機（一八八四－一九四八）を評価してその主張を受け入れたのではなく、議会が決定したことに従った。鶴見の中では、議会の上の存在として天皇が位置した。彼は、天皇の下で自由主義に基づいた議会政治を機能させたいと考えていた。

しかし、鶴見が開戦以降、終戦まで戦争協力の姿勢を取ったことは事実である。鶴見が一九三八年五月に創設した太平洋協会は、開戦以降全面的に日本政府に協力して、陸軍の要請によって南方に調査団を派遣した。一九四四年八月には翼賛政治会の総務、また一九四五年四月には大日本政治会の総務に就任するという形で、彼は戦争遂行を目的とした国内体制に協力した。

以上にみるように、鶴見が翼賛政治会に入りながら、自由主義に基づいた議会政治を機能させたいと考え、その方向へ進もうとしつつ、陸軍の要請によって南方に調査団を派遣し、戦争遂行内閣に協力したことは矛盾した行動である。彼がここで自由主義を貫徹するために政治活動から退いたり沈黙したりといった行動を取らないのは、自分が政界から退くことによって議会政治が機能しなくなるよりは、自分が介在することによって何とかしようという気持ちからである。つまり、自分が何とかしよう、自分が何とかできるのではないかと考えるところに彼の甘さがあったと思われる。彼が一高時代に学んだ研究室にこもらずに実践するというカーライルや新渡戸から学んだ信条が裏目に出ているといえる。

彼が関わった対敵宣伝についてみていきたい。

第二次世界大戦中は、対象国に赴いて講演活動といった広報外交を行うことは不可能であった。それに代わって、鶴見が行おうとしたのは対敵宣伝である。

彼は戦争を終結させるためには、武力によって敵軍を粉砕する一方で、「思想戦によつて、敵国々民中に抗戦の無益なるを悟らしめ以つて停戦講和の情を生ぜしむることも亦等しく重要なる一面なり。これが為めには、敵国の銃後国民に対し、帝国宣戦の真目的を宣布し彼等をして、我が真意を諒解せしめ、和するの寧ろ戦ふに優るを知らしむこと最も必要なり[62]」と考えたのである。彼は、宣戦の詔勅において日本の対米英宣戦の主旨は明言されているものの、その詔勅が簡潔であったために、また、敵国政府が日本が発信した戦争目的を隠匿歪曲してその真意を自国の国民に知らせなかったために、日本の戦争目的が敵国の国民に徹底的に周知されていない状況であると判断した。従って、できるだけ早急に対敵宣伝機関を創設して、機会あるごとに詔勅の趣旨を敵国に宣伝することが、日本にとって急務であると考えた。

しかし鶴見の対敵宣伝に関する行動は、衆議院議員として議会の場でその必要性を主張し、対敵宣伝機関の設置を提案するにとどまった。具体的には、衆議院予算委員会や分科会において、外務大臣、情報局総裁、内閣総理大臣らに対敵宣伝策を提案することで、内閣情報局に対して働きかけた[63]。しかし、その働きかけについては、内閣情報局に直接的に関与して対敵宣伝活動を指揮するといった行動は取っておらず、一議員の立場としての提言に終始していた。それは、一九四四年一月二三日の議会において、鶴見が内閣情報局総裁の天羽英二（一八八七－一九六八）に対して、「宣伝をどのように行っているのか」と質問していることからもわかる。その意味において、鶴見の戦時中の発信に関する活動は、間接的なものにとどまっていた。

内閣情報局は日本政府による情報統制と宣伝の指導組織であるが、それを実施する機関として、昭和期に入って設立されたのが「同盟通信社」である。これは国策通信社であった。同盟通信社は、表向きは報道機関であるが、内実は自ら「思想戦の中枢機関」と名乗っていた通り、対外宣伝を展開していた。[64] 鶴見が議会において、「此ノ二大戦争目的ヲ勇猛果敢ニ世界ニ向ツテ宣布スル為ニ、情報局ノ機構ヲ通ジテ対敵宣伝ヲ、勇猛果敢ニ御遂行願ヒタイ[65]」と発言する時、内閣情報局と同盟通信社のラインを念頭において提言していたものと思われる。

当時、事実を正攻法で発信するホワイト・プロパガンダについては内閣情報局が指導・統括して、同盟通信社や日本放送協会を通じて行い、また捏造した虚偽の情報を発信するブラック・プロパガンダについては陸軍参謀本部が中心となって展開した。[66] 鶴見は、「英国の前大戦中に実行せる如き虚構の事実を製造して、世界の人心を蠢毒（しゅんどく）するの政策は、思想戦々術中の邪道であり、権道であつて、決して思想戦の王道ではない。思想戦の正道は、飽くまでも、正義の主張でなくてはならない。何となれば、虚構の悪宣伝は、一時は天下の大衆を欺くことを得るであらう。しかしながら決して、久しきに亙つて大衆を欺き負せるものではないからである。虚偽は必ず馬脚を露出する。たとへ一時は其の目的を達し得たりとするも、其の反動は必ず其の製造元に向つて逆襲し来ること、あたかも毒ガスが風向きの変化とともに、却て味方の陣営に飛来するが如くであらう」と述べていることから、ブラック・プロパガンダに対しては否定的にみていた。鶴見は、思想戦の基本として、正しい事実を責任ある報道者が自分の氏名を明記して声明することが大切であり、それを行って初めてその報道の信憑性が保障されると考えた。彼は、報道というものは為政者が公明正大な態度で、戦争目的の公示と国内体勢の真相について、戦闘に障りがない限りこれを全世界に声明するべきものであると主張した。[67]

また、鶴見は、一九四二年一月二三日の第三回予算委員会議で、「特殊宣伝機関」を設置するように東條首相らに提案した。[68] 彼がいう特殊宣伝機関とは、従来の内閣情報局以外の特殊事務を管掌する機関であり、対敵宣伝、主として対米宣伝を行う機関を意味した。[69] 彼はこの機関の設置について陸軍の田中新一（一八九三―一九七六）とも協議した。[70] 鶴見は、宣伝の趣旨が内閣総理大臣・外務大臣・陸軍大臣・海軍大臣・派遣軍司令官の間で一貫して筋立って通っている必要があると考えたので、可能な限り多方面に宣伝機関の設置を提案した。[71]

この宣伝機関を考案するに当たって、彼はイギリスの手法から示唆を得た。第一次世界大戦時に、イギリス政府はドイツの世論を撹乱するために、イギリスの新聞王であったノースクリフ卿（Alfred Charles William Harmsworth, 1st Viscount Northcliffe：一八六五―一九二二）に対敵宣伝省「クルー・ハウス」を設置させ、イギリス国内の専門家を集めて、どのようにすればドイツの国論がドイツ国内から崩壊するかといった対敵宣伝を検討させ、最終的にはその目的を達成した。これに倣って、日本も対米宣伝を行うべきであると鶴見は考えた。[72]

さらに、鶴見は対米宣伝だけでなく、もう一つ別の特殊宣伝機関として南方占領地に対する宣伝を管掌する機関の設置を提案した。彼は、南方占領地の諸民族の人種・宗教・風俗・習慣を十分調査して、南方占領地に対応した目標と手段で宣伝を実施する必要があると考えた。[73] その目的は、南方占領地を日本人の移住先にするためであった。鶴見は東條首相に、「日本民族ノ海外移住ノ問題ハ従来ハ其ノ土地ガナカツタノデアリマスガ、今回ハ日本民族ノ行クベキ土地ガ南ノ方ニ二、三箇所モアル」と述べ、さらに南方占領地だけでなく、「豪州ノ如キハ日本民族ノ移民ノ為ニ好適ナ土地デアル」と述べているように、移住先としてオーストラリアまでも視野に入れた提案を行った。(74)

また、鶴見は衆議院予算委員会といった議会の場における発言を世界が注目していると考えて、議会自体を一つの宣伝の場として捉えていた。例えば、一九四四年九月九日には、「小磯総理大臣ガ此処デナサル発言ハ、全世界ノ隅々ニ轟(とどろ)イテ行クノデアリマス」と発言している。さらに、一九四二年一月二三日には、「一月二一日ノ総理大臣ノ施政ノ演説ノ中ノ項目ヲ御伺ヒ致シテ、之ヲ国民ノ前ニ明瞭ニシ、併セテ此ノ議場ヲ通シテ世界ニ声明ヲ致シテ戴キタイト云フ趣旨デアリマス」と述べていることから、議会で発表することによって、その内容が世界に発信されると捉えていた。このように、日本国内の議会を宣伝の場の一つとして認識していたのである。議会の場での発言を他国の情報関係者が聴取しているということを踏まえた上で、自分の意見を発表する場合もあった。

その反面、議会での発言を各国が注目していて、そこから情報を収集する可能性があるため、逆に機密情報や宣伝の方法といった極秘内容は議会の場で発表できないという面もあった。その場合には、例えば情報局総裁の天羽英二の指示によって議会以外の内密の場が設けられ、そこで内閣総理大臣・外務大臣・情報局総裁らに対敵宣伝案を提言するといったことも行われた。(75)

次に、情報収集についてみると、鶴見は、敵国宣伝と敵国情報収集は表裏一体であると考えて、敵国に関する「情報収集」を重視した。敵国の世論を動かすためには、敵国を知ってその情報を基に宣伝策を検討する必要があると、彼は考えた。緒戦で日本が勝利を収めたのは、日本が米英の情報を収集して研究していたからであって、「戦勝ノ多クノ理由ノ中ノ一ツデアル外国ノ敵ノ事情ヲ知ルト云フコトニ付キマシテハ、今後トモ決シテ油断ヲシテハ相成タヌト思フノデアリマス、（中略）私ハ日本国内ニ於テ、十分戦時ニ於ケル米英ヲ研究スルガ如キコトヲシッカリト政府ニ於テヤッテ戴キタイ」[76]と述べて、一九四三年二月二日の衆議院予算委員会において、米英研究の重要性を訴えた。鶴見は自らが主宰する太平洋協会でも、情報収集や出版活動を行った。例えば、出版物としては、太平洋協会編『アメリカの世界制覇主義解剖』（太平洋協会、一九四四年）や、太平洋協会編『アメリカ国民性の研究』（太平洋協会、一九四四年）がある。

一方、鶴見は南方における調査活動も行った。先述の通り、彼が創設した太平洋協会は、第二次世界大戦時下、日本政府に全面的に協力する方針で陸軍の要請によって南方に調査団を派遣した。団長の笠間杲雄（かさまあきお）（一八八五－一九四四）をはじめとする二〇数名の調査団員が北ボルネオに渡って軍政に協力した。[77]太平洋協会の南進政策への協力は、彼の自著『南洋遊記』における膨張の発想上にあるものとして捉えることが可能であろう。

鶴見は、日本の戦争目的についてはどのように考えていたのだろうか。

彼は、対敵宣伝を展開するに当たって、日本政府は戦争目的を世界各国に対して明確に声明する必要があると主張した。その理由は、人間は本来良心を有しているので、虚偽の悪罵ではなく正々堂々たる正義の声により強く動かされる。従って、敵国民に対して、正義が日本側にあると主張する戦争目的を声明することで敵国民の戦意を挫くことを対敵宣伝の狙いとしたことは先述の通りである。さらに、彼は日本の軍隊と国民の戦意を高揚するためにも、戦争目的を声明することが必要であると主張した[78]。

開戦の二日後の一九四一（昭和一六）年一二月一〇日に、鶴見は「今次大戦の目標は、飽く迄も、帝国自身の存立を擁護し、民族理想を完成せんとするに在るがゆゑに、国民をして戦勝の美酒に酔ふて、法外なる要求を夢みしむることなく、徹頭徹尾、正義戦たるの意義を把握せしむべし[79]」（傍点引用者）と明言している。このことから、これは一二月一日の開戦の詔書に記されている「自存自衛」を受けての発言であり、日本政府から発せられた戦争目的に準拠していたといえる。自衛という点について、鶴見は異なる表現で、「大東亜戦争は日本に強ひられたる戦争であつて、日本が故なくして挑みたつ戦争ではない」とも述べている[80]。

翌一九四二（昭和一七）年一月に、東條内閣の議会において、政府側の戦争目的に「大東亜共栄圏の建設」と「アジア民族の解放」が追加され、同年一一月には戦争目的達成のために、関係する国会機関を統合して大東亜省が設置された。アメリカに依存しない自主的な国防圏と国防上必要な物資の自給自足圏を追求する過程で日米開戦に至ったために、当初は自存自衛という戦争目的であったが、アジア太平洋地域という広範な地域で戦争を展開するに際して、自存自衛という目的だけでは無理があったためにこれらの二つが追加されたのである[81]。この追加を受けて、鶴見が主張する戦争目的にも「大東亜共栄圏」や「アジア民族の解放」という言葉が表れる。例えば、一九四二年三月には、鶴見は「大東亜の平和的建設こそは、攻城野戦の大業と並んで、皇国臣民の肩上にある、雄渾昌大の事業である」[82]（傍点引用者）と述べ、一九四三年一〇月には「我れ等の戦ひは、大東亜の土地を占領し大東亜の民族を搾取せんがためのそれに非ずして、この大地域における諸民族を解放し、真の平和と安定とをこの地に実現せんがためのそれであるといふことである」[83]（傍点引用者）と述べている。

一九四三（昭和一八）年一一月六日に、東條内閣は、戦争終結の基礎的条件を提示した「大東亜共同宣言」を発表した。これを受けて鶴見の戦争目的にも、「世界平和への貢献」という目的が付加された。例えば、一九四四（昭和一九）年七月に書かれた「草稿　第四　対外宣伝の目標」の中で、鶴見は「戦争目的の再確認」として、「帝国の自存自衛の戦ひにして、毫末も侵略戦に代るが故に、国民は不退転の決意を有すること」、「東亜安定の為めの戦ひにして、アジア解放の義戦たるは、大東亜共同宣言及び対支新政策によりて明白なること」、「世界の平和に貢献せんとする肇国の理想の顕現にして、戦後の恒久平和樹立への信念確乎たること」（傍点引用者）としている。[84]

しかし、先述のように、鶴見は東條を評価してその主張を受け入れたのではなく、議会が決定したことに従っていた。鶴見の中では、天皇が絶対的な存在であった。

以上にみたように、日本政府の戦争目的が変化するにともなって、鶴見が主張する戦争目的も、「自存自衛」、「大東亜共栄圏の建設」「アジア民族の解放」、「世界平和への貢献」の三段階で変化を見せた。このことから鶴見の戦争目的は、議会が決定したことに概ね沿っていたことがわかる。

しかし、鶴見自身は、「日本の戦争目的は一二月八日の宣戦の大詔にはっきり仰せられて居ります。

この大詔を拝すると、第一に、我が帝国の自存自衛が危機に瀕した。所謂、ＡＢＣＤ包囲陣に囲まれ、その上経済断交で攻撃せられ、帝国の生存に重大なる脅威が加はつたから、止むを得ず蹶然起たざるを得なかつた事態がはつきりわかります。第一に、日本の生存のために起ち上る、第二に東亜の安定を計る、第三に世界の平和に寄与する、即ち、日本の秩序、大東亜の安定、世界平和の為に貢献、この三ツの大理想で一貫してゐる」[85]として開戦当初から三つの戦争目的が一貫しているとの発言をした。日本の戦争目的の明確さや一貫性を強調したかったものと思われる。

鶴見の唱えた戦争目的は日本政府の発表に準拠していた。これは彼自身のオリジナリティのある発信とはいいがたく、政府の発信内容に完全に寄り添っていた。日本政府のスポークスマンになりきっていたという意味において、本書では彼の戦時中の活動を広報外交として取り上げずに、ここで触れるにとどめる。

また、戦前に鶴見は満州政策について次のように述べて、日本の経済政策が世界に向けて開かれているべきであるという発想を示した。

即ち我々は今日の世界に現存する偏狭なる経済的国家主義をそのまま承認し、我が国民の生存のために我々も亦自給自足の可能なる経済ブロックを作製することを国策と致すか、乃至はこの世界の経済的鎖国主義への動向を是正し、全地球の物資を全人類とともに亨有するごとき共存共栄の天地を作る為めに、率先して一新指導原理を世界に提唱することを国策と致すかであります。

（中略）只今我々民族の海外発展をさへぎつて居るものは、この世界の鎖国的傾向であります。故に我々は自ら障壁を作つてその中に安住するの途を歩まずして、進んで全世界のかかる障壁打破の方向に、我が国策を導くべきであると信ずるのであります。[86]

欧米が経済ブロックを築いて日本を閉め出したように、日本も満州国と協同して経済ブロックを作って鎖国状態にこもるのではなく、経済ブロックを打破するべきであると、彼は提案した。しかし結果的に鶴見は、満州事変以降、日本の軍事的進出を擁護する広報外交を行い、戦時中の一九四二年一月には、東條内閣の議会において政府の戦争目的に「大東亜共栄圏の建設」が追加されたのを受けて、鶴見も戦争目的として「大東亜共栄圏の平和的建設」と述べている。これは、ブロック化を肯定したことを意味している。鶴見が戦間期に訴えたように、欧米によるブロック経済が日本を移民推奨政策や領土拡張政策へと追いつめたという側面があったことは事実であり、そのために鶴見は排日移民法に対してだけでなく、欧米による高関税政策やブロック経済政策にも非を唱えた。しかし結果的に、日本が満州においてブロック政策を取ることを鶴見は肯定した。自由主義の側面から考えると、これは逸脱であったといえよう。

次に、鶴見は対敵宣伝の目標については、どのように考えていたのだろうか。鶴見が主張した対敵宣伝の目標はアメリカの戦意を挫くことにあったが、そのための方法としては、主として次の二つであった。

一つ目は、アメリカ国内の米大陸中心主義（コンチネンタリズム）と他大陸干渉主義（インターヴェンショニズム）の双方の政治思想の相違を浮き立たせ、両者の間に齟齬感を生むことで、アメリカ国内における国論分裂を誘導し、アメリカの戦意を挫くことであった。[87]具体的には、ジョージ・ワシントン（George Washington：一七三二－一七九九）やトーマス・ジェファーソン（Thomas Jefferson：一七四三－一八二六）らによるアメリカ建国以来の伝統的な国策は、アメリカは南北アメリカ大陸だけにとどまるべきであり、他の大陸に干渉するべきではないという米大陸中心主義の考え方である。これに対して、アルフレッド・T・マハン（Alfred T. Mahan：一八四〇－一九一四）や、セオドア・ローズヴェルト（Theodore Roosevelt：一八五八－一九一九）らによる帝国主義や侵略主義、すなわちフィリピン領有や中国への干渉は、他大陸干渉主義である。前者の考え方と日本の国策とは何ら矛盾することはないが、後者の考え方はアメリカ建国以来の伝統的な国策と根本的に整合しておらず、日本の自存自衛とも相容れない。従って、アメリカが西太平洋地域に政治的、軍事的に干渉する限り日本は断乎として戦うが、もしアメリカがその東亜侵略の政策を捨てる場合は、日本は何ら戦うべき理由がないと繰り返して放送することによって、アメリカ国内の伝統的な米大陸中心主義の知識人を精神的に動揺させ、また対日戦争を続けることは無益・無意義であることを痛感させ、アメリカ国民の中に潜在するF・ローズヴェルト政権に対する反対の意見や空気を助長・強化して国論を分裂に導いて戦争する意志を失わせ、西太平洋地域からアメリカの政治的、軍事的プレゼンスをなくし、アメリカの戦意を挫こうというものであった。[88]

二つ目は、アメリカの戦時情報局（The Office of War Information、OWI）局長のエルマー・デーヴィス（Elmer

Davis：一八九〇－一九五八）による対日宣伝方針である日本の軍民分離策が不可能であると宣伝し、さらに、日本国民は議会政治を尊重しつつ、皇室を守るためには国民が最後の一人になっても戦い続ける決意があることを強調し、日本の挙国一致内閣が指揮する日本全体は一枚岩であり、日本国内世論の分裂は不可能であることを宣伝して、アメリカの戦意を挫こうというものであった。これは、アメリカ国民にとって最大の禁物は長期戦であること、日本が国難に臨んで精神的に一致団結して長期戦を覚悟していること、日本が長期戦に備えて南洋地域と中国の物資や人員を確保していることの三つを宣伝することで、アメリカの戦意の挫折を狙ったものであった。(89)

以上二つの目標を標榜しているが、具体的に組織を動かして実施された形跡はなく、提言にとどまっていた。また、この二つの主張は実現性に乏しいと思われる。

以上でみたように、戦時中の鶴見の活動は、南方への調査団の派遣以外はすべて提言にとどまっており、具体的な成果を得たものはなかった。戦時中の鶴見の活動は具体性に乏しく、抽象的な想念によって提言だけを繰り返している印象を免れない。鶴見という人物は、基本的には対敵宣伝といったネガティブな活動よりも、平時に堂々と正面を切って行う広報外交に向いていたと思われる。

鶴見の戦争直前から戦時中の活動について、北岡寿逸（一八九四－一九八九）は、「鶴見さんは宇垣内閣の成立に努力したり（昭和一二年）、米内内閣の内務政務次官に就く（昭和一五年）等軍人と云っても対米戦争を回避する方々と協力し、一九三五年（昭和一〇年）にはルーズベルト大統領に会見しているから、日米親善、対米戦回避に尽くした事は疑い無いと思うが、戦争遂行に最後迄協力したのには実

に遺憾の極みであった」と述べている。(90)

広報外交の旗手として世界平和を唱える

鶴見は、戦後、約五年間にわたり公職追放となった。彼は、第二次世界大戦直前に議会政治を維持させようとしたが果たせず、軍部遂行内閣に協力したことを反省して、戦後に後進の自由主義者を支援した。具体的には、公職追放中の一九四六（昭和二一）年秋に、一九四五年八月一五日の終戦とともに自発的に解散させた太平洋協会を太平洋文化協会と改名して復帰させ、復員してきた前太平洋協会職員の関嘉彦を、この太平洋文化協会に復職させた。それと同時に、太平洋文化協会の一室を無料で提供して、関に社会思想研究会の活動を続けさせた。社会思想研究会は、戦時中に河合栄治郎が創設した戦後の日本民主化のための研究所であった。こうして、鶴見は関が河合の遺志を受け継ぐ形で活動できるように取りはからった。後年、社会思想研究会は独立して活動を続けることになるが、この時期の鶴見からの物心両面の支援がなかったならば社会思想研究会の継続は不可能であったと、関は述べている。鶴見は、自由主義者であった河合の遺志を後継者に託す形で、関を支援したのである。

太平洋文化協会は、一九五三年七月に太平洋協会に還し、鶴見が会長に就任することになる。また、太平洋文化協会以外にも、鶴見は一九四九年に東亜研究会を創設して、副会長に就任した。

鶴見は、公職追放が解除となった一九五〇年一〇月以降に広報外交を再開した。戦後に彼が行った広報外交の内容は、再軍備反対の提唱、世界平和への貢献の提唱、輸入障害の除去、日系移民の増加推進の四つが主なものである。戦前の行動に対する自省の念から、戦後の広報外交は、世界平和への貢献の提唱が基調となっている。

しかし、「我が国経済の発展並に民生の安定のためには、国際的信用を増大し、以って輸出の拡大と移民の増加を図らなければならない」[91]と述べているように、鶴見の戦後の広報外交は、単なる理念上の世界平和への貢献の提唱ではなく、国益に資するような具体的、実際的な目標を設定していた。以上のように、彼の広報外交は、輸入の拡大や移民の増加といった国益を考慮した上での世界平和への貢献の提唱であり、日本の信頼回復であった。その意味において、鶴見は保守主義者であったといえる。

鶴見の広報外交は、戦前が親米路線の一辺倒であったことに比較して、戦後はインドや南米といったアメリカ以外の国々への発信が見られるのが特徴的である。発信対象国が変化した理由は、広報外交の目的が、世界平和への貢献の提唱や日系移民の増加推進といった内容に変化したことによる。

一方、鶴見は親米路線を復活させ、アメリカの政府要人との個人的な接触や大衆に向けての講演活動によって、日本の立場をアメリカに訴えかけた。例えば、講和条約の発表以前の一九五一年二月に、鶴見は訪日したジョン・F・ダレス（John F. Dulles：一八八八－一九五九）に面談して、講和条約の早期締結を要望した[92]。

一九五二（昭和二七）三月から七月にかけて渡米した際には、鶴見は、第二次世界大戦で敗戦国となったことで、日本がアメリカにとって重要視されない存在になったのではないかという危惧から、アメリカ政府要人、報道関係者、文化人らに接触して、彼らが日本の将来をどのように考えているのかを探り、同時に、日本が共産化しないことなど日本の情報や立場を、アメリカの政府要人との面談や講演という形で発信した[93]。具体的には、鶴見はこの訪米時に、無任所大使のフィリップ・C・ジェサップ（Philip C. Jessup：一八九七－一九八六）、連邦上院議員のロバート・A・タフト（Robert A. Taft：一八八九－一九五三）、ハーバート・C・フーヴァー（Herbert C. Hoover：一八七四－一九六四）前大統領、副大統領のハリー・S・トルーマン（Harry S. Truman：一八八四－一九七二）、ディーン・G・アチソン（Dean G. Acheson：一八九三－一九七一）国務長官をはじめとする政府要人に、ワシントンでは約三〇名、ニューヨークでは約五〇名に会見している。今回は鶴見にとって一四年ぶりの訪米で、公職追放解除の二年後であった。この旅行は日伯産業振興会による招聘であり、アメリカの政府要人に多く面談していることから、外務省による派遣でもあったと考えられる。

一九五三年にはインドの平和会議に出席し、世界平和を提唱する講演を行った。

一九五五年六月二日から同年八月一日にかけて、サンフランシスコ、ニューヨーク、フィラデルフィア、アトランタ、ヒューストン、サン・アントニオ、エル・パソ、フェニックスの各都市をめぐるアメリカ旅行を行った際には、鶴見は訪米早々にラジオ演説を行った。その趣旨は、次のような内容であった。

日本が東西ブロックの間で中立主義に傾くかどうかが、アメリカの懸念するところであろうが、日本は中立政策を取ることは考えてはいない。経済的な発展のためにも、自由主義国家、特にアメリカと連携し、アメリカとの協調路線を取る方向である[94]。

以上のように、鶴見は日本の意向を説明した。

さらに、この渡米時には、ニューヨークで数名の上院議員や国務省・国防省の事務官に面談したのをはじめとして、二ヵ月間のアメリカ滞在中に様々な人物と会って、日本の立場を訴えかけた[95]。

一九五八年八月から一〇月にかけて、外務省からパラグアイとアメリカに派遣された際には、鶴見は、日本の国情を知らしめ日米相互間の理解を深めることと、南北米における二世三世の日系市民と日本との文化的、経済的な親善関係維持の方途を研究することの二点を念頭に置いて、パラグアイ、サンパウロ、ロサンゼルス、サンフランシスコの各都市で日系人対象に講演を行った[96]。

以上みた通り、鶴見の戦後の広報外交は、アメリカへの発信が復活された形となるとともに、戦前には見られなかったインドや南米の国々での発信も行われた。

最後に、鶴見の政治活動を概観しておきたい。

鶴見は、一九二四年に官界を去って政界を目指し、同年五月、少年時代を送った岡山県第七区から衆議院議員選挙に立候補したが、後藤新平の了解も得ておらず落選した。一九二六年同じ選挙区より補欠選挙に出たが、この時も惜敗であった。一九二八年二月、普通選挙第一回の総選挙に岡山県第一区より出馬し、最高点で当選した。この時、政友会二一九名、民政党二一七名であった。鶴見は中立で出て、尾崎行雄、椎尾弁匡、長島隆二ら中立の八名で明政会を組織した。政友会と民政党の間に立ってキャスティング・ボートを握ろうとしたが、鈴木内相の不信任案の通過に成功しただけで、田中政友会内閣を倒して、民政党と連立内閣を作って、有力閣僚となるという野望は実現しなかった。明政会はもともとバラバラの人々を鶴見の熱弁で結合したものであって、まもなく崩壊し、黒い噂さえ立ち、明政会運動は失敗し、一九三〇年の総選挙では落選の憂き目をみた。一九三六年には、岩手県第二区に選挙区を移し、当選して民政党に入り、一九四二年まで三回続いて当選した。戦後、一九五二年には同一選挙区でも落選し、一九五三年には参議院全国区より出馬して当選した。一九五九年には岩手県地方区より参議院選挙に出馬したが、落選であった。

先述のように、選挙に立つこと十回、落選五回、当選五回、選挙区を移すこと五回、その間、一九四〇年に米内内閣の政務次官になったが、同内閣はわずか半年の短命であった。戦後一九五四年、鳩山内閣の時に厚生大臣になったが、三ヵ月で改造の際に辞職となったため、仕事らしい仕事もしていない。この辺について北岡寿逸は、「鶴見さんの政治生活は苦労の多かった割合に報わるる所少なく、著述業、評論家として生活し、太平洋会議等に出ておれば名利共に収めて、楽な生活が出来たものをと御気の毒に堪えなかった。（中略）鶴見さんの政治生活を一言で評すると、心情は高く理想を追いつつ、身体は低く現実の政権を追っていた」と厳しい感想を述べている。(97) 研究室にこもらずに実社会で実行していくという鶴見の信条が、政治活動においては裏目に出ているといえる。鶴見は、やはり国際的な発信において最も輝く人であった。

鶴見は、一九五九年に脳軟化症により病床につき、以後約一四年間の闘病生活の後に、一九七三年に八八歳で逝去した。闘病中はろくに物も言えない状態であったが、病床にあっても常に明るくふるまい続け、周囲への配慮を怠らない明朗な態度を貫いた。

鶴見は、晩年、自らの意思でクエーカー信者となった。かつて師と仰いだ新渡戸稲造が信仰していたキリスト教の宗派である。

壇上で光り輝いた人間が、会話も満足に出来なくなるというのは、さぞかし苦しかったであろう。あるいは、若い頃のような生々しい野望が鎮静して、心の平安を得たのであろうか。

第二章　広報外交の旗手として羽ばたく前に

アメリカで広報外交の現場に触れる

鶴見祐輔は、一九一〇（明治四三）年七月に東京帝国大学を卒業し、一一月には高等文官試験に合格して、拓務属官として内閣拓殖局朝鮮課に勤務した。一九一〇年八月には、新渡戸稲造から後藤新平の長女・愛子との縁談を持ちかけられ、見合いを経て、一九一二（大正二）年に結婚した。新渡戸は、鶴見自身にとっても後藤の下で政治について学べるのでよい縁談であると考えていたし、鶴見が後藤の女婿となることで、後藤の政治力の一助となることを念頭に置いていた。また、新渡戸はこの縁談を取りまとめることで、鶴見を自分の広報外交の後継者として育成しようという意図も持っていた(1)。

そもそも、新渡戸と後藤との関係は、新渡戸が札幌農学校の教授を辞して、アメリカで静養しながら『武士道』を記し、その刊行のために一八九九年一二月にアメリカで準備していた時期に、台湾総督府民政長官の後藤から台湾総督府勤務を求められた時から始まった。台湾総督の児玉源太郎（一八五二―一九〇六）と後藤に協力して、総督府技師として台湾を開発することが新渡戸の使命であった。新渡戸は、一九〇二年には臨時台湾総督府糖務局長となったが、翌年帰国し、京都帝国大学法科大学教授を兼務する形で、一九〇六年に一高校長となった。鶴見との出会いは、この時点である。

鶴見がこの結婚によって得た後藤という後ろ盾は、海外出張の機会を度々持つことができたという意味で、在官中にはかなり有効であった。また鶴見は、新渡戸から託された通り、世間から「後藤の懐刀」と呼ばれるほどに補佐していく[2]。

鶴見はその後、一九一一（明治四四）年八月、鉄道院に鉄道院書記として転勤となる[3]。そして、在官一四年後の一九二四（大正一三）年一月に退官の意を上司に伝え、同年二月に鉄道省監察官を休職し、その二年後の一九二六（大正一五）年二月に休職満期退官となった。実際的には一九二四年二月での退官である[4]。

鶴見は官界時代のほぼ全時期にわたって後藤の影響下にあり、出張や配属については後藤の息のかかる位置にいた。鶴見は、後藤の命を受けて度々の海外出張を経験し、その体験が彼の広報外交の下地となった。従って、鶴見に広報外交の基礎的経験の機会を与えたという意味において、新渡戸と後藤の両名の存在は非常に大きいものであったといえる。

鶴見と愛子との縁談がまとまった翌年には早々に、後藤という後ろ盾の威力が発揮された。一九一一（明治四四）年三月、鶴見は伝染病研究所長の北里柴三郎（一八五三―一九三一）に随行して、満州奉天におけるペスト疫病研究会議に出席した。[5] 鶴見が随行した理由は、後藤と北里との間に親交があったからである。というのも、一八九二（明治二五）年六月にドイツから帰国した後藤は、同年一一月に内務省衛生局長に任命されたが、この時期に後藤が行った事業の一つに、北里を中心に据えての伝染病研究所設立があった。ツベルクリン開発がその課題である。後藤と北里とは、それ以来の付き合いであった。[6]

鶴見は、鉄道院に転勤になった一九一一年八月から、翌一九一二（明治四五＝大正元）年九月にかけてアメリカ出張を命じられた。[7] その内容は、日米交換教授として招聘された新渡戸に鶴見が随行する形で、一九一一年（明治四四年）八月から一九一二年七月までの一年間アメリカに滞在し、その後、ヨーロッパを旅行して同年九月に帰国するというものであった。この時、新渡戸は四九歳で、鶴見は二六歳であった。[8]

当時の日米関係は、一九〇六年から一九〇七年にかけてアメリカ西部で激化した日本人移民問題が、日米両政府間の数次にわたる紳士協定の締結（一九〇七年二月、一九〇八年六月）によって一旦は収まり、表面的には沈静した状態であった。さらに日本政府は、一九一一年二月の新日米通商航海条約の締結に当たって、「合衆国行労働者の制限及び締結に関する宣言」を発し、先の紳士協定を遵守する決意を表明していた。

対日感情についてはは、中国問題に起因する反日感情はあまりなかったが、カリフォルニアの日本人移民に関する問題が深刻化しつつある時期であった。カリフォルニアの日本人移民問題に限らず、日米関係全般に共通する問題の最大の核は、アメリカが日本の実情を知らないことであり、それをいかに啓蒙するかが、この招聘における新渡戸の最大の使命であった。[9] この頃すでに、ジョン・A・ホブソン（John A. Hobson：一八五八‐一九四〇）が排日論を唱えたり、ホーマー・リー（Homer Lea：一八七六‐一九一二）が日禍論に関する著書『日米戦争』（*The Valor of Ignorance*）を出版したりしていたが、まだ広く読まれてはいなかった。

鶴見は、新渡戸とともに一九一一（明治四四）年九月にカリフォルニアに上陸し、約二週間にわたり農園を視察した。その間に、新渡戸がスタンフォード大学で講演を行った。その趣旨は、慢性的労働力不足の状況にあるカリフォルニア州に対して、日本は労働力を供給でき、逆にカリフォルニア州は雇用の場を提供できることから、両国間には利害の調和があり、両国が相互に譲歩すれば、障害を乗り越えることが可能であるといった、友好関係の平和的継続を祈願するものであった。[10] 鶴見は、新渡戸がアメリカの大衆を前に日本の意見を英語で発信する現場に初めて立ち会い、随分緊張した気持ちになり、大講堂に満ちたアメリカの学生と市民を眺め渡しただけで、胸が一杯になった。さらに、新渡戸の講演が終わって、どっと拍手がわき起こった時には、感激して思わず暗涙を催したと印象を語っている。[11] この経験は、海外における講演活動の現場の空気に直に触れて、広報外交が大衆を感動させる威力やその重要性を実感したという意味で、その後の鶴見の活動に大きな影響を与えることになった。

その後、鶴見は新渡戸にしたがって東海岸に移動した。新渡戸はフィラデルフィア郊外のアイドル・ワイルドで原稿の作成に没頭し、一九一一年一〇月にはロード・アイランド州のプロヴィデンスに移って、ブラウン大学で講演を行った。[12] プロヴィデンスには、新渡戸が慕っていたクエーカー信者のチェース家があった。新渡戸の妻・メアリー・P・エルキントン（Mary P. Elkington：一八五七―一九三八）の同窓生のアンナ・チェース（Anna Chace）が当主であった。アンナの父・ジョナサン・チェース（Jonathan Chace：一八二九―一九一七）は、同市でも有名な実業家であり、長く上院議員と下院議員をつとめた人物であった。[13] この時、鶴見がチェースの知遇を得たことは、後年、鶴見が広報外交を行う際の大きな助力となる。

プロヴィデンスからさらに南下して、鶴見は新渡戸のニューヨークのコロンビア大学における六回の講演を実見した。新渡戸は、同様に講演に来ていた著述家・宗教家のヒュー・ブラック（Hugh Black：一八六八―一九五三）と会見した。[14]

続いて、ニューヨークからシカゴに移動して、鶴見は新渡戸のシカゴ大学の卒業式における講演を傍聴した。この時に、中国で辛亥革命が勃発し、アメリカの新聞を賑わせていたが、新渡戸は、週刊誌『カリアーズ・マガジン』（*Careers Magazine*）の依頼により、同誌に中国論を執筆した。袁世凱の心境を論じて、「彼が将来帝位を望まざるべしと、誰か果たして保証し得べき[15]」と述べたことを、鶴見は新渡戸らしい卓見であると思った。この時の新渡戸の予想は、後年現実のものとなるのである。

翌一九一二（明治四五）年一月に、鶴見は、新渡戸が学生時代を過ごしたボルチモアのジョンズ・ホプキンス大学における講演を聴き、同市の人々と交流を図りながら約一ヵ月を過ごした。また鶴見は、新渡戸がワシントンに度々赴いて数々の会議へ出席した際や、大統領のウィリアム・H・タフト（William H. Taft：一八五七－一九三〇）をはじめとする有力者との会談を行った際には、必ず同行した。[16]

新渡戸のボルチモアにおける講演活動が同年二月に終了すると、鶴見は、新渡戸とともにニューヨークからドイツ船のケーニーギン・ヴィクトリア・ルイーゼ号で西インド諸島からパナマ運河の視察に向かった。西インド諸島を遊覧しながら、南洋を約四週間航行した。キューバでは、新渡戸は大統領と会見して台湾統治について談話した。開鑿中のパナマ運河を視察し、コローンを経てヴェネズエラに寄航し、鉄道で首都カラカスに赴いて、その後、船でニューヨークに戻った。一九一二（明治四五）年三月には、鶴見は、ヴァージニア州のシャーロッツヴィルに赴いて、新渡戸のヴァージニア大学における講演を傍聴した。この旅行における講演先の六大学の中で、この大学だけが南部にあった。新渡戸は、同大学ではエドガー・A・ポー（Edgar A. Poe：一八〇九－一八四九）の作品を東洋人の観点から論じた。新渡戸は、南部の情緒に深く心を捉えられて、第三代大統領のジェファーソンの隠棲地モンティテロを訪問した後、レキシントンのワシントン・リー大学、続いてイリノイ州のアーバーナの州立大学で講演し、スプリングフィールドにあるエイブラハム・リンカーン（Abraham Lincoln：一八〇九－一八六五）の墓参りをした。さらに、同年五月初旬にはミネソタのミネアポリスに移動し、新渡戸のミネソタ州立大学における講演を傍聴した後に、東海岸に戻った。六月初旬、新渡戸はブラウン大学から法学博士号を贈られた。二人は、同年夏にはアメリカからイギリスに出発し、リバプールに上陸してロンドンへ向かった。この後、ローマで休暇を取る予定であったが、明治天皇（一八五二－一九一二）の崩御の知らせを受けてヨーロッパ旅行を短縮し、九月にシベリア鉄道を経由して中国に入り、朝鮮半島を南下して、一九一二（明治四五）年九月一〇日に帰国した。[17]

この旅行において、新渡戸はスタンフォード大学をはじめとしてアメリカ各地で合計一六六回の講演を行い、日本についての誤解を解くように努め、同時に日本事情や日本文化を紹介した。また、新渡戸の講演以外の活動としては、（一）昼食・夕食・茶会の招待に度々応じ大小の会合に出席して、多数のアメリカ人に個人的に接触したこと、（二）新聞や週刊誌といった現地のマスコミに数多く接触し、依頼されればエッセイや論考を寄稿したこと、（三）大統領タフト、評論家エリザ・R・シドモア（Eliza R. Seidmore：一八五六－一九二八）、オハイオ州選出の上院議員セオドア・E・バートン（Theodore E. Burton：一八五一－一九二九）といったアメリカの政府要人と交流を図ったこと、（四）南部のヴァージニア大学の学生主催による談話会に出席し、ポーの作品を日本人の観点から論じることによって、日本への理解を促したことが挙げられる。[18]

鶴見は、新渡戸の講演活動やその他の活動を実際に見聞したことによって、次の四点を体得した。第一に、排日潮流のまだ初めの段階にあったアメリカの空気を直接感じたことである。鶴見は後年、アメリカにおける排日移民法成立に対して非を唱える講演活動を展開するが、そういった活動に至る前にアメリカの排日潮流を体感したことは大きな収穫であった。第二に、鶴見は、新渡戸の講演がアメリカの聴衆に熱狂的に受け入れられる様子を目の当たりにして強烈な印象を受け、広報外交の重要性を強く実感したことである。第三は、新渡戸の講演方法、講演の話題を対象によって臨機応変に対応する柔軟性、ユーモアの重要性の三つを学んだ。つまり、具体的な講演手法を広報外交の現場で学んだのである。第四は、新渡戸が行った講演以外の活動、つまりアメリカ人との個人的交流をみて、その重要性を知ったことである。

鶴見は、これ以前は日本国内においてしか講演活動を行った経験がなかったが、この講演旅行に随行したことが国際的に活動する大きな伏線となった。また、この出張時における新渡戸の講演は、学生を対象としたものが大半であったが、それに加えて、新渡戸は政府要人や知識人と面談した。このことから、鶴見は対象とする階層に幅をもたせることの重要性を学んだ。彼は後年、アメリカにおいて、新渡戸よりも一層幅広い階層を対象として講演活動を行うのである。

南洋出張、そしてベストセラー作家になる

新渡戸との講演旅行から帰国した翌年の一九一三（大正二）年六月、鶴見は鉄道院からの出張命令によって、ロシアのモスクワにおける「第八回シベリア経由国際旅客交通ニ関スル会議（万国鉄道会議）」に日本代表委員として出席した。[19] この会議の目的は、世界一周旅行ができるように詳細を決めることであった。一九一三年六月から東京の新橋駅で、ロンドン行・パリ行・ベルリン行の切符の販売が開

始されたが、各国で海外の鉄道切符が購入できるように話し合うのである。[20]

この出張から帰国した直後の一九一三年秋、一高で出張時の体験を講演したが、その内容は雑誌『雄弁』に掲載された。[21] これ以降、鶴見は、海外出張、日本国内での講演、その内容の雑誌掲載という一連の形で、官界の仕事の範囲を超えて自分の海外体験を日本国内の一般人向けに発信した。その際に、鶴見の発信活動を出版という側面から支えたのが、東京帝国大学時代に知遇を得た野間清治である。

このような国内発信は、雑誌寄稿にとどまらず書籍出版にも広がったが、その契機となったのが次に述べる南洋出張である。

一九一五（大正四）年八月末、鶴見は鉄道院から南洋視察の出張命令を受けて、同年一〇月から翌一九一六（大正五）年二月までの四ヵ月間、上海・香港・フィリピン・仏領インドシナ・カンボジア・シンガポール・マレーシア・蘭領東インドといった南洋地域を視察した。その目的は、鶴見の官界入り以前の一九〇九年頃から鉄道院が編纂していた、アジア全体を外国人に紹介するための『東亜英文旅行案内』のうちの最終巻「第五巻南洋（仏印・フィリピン・蘭印・海峡植民地）」を執筆するために現地を視察することであり、あわせて資料を収集することであった。[22]

この出張での体験を、鶴見は、職務の『東亜英文旅行案内』とは別に、個人的に旅行記『南洋遊記』として、一九一七（大正六）年三月に野間の大日本雄弁会講談社から出版したのである。ここで、『南洋遊記』を生むに至る経緯を概観しておきたい。

鶴見にとって日露戦争時の日本海海戦における勝利は、日本が強国になることへの切望という形で、彼の中に強く焼きつけられる出来事となった[23]。日清・日露の戦争に勝って日本全体が歓喜するという興国の機運の中で少年期を過ごしたことが、まず鶴見の中に原体験として存在した。それは、日本が世界の中で、一等国として生きていくべきであるという彼の強い思いである。戦争に次々と勝って日本が膨張していく実感が、鶴見の中にあった。

鶴見の基本的な認識は、すべての民族は集中時代と膨張時代をくりかえすという発想であった[24]。集中時代は、個人としては外界よりも自分の内奥をみつめ、自己批判によって自分の世界観を確立する。民族としては、積極的な海外膨張よりも、国内の諸体制の整備に力を用いる時期であると考えた。これに対して、膨張時代は、個人としては各自の才能を活かして実践する。民族としては民族の勢力を積極的に国外に広げ、対外発展に邁進する時期であると考えた。この観点からすると、江戸時代は三〇〇年の集中時代であり、明治時代は膨張時代であり、大正の末期から日本は再び集中時代に入ったが、遠からずして日本はもう一度膨張時代に転向すると捉えて、鶴見は自分が活動する時代は、日本が膨張していく時期であると考えたのである[25]。

鶴見は、『南洋遊記』において、興国の精神が溢れる国家である日本が対外的に膨張するのは当然であると主張した[26]。鶴見は、欧米列国が世界中に新天地を求めて膨張したのと同様に、日本も膨張してしかるべきであり、それを阻むのがアメリカにおける日本人移民排斥や高関税という障壁であり、その背景には人種差別があると明言する。

> 一国が人口の過剰に苦しみ、他国が労力の寡少に悩むに際し、故更に、関税の墻壁と条約の門扉とを設けて、其の流入を拒絶するは之れ自然に逆行する人為に非ずして何ぞ。一国の生民が過剰人口の激甚なる生存競争裡に顚倒反則しつゝあるに際し、他国が鮮少人口の極楽天地に倨して游悠其の生を娯しむと言ふは、之れ道徳の正理に背反する作為に非ずして何ぞ。（中略）既に、一国が国家競争の原則を承認して、移民排斥、貨物排斥を行ふに、当りては、我亦国家競争の原則に則つて、国権拡張、国土膨張を説くに、何の妨ぐる所か之あらん。蓋し口を平和と人道とに藉りて、而して移民排斥策、禁止的高率関税策を取るは、之徹頭徹尾偽善の政策たればなり。（中略）余はかの人種的排斥を試むるの諸国が、同人種の国に膨張せんとする日本の企画を目して、日本の野心乃至は禍心と称する真意を解するに苦しむ。既に異人種の国に入る能はず。今又同人種の国に入る能はずとせば、日本の生民七〇〇〇万は、卿等が游悠を見物しつゝ、蕞爾たる一国内に餓死せざるべからざる乎、天下豈斯の如き背理あらんや、不法あらんや、不徳あらんや。日本民族の帝国主義は、日本民族が餓死窘蹙より擺脱せんと欲する、男性的努力なり、英雄的活動なり、何人か敢て一指を是に加ふるものぞ。卿等が一六、七世紀の交、天下豊沃の山河に膨張したる、其の足跡を追はんと欲するのみ。領土拡張は西人のみに道理にして、日本人に不道理なりと言ふ。天下、豈斯の如き噴飯事あらんや。(27)

以上のように、『南洋遊記』における鶴見の論調は、一等国入りを果たした日本が欧米列国と同等に扱われないことに対する憤懣であった。この列国のやり方に対する憤りを土台として、鶴見は南進論を展開し、「今日日本民族が採るべき策は、唯一である。即ち国力膨張の機運に乗して、東西南北に発展すること之である。南進論の如きは、要するに日本民族充実の結果として、生じ来りたる唯一つの現象に過ぎない。故に南進すべきや否やと云ふことは、今日に於ては問題であるとは思はれないのである」[28]と主張した。彼のいう膨張は、このように可能性のある場所はすべて視野に入れた、全方向的なものであった。

鶴見は、南洋視察において、膨張していく視点である帝国主義的な観点から南洋各地域を眺めた。彼は、(一)アメリカ・フランス・オランダ各国の植民地政策の状況、統治の巧拙、(二)南洋各地の日本人の状況、(三)気候・宗教・産物といった面から、日本人が移住するに適する土地かどうか、(四)各地域を日本が統治することができるかどうか、(五)統治する場合にはどのような方法を取ればよいのかといった点を念頭に置いて視察したのである。

香港・フィリピン・仏領インドシナ・カンボジア・蘭領東インドの各地域を視察した結果、鶴見は、日本が南洋に進出するならば、次のような点に留意する必要があると主張した。

南進の目的については、単に南国の物資の豊富さや生計の容易さを求めること、北国の寒気や生存競争を回避すること、日本国内の人口を軽減するために多数の日本人を南国に移民させる目的で南進することは、すべて問題である。炎熱の気候である南国では、概して生活は単調で刺激に乏しいので、北国で生活するような男性的な精神が次第に喪失していく傾向にある。現地の欧米人は、南国に滞在する期間を決めて帰国してしまうか、あるいは南国の高地に時々避暑に赴いて英気を養ってから再び奮闘するかいずれかの方法を取っていた。他方、中国人のように体力的に強靭な民族は、炎熱の気候下においても平気で働けるが、マレー人やジャワ人は、資本面においては欧米に及ばず、体力的には中国人に及ばず、徐々に奮闘力を喪失して怠惰な生活を送るようになっていた。従って、こういう炎熱の土地に単に南進論という美名によって多数の日本人が移民しても、資本家としては欧米人と拮抗できず、労働者としては中国人と競争できず、マレー人やジャワ人のような境遇に陥る可能性が非常に高い。移民して一代目は持ちこたえられたとしても、二代目以降は奮闘心や愛国心が希薄になって、南国人と同様に怠惰になってしまう。以上が、鶴見の考えた南洋進出についての留意点である。

そこで、鶴見は南進するのならば資本家として進出したいと考えた。日本が持っている資本は、欧米に比べたら遜色はあるものの、南洋各地が所有する資本に比較したら豊富であるので、まずは資本家による南国への資本投資が得策である。この方法であれば、労働者はおのずと資本家に随伴して南国へ移住し、知識層の指導の下に労働者が大挙して移住することができ、日本固有の国民性を持続して南国の資源を切り開くことが可能となり、その時に初めて日本民族の南進は成就すると、彼は考えたのである。(29)

鶴見がこのように主張したのは、視察時に実際に南洋在住日本人の悲惨な状況を目の当たりにしたからであった。欧米人の場合、大半が上位階級の人物が現地に赴任しているのに対して、日本人は自力だけで一攫千金（いっかくせんきん）を狙って現地に渡った下層社会の人々が多かった。冒険心旺盛な青年が国威を海外発展させることは国家膨張のために必要ではあるが、鶴見が南洋各地で遭遇した在住日本人たちは、一旦日本を出た限り一旗揚げるまでは帰国しないという気迫で来たものの、日本からの後援や支援が乏しいために、次第に南洋の熱帯気候に負け、努力する気概も萎えてしまっていた。それらの日本人移住者とは対照的に、現地で最も政治的権力を握っていたのは、欧米人であった。その配下で地道に努力する資本家は、第一階層が中国人、第二階層がインド人、第三階層がジャワ人・マレー人・カンボジア人であった。その第三階層の中に一万二千名の日本人が含まれていた。資本も知識もない下層社会の日本人が南洋地域へ移住しても、政治的な支配力においてはヨーロッパ人に到底及ばず、資本や労働力において中国人に及ばず、数十年が経過する間に競争に破れて勤労意欲を喪失し、熱帯地の怠惰な習慣が身について、最終的には日本移住者が現地で敗北者となっていた[30]。

従って、日本人が南洋への集団移住を目指すのであれば、山師的に一攫千金を狙うのではなく、知識階級の日本の資本家が後ろ盾として投資しなければ成功する可能性は低いと鶴見は判断した。また、日本人の移住を支援するものとして、日本在住の見識者や有識者が、南洋在住の日本人を援助し、日本人移住者を時々は日本へ招聘して休養と励ましを与えて、また現地へ送り出すという配慮が必要であると考えた[31]。

鶴見は日本の南洋地域への植民地政策に対する欧米の反対については、どのように考えていたのであろうか。当時、海外の著者によって書かれた南洋に関する出版物の大半が、日本の南進を非難していた。その理由は、専制武断の国である日本の政策下に南洋諸国が置かれたら、極端な専制政治に苦しめられるに違いないという論旨であった。[32] それらに対して鶴見は、我々は弁解する必要はない。国家がお互いに他国の悪口を言い争っていては、際限のない話である。日本としては、欧米人の植民地における専横圧制暴虐を一々指摘することは出来るが、そのような水掛論をしても始まらない。だから、日本人としては過去の歴史と現在の国民性に照らし合わせて、決して欧米人ほど残虐ではないと主張したら十分である、と反論している。[33]

また、鶴見は、欧米が日本の南進に対して侵略的野心と非難していることに対しては、よけいなお節介であると思う。これまでに領土拡張をさんざん行ってきた欧米が日本の行為をとやかくいえる立場ではない、と批判した。[34] この点は鶴見の発想もかつての欧米と同じ発想であり、ワシントン体制以前の帝国主義の延長としての発想であるといえる。

一方、鶴見は、日本は植民地統治に際して列国の非難を受けないように十分に配慮すべきであり、植民地に無頼漢を派遣して原住民の産業を奪うことは慎むべきである。日本は純潔な人材を選んで植民地に派遣したなら、植民地はその固有の文化以上の好影響を受けて、その恩恵に浴することができる。植民政策は文化の普及である。資本的南進論はその意味からしても、望ましいものである、と主張した。[35]

『南洋遊記』が出版されると、本書を絶賛する書評が、新聞各紙に掲載され、鶴見にとって日本国内での最初の大きな発信となった。例えば、『国民新聞』（大正六年六月六日）、『東京朝日新聞』（大正六年五月二二日）、『都新聞』（大正六年五月九日）、『時事新聞』（大正六年六月一日）、『東京朝日新聞』（大正六年七月一六日）、『報知新聞』（大正六年六月七日）、ほか多数の新聞が称賛する記事を掲載した。『中央新聞』（大正六年四月二七日）は、「本書に依つて年若き国民が外邦に対する発展の方策と日本民族の膨張すべき暗示とを与える事に努めて居る。文章鮮麗で面白く読ますするといふ所に此書の価値がある」と記し、日本の南進についての可能性と鶴見の大衆性について絶賛している。[36]各紙の反応からして、『南洋遊記』は当時一般に広く受け入れられたといえる。『南洋遊記』がベストセラーになったことから判断しても、鶴見の才能は役所の仕事という器に収まり切らないものがあったのである。このことは、後に鶴見が官界を去る一因にもなった。

鉄道院の『東亜英文旅行案内』（英訳・横井時雄）は、『南洋遊記』に遅れること一ヵ月の一九一七年四月に出版された。[37]同書は、鶴見の官界勤務以前の一九〇九年に草稿が着手され、八年かけて出版されたことになる。[38]

鶴見の中の帝国主義と自由主義

『南洋遊記』に強く表出されている膨張主義や帝国主義と、政治活動に際して鶴見が唱えた自由主義の二つのものは、鶴見の中でどのように存在していたのであろうか。

鶴見の少年期から一高時代までの読書内容には、大別すると二つの系列があった。一つ目は冒険記や探検記であり、二つ目は政治家の伝記である。両方に共通している点は、冒険家・探検家・政治家といった英雄や偉人が登場して、未開の土地や政界で奮闘する内容である。その中には、冒険家と政治家の両方の要素を兼ね備えた人物もいた。

この二つの系列の書籍を愛読した背景には、鶴見自身の嗜好的選択もあったが、明治期から大正期にかけての国家宣揚的な時代を反映して、探検記録や偉人伝の書籍や全集が多く出版されたことも一つの要因としてあった。この時代潮流の中で、彼はそういった教養を吸収したのである。

鶴見は、前者の系列からは帝国主義を、後者からは自由主義を学び、思想や価値観の形成上で影響を受けた。具体的には、鶴見は、帝国主義については、ヘンリー・M・スタンレー（Henry M. Stanley：一八四一―一九〇四）の『黒い大陸』、『リビングストン発見記』といったアフリカを舞台とした探検記、ロバート・ルイス・B・スティーブンソン（Robert Louis B. Stevenson：一八五〇―一八九四）の『南海千一夜物語』（The Island Nights' Entertainments）、ベンジャミン・ディズレーリの自伝や冒険小説から学んだ。この系列は、膨張的発想、南洋進出、植民地政策といったものと密接につながっていた。

他方、鶴見は、自由主義については、ジョン・ブライト、ウィリアム・E・グラッドストン（William E. Gladstone：一八〇九―一八九八）、ウィリアム・ピット（William Pit：一七五九―一八〇六）といった、主としてイギリスの政治家の伝記から学んだ。自由主義は、将来的に政治家を目指す鶴見にとって、習得すべき必要不可欠の要素であった。

帝国主義と自由主義の両方は、矛盾することなく鶴見の中に存在していた。[39] 彼はこの二つの主義をどのようにして同時に胸中に抱くことができたのであろうか。

まず、第一の理由としては、鶴見は、最初に主義や思想があって、それを基にして行動する型の人ではなく、現実に存在する生身の人間やものに惹かれる傾向が強かった。彼は、現実に存在する人間がどのような人物でどのように行動したか、現実の国家がどのような国家でどう機能しているのかということに強く興味を抱いた。

従って、帝国主義と自由主義を矛盾なく彼の胸中に存在させるためには、具体的に併存させている人物や国家が存在しなければならなかった。鶴見に非常に興味を抱かせた伝記群の中に、冒険家と政治家の両要素を兼ね備えた人物がいた。ディズレーリである。ディズレーリは、冒険家として帝国主義の部分と、政治家として自由主義の部分を両方兼ね備えていた。さらに、植民政策を教授した新渡戸も、そういった人物の一人として挙げられよう。

思想よりも人間そのものに惹かれるという鶴見の傾向は、一高時代に傾倒したカーライルの『英雄崇拝論』の考え方とも一脈通じていた。先に述べたように、カーライルのいう偉人像は、世間的な道徳律や倫理観に左右されることなく、世界や宇宙と直接的に真摯に対峙する誠実さを有し、その誠実さによって行動する人物を指していた。また、自分自身は偉人ではなくとも、自分以外の人物を偉人として認め、その人物を誠実に信奉することもまた偉人であることを意味した。この発想を実践するかのごとき行動が、新渡戸に対する鶴見の態度である。

鶴見の英雄や偉人に対する憧憬は、有能な個人（英雄、偉人）が国家を善導していくという発想につながっていた。この延長線上に、鶴見の自著『英雄待望論』（一九二八年）が位置づけられる。政治家を目指す鶴見は、自分が政治家というリーダーになることで、日本国民を善導し国家のリーダーシップを執ろうと考えた。英雄という観点から考えると、その人物に対する憧憬が先行しているので、帝国主義と自由主義の両方が併存していても矛盾はないことになる。

また、帝国主義と自由主義の両方を備えていた具体的な国家としては、イギリスが挙げられる。鶴見は、イギリスという国について、次のように述べている。

> 英国があれ程永い間続いたあの帝国主義の国でありながら其の国内では、英国は此の儘ではいけない。英吉利人は実に欠点に充ち満ちた利己的な、排斥すべき、唾棄すべき国民であると痛切に感じて、それを反省して居る所の義人が居る。言ひ換へれば英国の国内に於て一の率直な議論をして憚らない所の自由主義者が居ると云ふことが、即ち英国が滅びないで今日に及んで来た理由ではないかと思ふのであります。[40]

第二の理由としては、鶴見が帝国主義に対してマイナスのイメージを抱いていなかったことが挙げられる。一九一五年の南洋出張についていえば、国際連盟成立（一九二〇年一月）やパリ不戦条約締結（一九二八年八月）以前であったので、帝国主義というものが負のイメージを含んでいなかった時期であったことも、彼が『南洋遊記』において帝国主義的主張を強く行うことができた大きな理由であった。

また、第一次世界大戦末期からパリ平和条約締結にかけての時期（一九一八年九月〜一九二一年四月）

に欧米を旅行した際、鶴見はドイツを滅ぼしたのは軍国主義ではなくて自由主義の欠如であり、ロシアが極端な社会主義の革命に至ったのも、自由主義の不存在のためであるということを知った。彼は、軍国主義と社会主義のそれぞれを自由主義が中和すると考え、自由主義の重要性を認識したのである。従って、問題なのは自由主義の不在という点であり、自由主義と帝国主義が異質なものであっても、自由主義を中和させるという形で、両方を矛盾なく内在させることができたのである。

日本は、明治維新後、欧米列国の帝国主義的進出による圧力と、アメリカの将軍チャールズ・W・ル・ジャンドル（Charles W. Le Gendre：一八三〇－一八九九）の勧告に基づいて対外強硬政策を実行した。その具体的な行動が、日清戦争と日露戦争であった。この二大戦争における勝利が、日本の官僚と軍部との権力を隆盛なものにしたために、西洋に留学して、民主政治と国内改革との理想を抱いて帰国した若い政治活動家たちによって、日本全国に植えつけられた自由主義の若芽は、踏みにじられた、と鶴見は述べている。[41] そのことからも、彼が、自由主義と帝国主義とを異質なものであり、対抗するものであると捉えていたことが理解できる。両者は対抗するものではあったが、しかし彼の内奥では矛盾なく同時に持っていることができたことは帝国主義を自由主義が中和するという先述の発想によっている。鶴見が「最も忠誠なる自由主義者でさへ、日本が大国の地位に上つたのは、武力の成功によるものであることを、認めざるをえなかつたのだ。それだけではない、すべての自由主義者は、支那の非運を眺むるとき、日本もまた、西洋帝国主義の支配に陥るを防ぐには、陸海軍の力をおいて外にないと、認めざるをえなかつた。他の帝国主義国の国民が、世界にいたるところ、自国の国旗の進みゆく姿をば、熱烈に期待しつゝあることを憶(おも)ひ合はするとき、戦捷(せんしょう)に伴ふ民衆の感情も、また決して不自然といふことはできない[42]」と述べているように、武力そのものを否定しているのでも、領土拡張政策そのものを否定しているのでもない。むしろ日本に限らず、国力が充実した国が海外へ膨張していくことは当然であると考えていた。第一次世界大戦の勃発は、日本に経済発展をもたらしたが、このことがはじめて日本に旺盛な中流階級を創り出し、これが自由主義運動の基礎となり、大衆の代表によって政治家と大実業家との寡頭政治に当たらなければならないと大衆に考えさせるに至ったと考えた。そして、この自由主義の流れは、普通選挙へと導かれつつあると、彼は捉えたのである[43]。ここには、帝国主義と自由主義が相互に国を勃興させているという発想が示されている。

また、鶴見は、『南洋遊記』の中で、次のように述べている。

> 帝国主義が近年の大勢であるとしても、それが単に理想も確信もない、目前的な利害打算であるならば、もとより全世界の福祉を増進することはできない。自分は日本が東洋において発展するのは、やむを得ない必然の勢いであると思う。特に、人種的僻見から起こった移民排斥というような事実が存在する限りは、我々東洋人は東洋の天地を自ら守って、外国人の侵入を拒絶すべき正当の権利がある。これは、アジアモンロー主義とでもいうべきものであろう。東洋のモンロー主義が、もしアメリカのモンロー主義のように、強固な国策となるならば、アメリカのモンロー主義が南北合衆国の領土を守るという現実的な政策以外に、北米合衆国で生まれ南米諸国に波及したデモクラシーの精神を基盤としているのと同様に、アジアモンロー主義にも同様に偉大な理想がなければならない。単に東洋

人が東洋において自らの独立の地位を占めるというだけでは、アジアモンロー主義はあまりにも貧弱であり、南洋や中国などにおいて東洋人が発展することを希望するゆえに、この形式に対して立派な思想が内容として起こる必要がある[44]。

以上のように、鶴見は、日本が目指すべき帝国主義は、単に日本のためだけでなく、他国の福祉も増進させるような理想や思想をともなったものであるべきであると考えていた。この点も、鶴見が帝国主義を肯定的に捉える一要素となっていたのである。

一方、鶴見は、日本が南洋に膨張発展することは少しも遠慮する必要はないが、見逃してならないのは、南洋各地におけるナショナリズムの勃興であり、それに留意すべきであると述べている[45]。鶴見の南洋出張当時は、南洋各地においてナショナリズムの勃興が見られ、三五〇年間にわたりスペインの圧制下にあったフィリピンは自治国家となり、圧制を受けていたジャワも、議会制が採用されようとしていた時期であった。仏領インドシナにおいても、中国語に代わるフランス語教育によって、将来的にはフランス流の自由民権の思想が国民の間から起こる可能性があった。

> 南洋諸国に於てデモクラシーの機運がよし遅々たる速力ではあるが、兎に角萌芽せんとしつゝあることは認識せざるを得ない。故に日本の南洋に対する政策も亦此の一事を常に眼中に置いて居なくてはなるまいと思ふのである。人は或は一種の空想と云ふかも知れないけれども、自分は寧ろ此等各地に国民的自覚の起るべきを予想して、恰も今日我等の支那に対して、其の発達を助

成して平等なる関係に於て相提携せんと策せるが如く、南洋諸国に対しても其の発達を助けて、先進国として彼等を扶掖誘導するの地位に立つことが、真正なる意味に於ける、日本の帝国主義ではあるまいかと思ふのである。(46)

以上の発言からも理解できるように、彼のいう帝国主義は、発展途上の地域に対してその発展を助けるという側面も含んでいて、その地域や国の将来的な自立が視野に入っていた。これは、イギリス流の植民地政策が念頭にあったものと思われる。南洋出張の時点では、彼は帝国主義を肯定的に捉えていた。

この後、第一次世界大戦以降から一九二〇年代に入ると、鶴見の帝国主義の主張は、満州事変頃まで封じ込められる形を取る。その背景には、自由主義潮流の勃興があったと思われる。

しかしながら、九ヵ国条約による領土保全やパリ不戦条約といったワシントン体制以降の、自由主義の時代潮流に対する鶴見の読みは甘く、その理解は不完全であった。詳細は後述するが、一旦は封じ込められた鶴見の内奥の帝国主義は、彼の広報外交が、満州事変以降、日本政府の立場を擁護する方向へ向かうことで、再び噴出することになる。

第一次世界大戦時の欧米を視察して

鶴見は、一九一七（大正六）年一〇月に、鉄道院の公務で中国へ出張し、翌一九一八（大正七）年九月から一九二一（大正一〇）年五月にかけて約三年間にわたり、アメリカとヨーロッパに出張した。その間に、アメリカからヨーロッパに二度赴き、最後はアメリカに戻ってから日本へ帰国した。それは、まさに第一次世界大戦末期から大戦終結後のヨーロッパの惨状と、それとは対照的に世界経済の中心となったアメリカの盛況を視察したことを意味する。

この出張の目的は、鉄の買い入れと欧米視察であった。第一次世界大戦に際して連合国の一員であった日本は、貿易の急増に対応する船舶不足に悩んでいた。日本には造船能力はあったが、鉄の生産量が微量のために造船用鋼材が不足していた。他方アメリカは鉄の生産量は豊富であったが造船能力が足りず、そこで船鉄交換が提案された。日本政府はアメリカ政府から鋼材二トンを買い、それで製造した一トンの船舶でアメリカに支払うのである。この極めて重要な国策実現のためにアメリカと交渉するのが、鶴見の任務であった(47)。鶴見はこの出張の命を受けた時に、アメリカとヨーロッパを訪れて自分の眼で現地と現状を確かめ比較するだけでも有意義であると考えた(48)。

この出張で鶴見が感じ取ったアメリカの対日感情とは、どのようなものであったのか。日米が連合してドイツと戦っていた一九一八年九月当時は、アメリカ人に照会状を送るとすぐに返事が来て、自宅での食事や宿泊の招待を受けたり、また多くの社交クラブでは顧客カードの有効期限を一週間から一年間に延長してくれたりするほど、アメリカは親日的な状態にあった。[49] しかし一九二一年五月に鶴見がアメリカを去る頃には、日本は大変不評判で、旅行していても不愉快なことが多く、山東問題、朝鮮問題、ヤップ問題などについて、アメリカ人がとやかくいうので、鶴見は一々弁解するのが面倒なほどであったという。[50] そうした対日感情の背景には、アメリカが第一次世界大戦中の日本の露骨な中国進出に懸念を抱き、一九一七年の参戦に際して日本に特使の派遣を要請したこと、そして、一九一七年一一月にはアメリカが経済に限定して日本の特殊権益を認め、同時に中国の領土保全・門戸開放・機会均等の原則を強調したいわゆる石井ランシング協定を締結したことがあった。第一次世界大戦後、アメリカはアジア太平洋地域において主導権を握り、日本を牽制する方向に動いていく。[51] 鶴見はこういった対日感情の悪化に不穏なものを感じ、この時すでに新渡戸が行ったような広報外交の必要性を痛感していた。

まず、ウィルソンの人気の昇降と世論の分析についてみていきたい。

鶴見の出張の収穫としては、当時アメリカ大統領であったウィルソンに面談したことが挙げられる。大統領との面談は、鉄の買い付けという任務を潤滑に促進し、帰国後に日本各地の学校や諸団体において視察報告という形で行った講演や著書出版の素材として活かされた。[52] 例えば、講演については、東京帝国大学緑会弁論部ほか約二〇〇回実施している。また、その講演内容は、『鶴見祐輔氏大講演集』

（大日本雄弁会）として出版された。

鶴見は、一九一六（大正五）年一二月に一高生と東京帝大生を対象に火曜会を創設した。火曜会というのは、鶴見が主宰で、文化人や政治家など毎回様々な分野で活躍している人物を鶴見の自宅に招いて講演してもらう会であった。例えば、講演者としては、河合栄治郎、中世日本における奴隷研究者の滝川政次郎（一八九七－一九九二）、満鉄総裁の松岡洋右、国民新聞社長の徳富蘇峰（一八六三－一九五七）、作家の島崎藤村（一八七二－一九四三）、有島武郎、小山内薫（一八八一－一九二八）、菊池寛（一八八八－一九四八）、同盟通信社の創設者の岩永裕吉（一八八三－一九三九）、元日銀総裁の井上準之助（一八六九－一九三二）、後年総理大臣になる芦田均らが挙げられる。彼は、この会を「ウィルソン倶楽部」と別称したほどウィルソンに心酔していた。

その理由は、ウィルソンが政治家でありながらカルヴィン主義に基づいた高潔な道徳的人格者であり、闘志旺盛、頭脳明晰で、信仰深く、自由主義者であったからである[53]。しかし鶴見がウィルソンを支持した最大の理由は、もっと具体的なことにあった。ウィルソンは、第一次世界大戦以前に帝国同士が行ってきた不明瞭な秘密外交・秘密条約による国際秩序を国際連盟という明晰で公平な枠組みに変えようとした。すなわち、国民国家と国際連盟の構築する世界秩序によって植民地を解体し、自由な貿易と健全な外交を生み出そうとした。それは結果的には結実しなかったものの、ウィルソンの考えの根底には人種平等主義（人種差別反対主義）が存在し、また彼は、関税障壁の撤廃を含む経済システム構築に積極的であった。そういった諸点を、鶴見は高く評価したのである。

第一次世界大戦に際して、当初アメリカは参戦するかどうか態度を決め兼ねていた。T・ローズヴェルトは早期参戦を支持したが、ウィルソン大統領は厳重に中立を宣言した[54]。一九一七年一月に至ってドイツは潜航艇による攻撃を激化させ、中立国の船舶も撃沈させると宣言したので、ウィルソンは世界人類の生存の権利を擁護するとして、同年四月に宣戦の布告をして開戦に踏み切った[55]。アメリカ人の潜在意識には、利益を得たいという物質的側面と、先祖から受け継いだ宗教的な潜在意識の二つの矛盾した意識があって、後者の宗教的な潜在意識をウィルソンが二年間かけてアメリカ世論から引き出し、アメリカを参戦の方向へ導いたと鶴見は捉えた[56]。「デモクラシーと云ふものは偶像を要求すると言ふことをマザマザと見た。人間は抽象的文字の中に生きずして、生きた人間を崇拝せずには措かない[57]」と述べているように、ウィルソンという不世出の英雄が世論を動かしたと鶴見は考えた。ここにも、鶴見の英雄崇拝志向や、思想よりも人間そのものに惹かれる傾向が表れている。

鶴見が渡米した第一次世界大戦終結直前の一九一八年九月は、ウィルソンの人気が頂点にあった。大衆は、生活費の節約や寄付という形で国策に協力した。財界人や気鋭の学者は、各自の知識や学問を政府に提供した。単にアメリカの利害ではなく、世界の福祉のためにいかなる犠牲を払っても勝たねばならないといった世論が、アメリカの隅々まで徹底して浸透しているのを目の当たりにした鶴見は、新渡戸に随行して訪米した時（一九一一年八月〜一九一二年七月）の各州の意見が一様でなかったアメリカの状況との大きな違いに驚かされた[58]。

鶴見は、第一次世界大戦の休戦時の一九一八年一一月一四日に、ホワイト・ハウスで、ウィルソン大統領夫妻に単独会見をした。この時に、ウィルソン倶楽部（火曜会）の写真をウィルソンに直接手渡し、日本にも多数の支援者がいることを伝えた。これに対してウィルソンは、喜びで応えてくれた。鶴見が面談した一週間後に、ウィルソンは講和会議出席のためにパリへ出発した。

一九一九（大正八）年一月のパリ講和会議におけるアメリカの中心的な主張は、「一四ヵ条の平和原則」であった。しかし結果は、イギリスのデビッド・ロイド・ジョージ（David Lloyd George：一八六三―一九四五）とフランスのジョルジュ・クレマンソー（Georges Clemenceau：一八四一―一九二九）の妥協案を採用して、ベルサイユ条約を作成し締結することとなった。[59]

ベルサイユ条約が発表された時に、それまでウィルソン支持であったアメリカ国内全体の世論が急変し、従来ウィルソンを支持していなかった共和党保守派はもとより、ウィルソン支持であったアメリカの自由主義者・人道主義者・新思想家がことごとくベルサイユ条約に反対した。こうしてウィルソンは、共和党の保守主義者と、進歩的思想を持つ思想家・宗教家・労働者の双方から攻撃を受けた。

鶴見がヨーロッパからアメリカに戻った一九一九年の秋は、ウィルソンの人気が最低の水準にあった。その後、アメリカの経済が悪化してくると、アメリカ国民の間ではヨーロッパに対して援助したくないという風潮が高まって、最終的には平和条約は上院で否決された。ウィルソンは精神的な疲労から重病となって病床に伏す結果となり、次の大統領選で敗北した。[60]

鶴見は、一九二〇（大正九）年一一月に再びヨーロッパからアメリカに戻った。この時にウィルソンは全敗というほどの低人気で、反対党の勢力がアメリカ全体に漲っていた。

アメリカにとってベルサイユ平和条約における最大の関心事は、ドイツの賠償金問題であった。ウィルソンの不評判と経済界における不景気のために、ヨーロッパに対するアメリカの態度は厳しかった。ドイツは連合国側の条件をすべて承諾する以外に道はなく、その結果、一九一八（大正七）年に革命が起こって、社会主義内閣が成立した。ドイツは産業が回復して、支払うべき賠償金の返済を早く終了させるために、労働者は低賃金でも我慢して働いた。この状態が続けば、安いドイツ製品が世界中で売れて世界を制覇してしまうので、ドイツに対する賠償金の取立てを緩和しなければならないという意見を、イギリスのウィンストン・チャーチル（Winston Churchill：一八七四－一九六五）が発表した。ウィルソンの不評判は、あまりにも自由主義的な外交政策を取った点にあったが、イギリスやイタリアが自由主義政策に変化したことによって、ウィルソンの人気が失墜した原因が消滅した。[61]以上のように、鶴見が訪問したわずか三年間に、アメリカの政治や世論は目まぐるしく変化したのである。

鶴見が、「米国の国旗に対する愛国心は一国の如くであるが、日本のやうに中央集権の国でない。米国は欧州各国からの移民から成り、而も其の移民は本国を手古摺らしたやうな独立心の強い者の寄集まりであるから、米国には纏（まとま）つた国論と云ふものがない」[62]と述べているように、アメリカ各州の世論はまとまっておらず、四八州ごとの事情が各州の意見に大きく影響した。ウィルソンのような偉人が出ると、アメリカ全土で世論が統一されて国論となる場合があったが、その一方で、世論が目まぐるしく変化し、それによってその偉人の人気の昇降が非常に左右され、ついには彼の政治家生命までも失墜させるというような場合も起こり得たのである。こういった世論の動向は、アメリカ以外の国々、特に日本とは非常に異なっていると鶴見は痛感した[63]。

そこで鶴見は、アメリカで広報外交を行うに当たって、次のような諸点に留意する必要があると考えた。

アメリカは近所に強国がなく、国の危険という観念が国民の頭の中にない。またアメリカは自給自足の国で、外国と貿易しなくともやっていける。外国貿易（foreign trade）は国内貿易（内地商業、domestic trade）の一〇分の一以下である。従って、アメリカ人の大多数にとって最も重要な問題は国内問題であって、日本が中国問題で、イギリスが欧州問題で、フランスがドイツとイタリアのことで、それぞれ躍起になるというようなことは、アメリカ全体としてはまずないとみなければならない。その結果、アメリカの外交政策は、しばしば国内の地方問題の犠牲になる。アメリカは国内問題が重大であるから、イギリスや日本のように国際問題を慎重に取り扱わないところがある。排日移民法がカリフォルニア一州の犠牲となったり、国際連盟問題がウィルソン大統領に対する個人的反感となったりすることが一度ならず起こる。

そこで広報外交を行うにあたって留意するべきことは、アメリカの外交政策の決定が内地の政争と経済関係から生じてくることから、アメリカの内政と経済とをよく研究しておく必要があり、それに沿った形で広報外交を行う必要がある。

また、アメリカでは各州ごとに意見が異なるため、できる限り各州を回って情報発信する必要がある。

さらに、英雄や偉人に世論が引きずられる場合があることから、大統領や政府要人といった主要人物に接近して、彼らに日本の立場を訴えかけることが重要である。偉人に日本に関する情報を与え説得することで、その偉人を介してアメリカ国民に発信することも有効である[64]。

以上のように、鶴見は考えた。

鶴見は、この出張時に禁酒法の成立過程についても見聞した。禁酒法のように宗教や信仰に関係するテーマの場合、禁酒することが信仰に叶っているため、それに反対すると政治家生命に影響を及ぼすという世論形成の背景があることを知った。

また、金の動きに政治が支配されることを阻止するために世論が形成される場合もあった。例えば、労働者はバーにおいて掛け売りで酒を飲み、その労働者の借金をバーが立替える。バーの立替えを酒卸業者が立替え、さらにその金を酒造元が立替えた。そのために借金を棒引きにする代わりに酒造元が推薦する立候補者に投票するといった駆け引きが行われた。金で投票が牛耳られる弊害があったのである。このように酒の売買によって選挙の票が左右されるので、それを阻止するために禁酒運動を進展させようという世論が起こった[65]。

一方、禁酒法の成立は、陰で非合法な飲酒が盛んに行われたというマイナス面だけではなく、労働者がより規則正しく働くようになったことによる経済効果や、健康面でもよい結果が出るといったプラス面ももたらしたので、純粋に禁酒法を評価する世論もあった[66]。

また、禁酒法の成立だけでなく、私娼禁止法も同様に宗教や信仰に関係する法律の成立であったために、完全に禁止することができないと分かっていても反対することは困難であり、そういった事情を背景として世論が動いた(67)。

以上のような見聞によって、鶴見は、アメリカ大衆の生活の根本基調を形成しているものは、倫理的、道徳的な情操観念であることから、アメリカにおいて広報外交を行う際には、その倫理観や道徳観に反しない訴え方で臨む必要があると考えた。例えば、禁酒や女性問題において、アメリカ大衆の倫理観に沿った主張である必要があった。

そのほかにも、アメリカの国民性を分析した場合、必ずユーモアを含ませる必要があることや、アメリカ大衆は長所として、楽天的な国民性、子供っぽい無邪気さ、率直な性格を備えていることから、それに沿った発信が必要であることを、鶴見は学んだ(68)。

こうして、鶴見はアメリカ世論形成の特徴、アメリカ人の国民性、それらに対応するための広報外交の具体的な方法について、自分なりの考えを持つに至ったのである。

次に、鶴見がどのように排日感情を分析し、その対策についてどう考えたのかをみる。

欧米視察において鶴見が強く感じたことに、激化しつつある排日感情があった。鶴見が、一九一一年八月から一九一二年七月にかけて新渡戸の随行で訪米した時には、排日の動向はカリフォルニア地域に限定されていて、他の州ではこの問題に無関心であった。

しかし、一九一八年から一九二一年にかけての欧米出張時には、アメリカの幅広い地域で排日感情が台頭していた。それはカリフォルニア問題だけではなく、日本の対中政策やシベリア出兵といった日本の外交政策に対する反感も多分に影響していた。これは、日本の印象を悪化させようとする意図でなされた中国人による宣伝が招いた一時的な結果ではなかった。鶴見は、アメリカにおいて対日感情が非常に悪化していると危惧し、その原因を分析して、帰国後に日本国内で講演や著書出版という形で発信しようと考えた[69]。

鶴見は日本人が排斥されている原因を検討するに当たって、日本と同様に排斥されているユダヤ人とドイツ人とを比較するとともに、それらの三国とは対照的に、フランス人とイギリス人が好感を持たれている理由について考察した。

まず、ユダヤ人が排斥される主な理由について具体的にみると、(一)ユダヤ人の工業化学分野におけるめざましい発展のために、全世界から嫉視されていること、(二)キリスト教徒から敵視されるユダヤ教徒であること、(三)社会的習慣から人種的に一団となって孤立する傾向があること(集団性)、(四)非常に理財に明るいために、その国の商売を圧迫すること、(五)服装・食事・応接の作法に無頓着であり不潔であることから、他国人に不快感を与えること、(六)文芸・演劇・社交などの会話において、ユダヤ人はいつも話が理詰めになってつまらないこと、(七)ユダヤ人は理性が発達していて、思想的傾向は批評的であるために、物に執着がなく愛着心に乏しいこと、(八)その結果、場合場合で主張が転変するために、周囲はユダヤ人に仕事を依頼できないと感じてしまうことの八点を鶴見は挙げた[70]。

次に、ドイツ人が排斥される主な理由についてみると、（一）ドイツ人の近年四〇年間における著しい政治的勃興のために全世界から嫉視されていること、（二）ドイツ人は孤立する傾向はないが、自ら第一等の国民であると誇称して強烈な国家主義を露骨に示すこと、（三）ドイツ帝国やドイツ民族の利益のためにはいかなるものをも犠牲にするといった露骨な国家主義の政策を執ったこと、（四）経済的に他国の市場を侵したこと、（五）ドイツ文化至上主義を他国に強要したこと、（六）ドイツが自国の文化を世界で最も偉大な文化であり、これを模範として自分たちが考えるように他国も考えるべきであると強要したことの六点が挙げられた[71]。

次に、なぜ日本人が嫌われるのかを鶴見は分析した。排日感情台頭の理由として、（一）日本人が明治維新以来五〇年間に列国との競争で世界三大強国となったことのために全世界から嫉視されていること、（二）日本人もまた強固な国体を保持していて、他民族の上に存在するという自信を抱いていること、（三）ユダヤ人と同様に、日本人は外国人と融合しがたいという人種的傾向を持っていること、（四）日本人は物を抽象的に考えて返事をするので、具体的に考える英米人からみると、逃げ口上をいっているように受け取られてしまうこと、（五）日本人が記憶力に重点を置いた教育を受けさせるのに対して、英米人は判断力を養う教育を受けさせること、（六）日本人が農業分野の労働において優れていること、（七）日本の政治に対する反感があること、（八）中国人の宣伝によって生起した反感があることの八点を挙げている[72]。

一方、ユダヤ人、ドイツ人、日本人とは対照的に、フランス人とイギリス人は世界的に比較的好感を持たれている部分が多かったが、鶴見はその理由を検討した。

まず、フランス人についてみると、（一）フランスが芸術、文学、礼儀作法、言語において一種の超国家的、超人種的な文化を持っているので、他国人であっても共感を抱きやすいこと、（二）フランスが過去五〇年間に超国家的政策に傾いたために、政治的、経済的に他国と衝突することが少なくなったこと、つまり、消極的な理由ではあるが、フランスに対して敵意を抱く者が少ないこと、（三）フランス人と接してみて、礼儀作法の面で不快感を与えず気持よくつき合えることの三点が挙げられた[73]。いずれにも共通している点は、世界に対して開かれていること、他国が共感できることが根底にあった。

次にイギリス人についてみると、（一）イギリスが、一五八八年にスペインの無敵艦隊を打破して以来三五〇年間にわたる覇権を握りながらも世界各国から嫉視を受けないのは、世界第一位の海軍力と商権を持ちながらも八分で留めて二分の余地を残したからであり、また、パリ講和会議においてもドイツに一条の血路を開く余地を残したからである。これは、イギリス人が足るを知る中庸の徳を持っていたことによる。（二）さらに鶴見自身は、イギリス人が自国の行動を反省したり、イギリス国内で率直に議論を闘わせたりすることができる自由主義の気風を持っていることが、世界がイギリスの帝国主義を容認している理由であると分析する。他国の息の根が止まるほど追いつめない、反対意見も尊重するという姿勢があることが、イギリスに対する世界の評価を高めているというのである[74]。

以上の分析を基に、鶴見は排日感情の台頭に対する解決策を提案した。

第一に、言葉の障壁を取り除く必要があること。日本人が外国語に堪能でないことが原因となって様々な間違いが生じることから、語学力の向上が必要である。これはコミュニケーション能力を養うことを意味し、それによって日本人や日本についての誤解を正すことが必要であると彼は主張した。

第二に、暗記を中心とした注入型の教育から思考型の教育へと方針を変える必要があること。日本の教育が暗記中心の学習であるために、自分の意見をまとめる習慣がなく、その結果、外国人に対してしかるべき主張が明確にできない。そこで、外国人とコミュニケーションを図る必要から、日頃から思考回路を変える訓練をしておくことが必要であると、彼は考えた。

第三に、日本人は国家精神のほかに、国際精神も養う必要があること。ドイツ人がドイツ至上主義を標榜して全世界から嫌われたように、日本人も世界第一の国であると露骨に発言したために反感を招いた。そのような誤りを繰り返さないためにも、国際的な精神、すなわち他国の心理を読む国際感覚を磨いておく必要があると、彼は考えた。

第四に、日本は外国人に日本文学を広く読んでもらうために、日本文学を世界の各国語に翻訳、出版する必要があること。

以上の四点を、鶴見は講演や自著において提案した。

これらの提言のうちで、鶴見は第四の文学による異文化理解の効用を強調している。日本が外国と接する場合にその接点となっているのは、外交官・ビジネスマン・学者といった分野の人々であり、それ以外に外国と接している分野の人々はほとんどなく、それらの人々による接触は理性的な接触である。しかし異文化理解には、理性的な部分だけではなく、情感的な部分をみせる必要があると彼は主張する。(75) 日本人の感情・趣味・性格といったものは、浮世絵のような美術品を除くと、外国人にほとんど知られていない。従って、外国人の目に映じる日本は、理性的部分だけにとどまっている。

例えば、ロシアが専制政治であった時代でさえも、アメリカ人はロシア人を好意的にみる余地を残していた。その理由は、同じキリスト教を信仰する国民であるということ以外に、ロシアは、専制政治の時代にすでにトルストイ(Lev Nikorajevich Tolstoj:一八二八-一九一〇)やドストエフスキー(Fedor Mikhailovich Dostoevskii:一八二一-一八八一)の文学をアメリカで英訳・出版し、アメリカ人から好評を得ていたからであった。アメリカ国民は、ロシア文学に登場するロシアの農民に愛着を抱いていたことから、ロシアへの理解を深めた。したがって、一旦ロシアで革命が起こった際には、アメリカ大衆はロシアに共感したのである。(76)

同様に、欧米人は、イギリスの作家ラドヤード・キップリング(Rudyard Kipling:一八六五-一九三六)の『少年キム』に登場するインド人少年を通じて、インドに対して愛着を抱いた。アメリカの作家マーク・トウェイン(Mark Twain:一八三五-一九一〇)の『ハックルベリー・フィンの冒険』によって、外国人はアメリカの帝国主義的気分を嫌悪する一方で、アメリカ人の子供っぽい側面を愛さずにいられない。

このように、日本も文学によって日本人の性格や生活を外国に紹介しなければ、日本に対する愛着は起こってこないと鶴見は主張した。今回の排日感情の原因を簡単にいえば、悲しい時に悲しみ、面白い時に笑うという、人間性が横溢した活き活きとした日本人の性格が理解されていないからであると述べている。[77]日本は恒常的に文学作品を通じて日本人の感情的な部分をもっとアメリカ国民に知らしめ、それによって日本人の人間的な部分を理解してもらう必要があると提言したのである。

こうして鶴見は、文学を通じた諸外国との交流の重要性を実感し、海外講演において日本文学についての内容を盛り込むようになった。さらに、日本文学について語るだけでなく、後年、鶴見自身の文学作品『母』を英訳出版することになる。

排日潮流に対して、鶴見が取った具体的な行動としては、アメリカ講演活動以外には、日本文学の英訳出版と活発な個人レベルの交流が挙げられる。

個人レベルの交流については、鶴見は、国際関係というものは、突き詰めれば個人対個人の交流に行き着くと考えていた。一九一八年から一九二一年にかけての欧米出張時に、鶴見は一九一一（明治四四）年一〇月の渡米の際に新渡戸から紹介を受けたアメリカ前上院議員のチェース家をプロヴィデンスに再訪問して個人的交流を図った。この時に、かつての当主のチェースはすでに亡く、娘の代になっていたが、鶴見との交流は続いていた。チェース家は熱心なクエーカー信者の家で、国際精神の涵養ということがその信仰の一部となっていたことから、鶴見の仕事と当家の精神とが合致したのである。[78]この後の一九二四年にも彼は当家を訪れて、わが家のように滞在して長旅の疲れを癒した。鶴見はアメリカ人と個人的な交流を図ることで、アメリカ人の家庭を観察し、アメリカ人の考え方や感じ方を学んだ。後年のアメリカ講演旅行時には、自分が書いた講演原稿を事前にアメリカ人の友人たちに読んでもらって感想を聞き、アメリカ人がどのように感じるかを検討するのを常とした。このように、鶴見は個人レベルの交流を非常に重視し、盛んに個人的交流を図った。それは新渡戸から受け継いだことであり、さらにそれを鶴見はもっと幅広い層に向けて展開した。個人レベルの交流は、彼の広報外交において一つの大きな要素となった。

以上のように、鶴見が排日感情の解決案を提言し、その対策を考えたのは、排日潮流に終止符を打ち、日本が世界から理解されることを祈念したからであった。鶴見が考える広報外交の究極の目的は、日本人が小さな島に肩身の狭い状態で暮すのではなく、国際感覚を磨いて、全世界に乗り出して行って、悠々と生活することにあった。彼は、どのようにすれば排日感情を煽らないで済むのか、日本に対する誤解を取り除けるのかを常に考えていた。[79]

また、鶴見はこの欧米視察旅行（一九一八年〜一九二二年）中に、アメリカ研究の重要性を改めて実感した。[80]その理由は、シベリア鉄道が途絶したことによって日本からヨーロッパへいくにはアメリカ経由となったために、日米関係が一層緊密化したことと、第一次世界大戦終結の結果アメリカが世界第一の債権国となり、日本だけでなく列国はアメリカの金融業者であるモルガン商会の意向を無視できなくなったこととの二点が挙げられる。[81]モルガン商会は、一八六四年に設立され、第一次世界大戦時には、武器購入のためにアメリカ政府が乱発した巨額の債券を世界中に販売し、国家的な鉄道敷設事業や軍需産業を動かした。この大戦で、モルガン商会は天文学的数字の利益をあげたのであった。

鶴見は日米関係について、次のように述べている。

アメリカと日本の関係について大切なのは、第一に貿易であります。（中略）この商売の点から見ますと、日本にとつて一番大事な国はアメリカで、切つても切れない関係であります。日本が外国に売る品の半分近くは、アメリカが買つてくれます。そして外国から買ふ品物の三分の一ばかりは、アメリカから買つてゐるのです。(82)

鶴見はアメリカでの広報外交を展開する一方で、日本国内で、講演、新聞・雑誌寄稿、著書出版によってアメリカについての広報活動を行った。その講演の対象団体は、銀行、大学、青年団体、鉄道関係団体、労働団体、商工会議所、出版関係団体となっており、聴衆の種類も、青少年、婦人、金融関係者、出版関係者、商工業者と多様である。講演内容については、数演目にとどまらず、対象によってテーマを設定するといった多様性に富んだものであった。さらに、各講演内容を筆記させておき、後で書籍として出版するという方法で国内発信を行った。これは、アメリカ旅行で見聞したことを日本で広報することによって、大衆にアメリカの情勢を知らしめ、日米親善を図ろうとしたのである。

政治家として自由主義を唱える

鶴見は、一九二四（大正一三）年二月に官界を去った。彼の大望は、一高二年生の時にすでに萌芽し、鉄道院時代もずっと抱き続けていた通り、政治家となることであった。具体的には、衆議院議員として立つことである。パリ平和会議や九ヵ国条約以降、世界は領土不可侵と領土保全の流れにあった。この時点に至って、鶴見の帝国主義は彼の内奥に潜伏し、それに代わって政治家を志向する鶴見が唱導したのは、自由主義であった。

鶴見は、洋の東西を問わず自由主義者は存在していると考えていた。例えば、熊沢蕃山（一六一九－一六九一）、ジョン・モーレー（John Murray：一七七八－一八四三）、テュルゴー（Anne Robert Jacques Turgot：一七二七－一七八一）、ウッドロー・ウィルソンらである。[83] 鶴見にいわせると、彼らは皆、「簡素な生活のうちに、己を抑へ自ら節して、思想と行動の自由を築き上げた」「克己禁欲の士であった」[84]。「克己禁欲の士」という表現からも分かるように、鶴見の自由主義の根幹は、武士道に象徴される日本的な発想であった。

鶴見は、この日本的な発想の土壌の上に積み重ねる形で、青年期の読書体験によって、イギリスの政治家の伝記、さらに、ジョン・M・ケインズ（John M. Keynes：一八八三－一九四六）、L・T・ホブハウス（L. T. Hobhouse：一八六四－一九二九）、ジョン・S・ミル（John S. Mill：一八〇六－一八七三）らの著書から自由主義の考え方を学んだ。

鶴見が唱導した自由主義とはどのようなものであったのか。彼がいう自由主義とは、個人の人格を尊重し、他人に対して自己の独断を強制せず、常に他人の思想に対して寛容であるべきものであった。従って、自由主義の反対は、国家主義でも、社会主義でもなく、独断であった。自由の正反対は、放縦や極端ということであり、自由は中庸に基づくものであるとした。つまり、他人の意見を尊重し、極端に走らずに中道を行く姿勢、中庸を重んじる態度、自己の思想とは異なる思想に対する寛容性、さらに他人の意見との調和を鶴見は重視したのである。(85)

極端と誇張とは、我々の思想のうちにも、行動の間にも、つとめて避けんとする悪徳である。それは平淡のうちにちからを蔵し、平凡のうちに永遠性を求めんとしたる我等祖先の伝統的情操である。私は、日本民族が今日まで、不思議なる国民生活を持続してきた秘訣は、この日本人の単純好みと、中庸の徳操であったと思ふ。而して、今一つ日本民族の大いなる情操は、調和好みといふことである。（中略）我々は調和なきところに不幸を感じる。(86)

具体的には、鶴見の「中道をいく」という発想は、（一）社会主義と資本主義の中間的立場で経済政策を進める方法を唱えたケインズ、（二）個人と社会との関係における自由主義を唱えたホブハウス、（三）いきなり急進的に政策を進めると失敗した場合に、後でその反動によって大きく後退するので、急進主義（革新主義）と保守主義との中間的な立場で政策を推進させることで政治改革を達成させ得るとしたミルの三人から、それぞれ異なったレベルで彼は影響を受けた[87]。

まず、ケインズの影響についてみる。

鶴見は、自由主義の経済的側面に注目した。生産能率の向上を最優先に追求する大資本家と、生産効率よりも分配や労働条件の向上を最優先に要求する労働者は対極にあって、その要求は相反する。前者を支持するのが保守主義者であり、後者を支持するのが急進主義者であるが、両者の間に立って、能率と正義の両方の要求を調和させる独自の立場を主張するのが自由主義者であり、さらに、大資本系統にも大労働組合にも属さない一般大衆をそれらの二大勢力から防衛することが自由主義者の仕事であると主張した[88]。

さらに彼は、生産資本を国有国営化する立場に対しては、一掃的国有国営よりも、国家の完全なる統制の下にあるトラストのほうが、かえって個人の創意を保有しながら、一般大衆の福祉を増進すると考えた。国有国営主義と私有私営主義との調和が、自由主義者の産業政策の眼目であるとして、資本主義でも社会主義でもない中間的立場を目指した[89]。

しかし鶴見の場合、資本家と労働者の調和、保守主義者と急進主義者の調和、資本主義と社会主義の調和を図るための具体的な方法や、大資本に対して国家がどのような統制を行えば大資本の社会化が可能になるかといった点については、具体的に触れていない[90]。

以上の鶴見の発想からは、当時の政治問題にとって、経済的効率と社会正義と個人的自由の三つの要素を統合することが重要であると指摘したケインズの影響がうかがえる。

ケインズの経済学によって、自由主義は社会主義政策を採用することなく、自由放任政策を放棄することが可能となった。ケインズの方法は、資本主義の経済活動から生じる無秩序に対処して、経済活動を適切に維持することを可能にし、市場経済システムを維持しながら経済の大部分を私的所有と私的活動に委ねるという点で、自由主義の枠内にとどまることができた。鶴見は、このケインズの自由主義を念頭において、自由放任主義と社会主義の間で、管理された資本主義によってリベラリズム体制を維持することを案出した。ここにも、「中道をいく」という発想が活かされている。

次に、ホブハウスの影響についてみる。

一九二七年に、鶴見は、「真実の自由は、個人的責任観念と表裏する」[91]と述べていることから、自己責任に基づく個人の人格の完成を目指した。その「個人人格の尊貴を認めて、人間の霊性を最もよく発達せしめ得べきやうな社会を造らんとする」[92]ことに、自由主義の目的があるとした。しかし、「それは、個人絶対の権威を認めて、社会の権威を無視せんとする個人主義ではない。健全なる社会の成立は、高貴なる個人の集団によってのみ可能なるがゆゑに、社会の発達の為には、自由にして独立なる個人の完成を必要とすることを主張するのであって、自由主義は飽く迄も、国家と社会とを否定しない」[93]と彼は考えた。これは、社会や国家の価値をより下位に置いて、個人の絶対的自由を強調するような個人主義の考え方ではない。社会と個人との相互の発達や完成を重視する社会思想としての自由主義であることを示している。鶴見は前者を「旧自由主義」、後者を「新自由主義」と呼んで、社会の進歩と人間全体の発展を目的とする新自由主義を目指した。(94) さらに、鶴見は自由主義における個人、社会、国家の関係について次のように述べている。

> 強き個人を作らずして、強固なる社会の出来やうわけがない。正しき個人の集積でなくして、正しき国家の出来やうわけがない。その意味に於て、自由主義の鍛錬はいづれの国民も必ず通過しなければならぬところであつて、日本は開国以来外敵に対し国家を防衛する必要上中央集権の強力政府を求むるに急であつたゝめに個人自由の思想の陶冶を閑却してゐる。今や国際的に安定になつた日本が、新しき政治生活を初める為めには、どうしても自由主義の訓練を必要とするのだ。(95)

「鍛錬」「訓練」といった言葉に象徴されるように、個々の国民が切磋琢磨して自由主義を学ぶことによって、それが社会や政治に反映されるべきであるという発想である。しかし、ここでも、その自由主義の鍛錬や訓練をどのように行うのかという点については、鶴見は具体的な方法を示さない。

鶴見は、ホブハウスの自由主義的社会主義（Liberal-Socialism）の影響を受けたものと思われる。(96) ホブハウスは、あらゆる財産や富は個人的基礎だけではなく、社会的基礎を有しており、その意味ですべての財産は社会的である。従って、社会的基礎を利用して得られた成果の一部、つまり個人の努力によらない富は、課税を通じて社会に正しく還元されるべきであり、富の再配分を行う必要があると主張した[97]。鶴見が、「適当なる国家の統制を一般個人の活動に対して認める点に於て、寧ろ資本家専制を容認する保守主義よりも団体主義の観念を多量に含有してゐる[98]」と述べていることからも、ホブハウスの影響が顕著なことは明らかである。

しかし、ホブハウスが課税による財の社会的概念を明示したのに対して、鶴見のいう「団体主義の観念」は、財の社会的な流れを示していない点において不明瞭である。

以上のように、鶴見のいう自由主義（新自由主義）は、ケインズによる、土地と産業の国有化と計画経済を採用せずに経済活動の適切な水準を維持するという考え方や、経済的効率と社会正義と個人的自由の三要素を統合するという発想、さらにホブハウスによる個人の人格形成や積極的国家の発想が折衷されたものとなっている。しかし、鶴見の場合、積極的国家の介入の仕方について具体的な言及がないのである。換言すると、ホブハウスとケインズの理論が税・金融・通貨のシステムや経済的側面を明確にしているのに対して、鶴見はそれらの諸点を明確に示していない。その理由は、鶴見が自由主義を信条的で生活態度的なものの範囲で考えていたからであった。彼は、「自分の考えている自由主義の定義は、自由主義は社会主義のような、ある原則の定まった主義ではないということである。自由主義とは心持ちであ[99]」ると述べている。また、別の表現では、「自由主義は要するに、心の持ち方である。人生に対する態度である。社会主義とか、基督教とか、自由貿易主義とかいふやうな、一定の信仰箇条乃至（ないし）は、プログラムの謂ではない。自由主義といふ、主義といふ文字は一たい不要なのである。自由主義者といふよりは、自由なる心境の人々と呼ぶべきである[100]」と定義している通り、鶴見のいう自由主義とは、社会主義のような明白な体系を持った思想ではなく、自由な心境を有する人々の社会と人生に対する態度を指していた。つまり、思想的に明白な体系を備えたものではなく、個人の人格に基づいた、社会や個人の人生に対する態度、生活信条における「心の框（The flame of mind）」といった性質のものであった[101]。

このように、一九二〇年代に鶴見が唱導した自由主義は、ケインズやホブハウスらの影響を受けたものの、それは学問的な理論体系ではなく、生活信条的なものにとどまっていた。

では、なぜ鶴見の自由主義は生活信条の枠内にとどまっていたのであろうか。

それは、一つには、彼が思想性の面で希薄であったからと考えられる。その意味において、鶴見のいう自由主義は思想ではないという批判の俎上に上げられ得るものであった。その代表的な批評が、第一高等学校の先輩後輩の間柄であり、生涯にわたって個人的にも深い親交を結んだ河合栄治郎の「鶴見氏は一抹の理想主義哲学に触れてはゐるが、社会思想としての自由主義に及んでいない。社会生活に対する氏の綱領は漠として捕捉し難い[102]」という意見や、鶴見のアメリカ講演活動時代には旅立つ鶴見の旅行鞄を詰める作業を手伝うほどの親交があった清沢洌（一八九〇－一九四五）の「鶴見には美文があるが、思想なし[103]」といった意見である。いずれも近しくつき合いがあったからこその厳しい批評となっている。鶴見と同時に活躍した両者の批評の通り、鶴見の思想性の希薄さについては否めないであろう。

鶴見自身も自由主義について書く時に、「哲学者でない自分は、自由主義の哲学を案出して、人に訴へることなど勿論出来なかつた。たゞ自由主義的な思想を述べる位なものであつた」[104]と述べている通り、自己の思想性の希薄さを認めている。

また、彼の自由主義が生活信条にとどまっていた二つ目の理由としては、次のような点が挙げられる。鶴見が思想家でも教育者でもなく、政治家であったことから、理論や体系を確立し断言することによって、自己の政治活動を自縄自縛状態に陥れて身動きが取れないようになってしまうことを回避する必要があったと考えられる。また、情勢の変化に対応できる、ある程度幅を持った理念を掲げておく必要もあった。

その延長線上に、政治活動において難解な理論を提唱するよりも、分かりやすい生活信条的な一種のキャッチフレーズによって、大衆を講演で善導するという意図があったものと思われる。

続いて、ミルの影響についてみる。鶴見の考えでは、理論体系として明確化されない自由主義を信奉する自由主義者たちは、何を核として団結するのであろうか。彼は、次のように捉えていた。

自由主義思想は、抽象的観念として追求するよりも、歴史的事実の中に追求できるものである。自由主義は、抽象的な思想体系として明白に定義することはできなくても、思想感情の上においておのずと一致点があるので、ある社会現象や政治問題を核として団結する。例えば、選挙権の拡張、言論の自由、世界平和のための軍備縮少、一部少数者の専権に対する大衆の解放といった問題を核として結合してきた、と考えたのである[105]。

このように、鶴見のいう自由主義は、あらかじめ確固とした理念を構築した上で具体的な問題に対処するというものではなく、多数の自由主義者の思想感情の上における一致点を拠り所として、問題ごとに具体的に対応していくという姿勢を取った。

また、鶴見は、自由主義は個々に千差万別の特異性を持っているので、彼らは分裂するのが一つの特徴であると考えていた。各国の政治史をみても、自由党は全盛に達すると必ず分裂するというのである[106]。ある社会現象や政治問題を核として団結することを認めるということは、鶴見のいう自由主義が時局による変化を容認していることを意味している。それは、例えばミルに対する鶴見の次の言葉にも明らかである。

> 史上の偉大なる人々は、矛盾を恐れなかつた。昨日の是を、今日非とすることを恐れなかった。これは実行界の人には、屡々見る性格であるが、思想界の人々これを見ることは割合に少ない。それは抽象的理論を築く思想家にとつては、思想的矛盾は、時として思想的破産と見られ易いからである。此点に於て、ミルが、変転已まざりしは、非常に正直にして勇気ありしことを証明する。ことに生物学者や、天文学者と違つて、政治思想家の対象は人間の世界である。人間の世界は、刻々変わつてゆく。故に忠実に人間生活と人間世界とを観察する人々の思想は、変わつてゆくことが本体である。それを、時代とは全然無関係な抽象的な理論を作り上げて、何等の修正も試みずに一生守つてゆくといふことには、虚偽と言はざる迄も少なくとも無理がある[107]。

鶴見は、「自由主義思想家の典型[108]」としてミルを高く評価した。それは、ミルが自説の矛盾や修正を恐れなかったからである。ミルの影響を受けて、鶴見のいう自由主義は、時局によってその理念を変化させることを肯定的に捉えたものであった。この点については、プラス面とマイナス面とがあった。プラス面については、広報活動の際に柔軟性として発揮された。マイナス面については、一九四一（昭和一六）年八月のアメリカによる対日石油輸出全面停止措置に至った時に、それ以前の親米姿勢を放棄して日本の戦争遂行内閣への全面協力を選択したことである。この行動によって、戦後に公職追放されることとなり、戦前期の活動の評価を下げた。つまり、清沢の批判の通り、彼の自由主義の思想面での曖昧さが如実に表れた結果であるといえる。

また、鶴見が唱導した自由主義の特徴の一つとして、英雄が大衆を善導するという発想が挙げられる。これも、鶴見はミルの『自由論』における「賢明にして高貴なるものを初めに考へ出すのは、個人である。しかも、唯一人の個人である。一般普通人の名誉たり光栄たることは、かゝる個人の創意を了解し追従するといふことである。即ち、賢明にして高貴なるものゝ出現したるとき、これに共鳴し、且つ理解をもつてその指導に追従するの能力を持つことである[109]」という考えに影響を受けたものと思われる。ミルの意味した民主主義とは、平等な個人の雑然とした群集ではなく、偉人を指導者と定め、整然とした秩序に基づいてこの偉人に追従する賢明にして自発的な団体を意味した。この英雄が大衆を善導するという発想は、カーライルの『英雄崇拝論』と融合して、鶴見の後年の著書『英雄待望論』につながっていく。

第三章　アメリカを舞台に花ひらいた講演活動

排日移民法に対する怒り

官界を去った鶴見祐輔は、一九二四（大正一三）年五月に岡山県第七区から衆議院議員選挙に出馬したが、落選した。[1] こうして政治生活の第一歩で蹉跌した鶴見に、翌六月、別の面から一つの好機がめぐってきた。それは、アメリカの正式な場において講演するという、広報外交の大きな機会であった。

まず当時の状況をみると、明治から昭和にかけての日本は、国内人口の急増問題を抱えていた。一八六八（明治元）年に約三二〇〇万人であった日本の人口は、一九二八（昭和三）年には二倍の約六四〇〇万人に増加し、日本人の海外移民も急増した。この潮流にともなって、ハワイやアメリカ西海岸における東洋人移民の排斥運動が活発化した。その解決のために、一九〇七年から一九〇八年にかけて日米両政府間で数回にわたる交渉が行われ、紳士協定（Gentleman's Agreement）が成立した。さらに、一九一一年には新日米通商航海条約を結ぶことによって、日本は紳士協定を遵守する決意を表明した。しかし、その後も西海岸では日本人移民排斥運動が続いた。

一九二二（大正一一）年一一月に、アメリカの最高裁判所は、日本人に帰化権がないという判決を下し、さらに一九二三（大正一二）年一二月には、新移民法案が提出された。これは明示こそしていないが、法律的語法によって日本人排斥を粉飾したものであった。一九二四年四月に、駐米大使の埴原正直（一八七六－一九三四）は、国務長官チャールズ・E・ヒューズ（Charles E. Hughes：一八六二－一九四八）に書簡を送り、その文中で移民に差別的な立法が行われれば「重大なる結果（grave consequence）」を招くであろうと述べた。これに対してアメリカ議会は、戦争を示唆するごとき「覆面の威嚇（veiled threat）」であるとして硬化し、同法案は上院下院を通過して、同年七月から施行される結果となった。この排日移民法の成立によって、日本からの移民は一切不可能となったのである。

排日移民法の成立が余りにも意図的に反日的であったので、日本の世論は激昂し、当時ベルサイユ体制下で力を持ちつつあった日本の国際協調主義者や親米派に大打撃を与えた(2)。

対外強硬論者が騒ぎ立てただけでなく、見識のある世論指導者も激しい言葉を発した。ハーヴァード大学の卒業生で、名誉法学博士号を授与された金子堅太郎は、「四〇年にわたり日本と第二の故郷アメリカの友好のために尽くしてきた自分の生涯の希望がうちこわされた」[3]と述べて、日米協会会長を辞任した。財界の大御所として日米間の国民外交を進めてきた渋沢栄一（一八四〇－一九三一）は、排日移民法の「問題の解決を見ざる間は瞑目し兼ぬるがごとき感じ」[4]であると悲憤を露わにした。その中でも自由主義者たちの失意と挫折感は大きく、例えば、英文著書『武士道』（*BUSHIDO The Soul of Japan*, 1900.）の著者としてアメリカでも知られていた新渡戸稲造は、「実にけしからん。アメリカのために惜しむ。僕はこの法律が撤回されないかぎり、断じてアメリカの土は踏まない」[5]と憤慨した。

新渡戸が渡米して日本人として公の場で意見を述べないと宣言したことで、弟子の鶴見に機会がめぐってきたという見方も可能であるし、新渡戸が意図的に退くことで鶴見に広報外交の初の大きな機会を与えたという見方も可能である。新渡戸（当時六二歳）以外で公の場で発信できそうな候補者を考えた場合、渋沢は当時八五歳という高齢であり、英語も堪能ではなかった。明治三〇年代に広報外交を行った代表的人物の末松謙澄はすでに鬼籍の人であったし、同じく広報外交の先達・金子は七一歳で、片道約二週間をかけて憤怒を公の場で訴えかけるために渡米するには高齢であった。この時、鶴見は三九歳で、年齢から考えても適任者であった。

排日移民法成立以前の根本的な問題として、日本国内の人口増加問題があったが、その解決策について鶴見はどのように考えていたのであろうか。

一八六八（明治元）年に約三二〇〇万人であった日本の人口は、一九二八（昭和三）年には二倍の約六四〇〇万人に増加し、さらに三五年後には一億を超過する見通しであった。鶴見は、当時の日本の人口問題に対して五つの解決策を検討した。第一は、新領土の獲得である。しかしパリ平和会議以降に、世界は領土的現状維持の原則を確立したので、日本が新領土を獲得することは不可能となった。(6)

第二は、移民による解決であるが、少数の南米諸国を除いて全世界の国々はことごとく日本人移民を禁止しているのが現状であった。しかしアメリカの排日移民法が、日本に対してヨーロッパと同程度に移民の受け入れ数を許可するものであったとしても、とうてい日本の人口問題を解決できる数値ではなかった。従って鶴見は、日本の人口問題を海外移民によって解決することは不可能であると考えた。(7)

第三は、海外貿易である。しかし日本は製造のための原料が国内に乏しく、さらに海外市場としてのアメリカは、高い保護関税を課して日本商品の輸入を拒絶していた。(8)

第四は、国内における立法によって貧富の格差を緩和することである。しかし工業の進歩は、資本家と政党との結託という結果を招いたために、議会政治によって急激な社会的立法を実施することは困難となったのである。そのために政党政治に対する反感ひいては軍人に対する共感が国民の間で高まった。満州問題については、国民の共感が軍部の背後にあって、それは軍部と文官との闘争ではなく、一般大衆と大資本家との闘争であると鶴見は捉えた。(9)

第五の解決策は、産児制限である。欧米各国は、日本に対して産児制限による人口調節を提案した。しかし、欧米諸国内には宗教的観点から産児制限に反対する意見が存在し、また法律的にも産児制限禁止の事項があるにもかかわらず、日本に対して産児制限を提案するのは矛盾していると鶴見は不満を覚えた。さらに根本的に有効でないのは、出生数の減少と同時に、医学・衛生学の発達によって死亡率も低下したので、産児制限は人口問題の即時解決策とはならなかった。従って、五策とも人口問題の解決方法としては不適切であった(10)。

以上のように模索した結果、彼は次の結論に至った。

日本の人口問題の第一の解決策は、もとより日本の工業振興策によるより外(ほか)はない。しかし、その時に直ちに起る問題は、原料獲得の方法と、製品市場如何(いかん)といふことである。それは二つながら、外国に関係する。して見れば、原料所有国の国策と、市場たるべき購買国の政策とが、日本の人口問題の死命を制することになる。之れ等の外国が幸にして、国際協調の精神をもつて、日本に対し寛宏にして、同情ある政策を取ればよし、然らざる限りは、日本の工業立国策は、忽ち破綻せざるを得ない。その時に我々は、戦争するか、自滅するかの二策中の一を撰(えら)まなければならない。かゝる明白なる行末を前にして、我々は、外交に立脚せざる一切の人口問題解決策は、無意味であると思ふ。国内において、社会問題の根底が、社会的正義に求めらるゝやうに、世界において、国際問題の根本は、国際的正義の要求に、これを求めなければならぬ。ゆえに自分は、世界の人口問題の解決策は、世界の利益を壟断(ろうだん)しつゝある白色人種の反省にこれを求めなければならぬと思つてゐる(11)。

鶴見が解決策として挙げるのは、第一に、日本国内において工業化を推進することや、その製品を売るための海外市場を獲得することであり、第二としては、日本国内における社会立法によって分配を可能な限り公平に実施することであった。明治維新以降に日本が経済的に発展した大きな理由は、日本が比較的国内に原料を持ち、労働賃金が安く、近隣の発展途上国に市場を持っていたからであった。しかし排日移民法の成立当時は原料不足に陥っていたため、それを海外に求める必要があった。[12]

この状況に対して鶴見は、農業はできる限り現状を維持しながら、工業化を推進することでしか日本の活路は拓けないと考えた。そのためには、原材料の供給地や市場として満州や揚子江周辺の権益を維持して、ドイツと同様の方法で列国と協調しながら、大陸国家としての活路をみいだすしかないと考えた。[13] 鶴見は日本の大陸政策を列国が容認することが、「国際的正義」に適ったことであり国際協調であると考えて、アメリカの理解を促そうとしたのである。

また鶴見は、「日本の人口増加問題は、単に人間の頭数がふへたから起つたのではない。日本において、教育が普及した結果、各個人が人間らしき生活をしやうといふ要求が起つた為めである。而して、個人としては、白色人種に較べて、少しも劣らない我我日本人が、白色人よりも低い生活に満足すべき道理はない、といふ日本人の自覚から生じたのである。(中略)おしつめて考へれば、世界のある国の住民が、安楽高等な生活をしてゐる限り、いつまでも日本人の不満は除かれないのである。ゆゑに人口問題解決の根本策は、全世界の国々の、国際協調の精神に、これを求めなければならぬ。ある国々が武力をもつて征服したる不当に広き領土を、自分一国だけの便宜に専用せんとする偏狭なる精神を抱いてゐる以上は、人口問題は世界的動乱の最大原因となる確実性をもつてゐる」[14]と述べている。この発言の根底にあるものは、日本人が列国に劣らないほど優秀であるのにもかかわらず、列国から非常に不当に扱われている、すなわち列国の日本に対する差別扱いへの不満や怒りであった。鶴見の講演における主張や発言の底流をなすこの感情は、戦前期を通じて大きく変化することはなかった。

先の引用文中で、鶴見は、「国際的正義」という言葉を使っているが、これ以降も度々使用することになる。あることが正しいか否かは、国際的レベルで捉えた場合に、ある国に偏(かたよ)った判断や価値基準ではないか、公平であるかといった視点で判断することを意味する。鶴見は、アメリカが日本に対して行なっていることは人種差別であるということを表現する場合に、露骨に人種差別という言葉を避けて、「国際的正義」に照らして正しいかどうかという表現を取っている場合が多い。

ところで、鶴見は、日本が中国人移民に対して、給仕、洗濯・清掃業、飲食業、家庭内労働といった単純労働の職種に限定してのみ受け入れており、もし中国人が大挙して日本に移住してきた場合は、低賃金労働者が日本国内に増加して紛争の原因になる可能性があることを理解していた[15]。移民については、日本も中国に対しては全面禁止ではないものの、制限を課す政策を採っていたのである。従って、鶴見のいう平等、公平、「国際的正義」は、日本の国益を重視したものであって、日本とアメリカをはじめとする列国との関係におけるものであったといえる。

以上のような人口問題に対する認識の上に立って、鶴見は、排日移民法についてはどのように考えたのであろうか。排日移民法成立の翌年には、次のように述べている。

我々の対米論は、飽くまでも、純理の立場から、正議論を主張すべきであつて、今ごろ移民法の字句を、少し位いぢくつて貰つて、小さい要求を一つ二つ貫いて見たつて始まらないのである。我々は太平洋時代の準備のために、日本国民の根本的政策を樹立する為めの一端として、先年の移民法を論じてゐるに過ぎない。移民法の字句などが、対米政策の根本義でも、何んでもないことは、識者を待たずして、明瞭なことである。(16)

鶴見の最終目標は、排日移民法を撤回するように働きかけることそれ自体ではなく、それをも含めて、列国によって日本が対等に扱われることや、中国における日本の権益が維持され、それを列国が承認することにあった。それは日本にとって、より重要かつ切実な問題と捉えられた。

ここで、鈴木麻雄が鶴見の移民に関する姿勢を批判している点について検討したい。

鈴木は、「問題の第一は鶴見が、移民政策それ自体についての是非を論じないことである。移民は、日本国内において生活の糧が得られず、やむをえなく自らの故郷を捨てるのであるから、人間性に背くことである。従って移民を流出させなければならないほど、日本の経済状態が悪化していることこそ問題にすべきであるが、鶴見はこの点につきまったくふれなかった」(17)と述べている。これについて検討すると、鶴見は、世界中の土地は誰のものでもなく、興国の精神が溢れる国家である日本が対外的に膨張するのは当然であると考えていた。従って、鶴見は移民ということに対して、鈴木がいうように「人間性に背くこと」といったネガティブな発想を持っていなかった。むしろ、彼は、狭い土地に押し込まれているよりも、移民が、精神面、経済面、政治面で有効であるとポジティブに捉えていた[18]。

また、鈴木は、「鶴見の主張の第二の問題点は、在米日本人の生活態度に関する現状についても言及しなかったことである。日本人移民は低賃金、長時間労働に安んじているため、白人労働者の職を奪う結果となり、白人労働者から白眼視された。加えて、日本人移民は、アメリカ社会に同化しないことから、非難の的となった[19]」と批判している。これについては、鶴見がアメリカ国民に対して在住日本人の生活態度について遺憾に思うと謝罪しなかったという意味なのか、在住日本人に対して現地において文化融合するように生活態度を改めるよう指導しなかったという意味なのかが不明であるが、まず前者について検討すると、鶴見は排日移民法が成立した直接的な原因は、アメリカの政治活動に日本人移民問題が利用されたことにあると考えた。具体的には、農業の不作がカリフォルニアの農業従事者の心理状態を動揺させ、急進的な政治運動が起こった結果、アメリカの有力者である富裕なカリフォルニア州の政治家がワシントンに赴いて共和党と民主党の政治家に圧力を加え、排日移民法を成立に導いたと、鶴見は捉えた[20]。日本人移民によって煽られたアメリカ人農業従事者の不安感が、アメリカの内政に利用されて排日移民法が成立に至った、すなわちアメリカの地方問題に中央の政治が動かされたと捉えていたのである。アメリカの農業は常に政治を左右していた。年によって豊凶が一定しないので、不作凶作の場合に生活が圧迫され、農民の心理状態が動揺した結果、カリフォルニア州を中心として、急進的政治運動が必ず生起した。この政治運動は、大統領選挙に大きく影響した[21]。以上から、鶴見は日本人移民の生活態度が、排日移民法成立に大きな影響を与えたとは考えていなかったものと思われる。

後者については、鶴見は、戦後ブラジルを訪問した際に、「今後の在伯日本人としてはブラジルと日本の文化の交流を考えねばならん。在伯同胞はすくなくとも一〇〇万二〇〇万となるから東洋と西洋文化が一緒になつて大きな世界新文化を作るに私は興味を持つている[22]」と述べて、在ブラジル日系人に対して現地文化との融合を説いた。また、一九一一年の新渡戸との渡米時に、現地の日系移民に対して新渡戸が文化融合を説いたことを鶴見は見聞していることと、鶴見自身が同様の発想を持っていたことから、戦前の講演活動においても、アメリカ在住の日本人移民に対して現地での文化融合を説いたものと考えられる。移民の現地文化との融合については、戦前戦後ともに同様の考えを持っていたと思われる。

アメリカの壇上で初めて輝く

鶴見が、アメリカにおいて約一年半にもわたる講演を中心とした広報外交を展開する直接の契機となったのは、一九二四年八月にマサチューセッツ州ウィリアムズタウンのウィリアムズ大学で開催された国際政治学協会の講演会に招聘されたことによる。この講演会は、ウィリアムズ大学総長のハリー・A・ガーフィールド（Harry A. Garfield：一八六三－一九四二）の主催によって、一九二一年から毎年約一ヵ月間、ウィリアムズ大学において、大学教授・政治家・実業家・新聞記者らを対象として開催されていたものである。[23] 一九二四年は、当初日本人講演者の招聘は予定されていなかったが、同年春に排日移民法案問題が起こったことで、急遽日本人講演者が検討された。ガーフィールドは排日移民法案に関心があったので、前駐日大使のローランド・S・モリス（Roland S. Morris：一八七四－一九四五）に相談し、モリスが鶴見を講演者として招くことを提案し、それを一九二四年六月末に鶴見が受諾したことで招聘が決定した。鶴見は、同協会における最初の日本人講演者であった。[24] この時に、鶴見を含めイギリス・イタリア・ドイツほかから合計六人の講演者が同時に招聘された。鶴見は、これと前後してコロンビア大学からも講演依頼を受けた。一九二四年七月二三日に横浜港を出航する時点では、ウィリアムズタウンの国際政治学協会と、ニューヨークのコロンビア大学の二ヵ所からの講演依頼だけしか決まっていなかったので、鶴見は出発時、この二ヵ所で講演するために二ヵ月間だけ滞在して帰国する予定であった。[25] 鶴見は、当時のアメリカにおける対日感情やアメリカ国民の心理を次のように感じていた。

亜米利加人が此（この）排日移民法案の結果、日本に対して気の毒と思つたからではない。（中略）世界に正義人道の看板を掲げて来た亜米利加が此の通り不人情な正義に違反した行動を政府がしたと云ふことに依つて、亜米利加人の自尊心が非常に傷けられた、其感じが今親日気分の根底を為して居ると思ふ。（中略）彼等の目指す所は金を貯めることではない。金の持てる力を掴んで見ようと云ふ一種の気持ちである。けれども兎に角物欲の露骨に盛んな亜米利加に於て見逃すことの出来ない一つの現象は、亜米利加が建国以来考へて居つた一つの理想、アイディアリズムに生きマテリアリズムに勝つて行かうと云ふことである。それを裏切つたものが排日移民法である。自分の国の労働賃金を高く維持する御都合の為には、七五年間の友邦のことなどはどうなつても宜いと云ふ態度の国民であると云ふことに見られることが残念であると云ふので、其反動が亜米利加全土に漲つて居つた。(26)

このような状況下の一九二四年八月一二日に、ウィリアムズタウンの国際政治学協会において、鶴見の初の英語講演が行われた。鶴見に割り当てられた講演回数は四日間に合計四回であった。この年は、日本に敬意を表するために、鶴見の第四講目が閉会式の夜に割り当てられた。(27)鶴見の講演が終了するとともに閉会する形となっていた。彼は、最後に講演する重要な役割を担わされていたのである。そこで鶴見の構想としては、第一講から第三講は第四講を行うための前振りとし、鶴見が最も主張したい趣旨は第四講に配置して、そこに全力を集中することにした。(28)全四回のプログラムは、第一講「現代日本論」（八月一二日）、第二講「自由主義勢力の台頭」（八月一九日）、第三講「労働問題と農民問題」

（八月二七日）、第四講「米国移民法の日本国民に与えたる衝動」（八月二九日）と鶴見自身が決定した。[29]

鶴見が今回の英語講演で実行しようと決めたことは、二〇〇〇名を収容する大ホールであるにもかかわらず、声の通りが悪い上にマイクの設備がなかったので、とにかく聴衆が理解できるようにゆっくりと大きな声で話すこと、思い切った露骨な発言をすることによって聴衆に衝撃を与え、翌朝の新聞に掲載されることを目標とすること、日本人ははっきりといいたいことをいわないというアメリカ人の固定観念を破るように主張すべきことを明確に主張すること、といった諸点であった。[30]鶴見は、どうすれば会場に待機している新聞記者たちが自分の講演内容を翌日の新聞に記事としてできるだけ大きく取り上げてくれるかを具体的に考えた。その結果、講演中に物議を醸すような二つの言葉を用いるという戦略を取った。それは、排日移民法成立を決定的なものとしたといわれていた、埴原正直書簡の「重大なる結果」という言葉と、その言葉をより明確かつ強烈に表現した「戦争」という言葉であった。彼は、その二つの字句を第一講の冒頭に散りばめるように使用した。

> 私はこゝに、真理表明の痛切なる責任を感ずるが故に、明白に、端的に諸君の前に断言する。本年五月米国上下両院を通過し、大統領の裁可によりて実施せられたる米国移民法は、日本否全世界に取つて重大なる結果を齎（もたら）したものである。否将来における影響は、更に重大であらう。この点、私は我が埴原大使の言葉を繰かへすのみならず、更に一層語を強うしてこれを断言する。
> 私の諒解するところによれば、本協議会の精神は、平和と国際友情の精神であると申す事であ

る。戦争はそれ自身において善事なりとのトライチケの説に、同感せらるゝ方は殆どあるまいと思ふ。諸君の多数は、戦争をもつて文明に対する脅威なりと観じ、もし欧州大戦の如き戦役が今両三回勃発するにおいては、人類社会のあらゆる組織は挙げて一空に帰すべし、と信じらるることゝ思ふ。故に吾人の前に横たはる最大問題の一は、戦争の防止なりと信ぜらるゝことゝ思ふ。然らば、吾人は果たして如何にしてその目的を達せんとするか。

すでに戦争は文明に対する脅威なりとの原理を提示したるが故に、私は我が眼に映ずる心理を真理として、声言する厳粛なる義務を痛感するにより、進んで次のごとき断言をなさんと欲する。即ち米国今次の移民法は、日本にとりて重大なる結果たるのみならず、全世界に対してもまた重大なる結果たらんとすると、いふ事である。これ私一個の私見にあらずして、真理その物である。之を聞いて憤る(いきどお)の愚(ぐ)は、暴風雨を憤り、地震を憤るの愚と択(えら)ばない。これ決して、脅威を意味せず。又これ日本における識者が、移民法の結果、米国との開戦を夢むといふが如きことを意味するにあらず。余の重大なる結果といふの意は、この米国移民法の成立は、日本の国策変遷上、日本の保守的勢力と自由的勢力との闘争上、日本国民心理の変化上、しかして、太平洋上、及び終局には全世界上の国際政治演劇の展開上に、一新紀元を画(かく)すとの謂である。(傍点引用者)(31)

引き続いて、日本が維新当初に五箇条の御誓文を発して自由主義の内政を布(し)こうとしたにもかかわらず、保守反動の官僚政治へと次第に硬化して大陸政策に転向した理由は、欧米諸国の侵略政策がアジアに及んだために、その自衛策として日本国内の自由主義政策を後回しにして、対外的な強力政策を執らざるを得なかったからであると、鶴見は主張した。さらに、日本にその大陸政策の樹立を提言したのは、外務省顧問チャールズ・W・ル・ジャンドルと、将軍ユリシーズ・S・グラント（Ulysses S. Grant：一八二二―一八八五）の二人のアメリカ人であったという、アメリカでほとんど知られていなかった事実を述べた。[32] 以上の第一講の趣旨は、日本の明治維新は革命ではなく封建的勢力の勝利であって、この時代に出現した自由主義の萌芽は二つの戦争と、日本が国際社会において危機的状況にあると考えて、軍事力も視野に入れた強硬な外交で現状を打開しようとした対外硬のアジア政策のために蹂躙されたという内容であった。

このように第一講の冒頭で、鶴見は「重大なる結果」と「戦争」を繰り返し用いた。これによって、国際政治学協会の会場で控えていた報道陣に衝撃を与えようとした鶴見の意図は見事に的中して、講演内容は翌日の各新聞紙上に大々的に掲載されて、世間の物議を醸したのである。こうして、初日以降の鶴見の講演は満場の聴衆となっただけでなく、学会の開催中を通して、鶴見は、食堂でさえも大勢のアメリカ人から引っ張りだこの「流行児」となった。[33]

ところで、鶴見は、「重大なる結果」と「戦争」の二つの言葉を使用しても、報道陣に物議を醸す程度のものであって、日米間の外交問題にまで発展する可能性はないと確信していた。「聴衆が憤らうと、新聞が非難しようとかまはない。政府の代表でもなく、銀行、会社、新聞社等に、何の関係もなき自由人たる自分である。非難されても、自分だけのことですむ」と述べているように、もし万が一舌禍によって事件になったとしても、フリーの立場である自分が責任を取ればよいと、彼は考えていたのである。[34]

第一講が評判となって、鶴見の講演は聴衆の数が一気に増えて、順調に進行した。第二講「自由主義勢力の台頭」では、第一次世界大戦の勃発後に、新しい自由主義運動が勃興したことを概説した。[35]さらに、第三講「労働問題と農民問題」では、日本の労働運動が最初はサンディカリズム（労働組合主義）と暴力の方向へ向いていたが、自由主義の影響によって多くの過酷な警察干渉が緩和されて、内政改革と国際親善のために自由主義指導者に協力する方向に向かう可能性があることに触れた。[36]こうして、彼が最も主張したかった趣旨を盛り込んだ第四講「米国移民法の日本国民に与えたる衝動」を迎えた。[37]その内容を、以下にみる。

鶴見はまず、(一) 教育制度の確立、(二) 阿片輸入厳禁の原則の確立、(三) 監獄制度改正の促進、(四) アメリカ人宣教師による文化的貢献、(五) アメリカの極東外交による開国当時の日本の独立援助、(六) 日露戦争当時のアメリカによる友好的態度、といった過去七〇年間にアメリカが日本に対して行った善行を中心として日米外交史について語り、アメリカに対する感謝の意を示した。[38]まず、アメリカの聴衆との間にラポール（親和的関係）を築いたのである。

続いて、次のように、渡米日本人移民の歴史について述べた。

日米修好通商条約成立当時は、アメリカが世界各国からの移民に対して門戸を開放していた時代であった。一八六四年にアメリカの政治家は、アメリカの国土は圧迫された世界各国民の避難所であると誇らしげに声明した。日本人移民は、中国人移民に続いてカリフォルニア州に渡来して優遇された。しかし日露戦争以降、日本人移民とアメリカ人との間に摩擦を生じるようになったために、一九〇七年に日米両政府は紳士協定を締結し、日本政府は、自制的に渡米移民を制限する原則を確立して実行した。さらに、日米両国政府間の交渉の結果、一九一一年の日米通商航海条約の締結と同時に、日本は紳士協定の遵守を宣言した。米国政府は、それに基づいてカリフォルニア州知事のハイラム・ジョンソン(Hiram Johnson：一八六六－一九四五)とサンフランシスコ市長のパトリック・H・マッカーシー(Patrick H. McCarthy：一八六三－一九三二)に、排日世論緩和への協力を求めた。それは一定の抑制効果をもたらしたが、その後再び排日熱が高揚し、排日移民法が成立した。この法案の成立は、アメリカの上下両院が日本政府の誠意ある対応に対して疑念を示したという感を日本国民に与えた。(39)

以上の主張に続いて、鶴見は以下の通り、この講演において彼が最も主張したかった核心に触れた。

移民法問題が日本において問題となつたのは、日本が果たして西洋諸国と同一待遇を受くるか、或は西洋各国との国交より疎外せられて、純アジア主義の牙城によらざるべからざるかの破目に陥るかの点にあつたのである。(中略)安政の開国以来、日本の進歩主義者の念頭に燃えたる一大理想は、東西文明の調和と統一といふことであつた。そのために日本は、西洋哲学をとり入れ、代議制度を設け、鉄道、電信、電話を布いた。近代日本の発達は、全世界の驚嘆と尊敬とを博し、日本は世界一等国の班に列した。然るに、一九二四年の米国移民法は憾みなる哉、今や日本民族の胸中に、東西両人種融合の可能を疑ふの念を萌さしめた。明日の支配者たる若き日本は、西洋文明の本質を疑はんとしてゐる。（中略）日本は今日もなほ、米国を目して、西洋文明の先達なりとする。即ち人類の解放と四海同胞の大義とが米国国民の理想なりとして相望する。かゝる日本の希望は空しきか。待望の心をもつて全日本は、米国政界の将来を凝視してゐる。我等は未だ、望みを失はない。我等は片づを嚥んで、米国魂——即ち公正の精神と、正義の真情との発揮せらるゝ日の何時なるやを、待ち眺めてゐる。(40)

講演が終了して退場した時、拍手がどっと怒涛のように崩れ、拍手が止み終わらないほどの反響があった。鶴見は再び登壇して、露骨な自分の講演に対して寛容に受け入れてくれた聴衆の好意に対して非常な感激を覚え、思わず日本風に恭しく敬礼をした。(41)

鶴見の広報戦略

鶴見の講演が受け入れられたのは、第一に内容がよかったからであるが、それ以外に鶴見は、この講演で聴衆のどのような心理的効果を狙ったのか、どのような手法で訴えかけたのかといった点について検討する。彼の講演内容を効果面や異文化コミュニケーションの視点から、その広報戦略を明らかにしたい。

第一に、衝撃を与えることで物議を醸し、できるだけ多数の人々に知らせるという戦略を取った。鶴見が初回の講演において、聴衆に衝撃を与える発言をすることで物議を醸して集客を図り、同時にその講演内容が新聞に掲載されることを意図して講演を行ったのは、先述の通りである。具体的には、埴原書簡で問題になった「重要なる結果」と、それをさらに強調した「戦争」という語句を多用して、講演会の聴衆に衝撃を与えて会場を盛り上げ、さらに、新聞記者たちにも衝撃を与えることで記事を書かせ、新聞紙上を賑わせた。初回の盛り上がりは、第二回目以降の講演会の動員を図る効果を生んだ。

第二として、感謝を示すことで、聴衆との間に親和的、共感的な空気を生み出した。衝撃を与えた後は、聴衆が講演を受け入れる心理状態を作る必要があった。そこで、鶴見は、日本がアメリカの教育制度を導入したこと、日本の監獄制度改革に助力を得たこと、日米通商条約の締結時にアメリカの提案により阿片輸入禁止の条項を入れたこと、といった日本がアメリカから受けた恩義や友誼を述べて感謝を示し、聴衆との間にラポールを築いた。(42)

第三に、意外性のある話題を提供することで、聴衆の虚を突いたことが挙げられる。

彼は、アメリカにほとんど知られていない事実や意外性のある話題を聴衆に提供した。欧米列国の侵略政策がアジアに及んだことによって、明治期の日本は国内の自由主義政策を後回しにして、対外的な強力政策を執らざるを得なかったことを述べた後で、日本に大陸政策の樹立を提言したのは、ル・ジャンドル外務省顧問と、グラント将軍の二人のアメリカ人であったという、アメリカで一般的に知られていなかった事実を伝えることで虚を突いた[43]。日本における自由主義の萌芽が二人のアメリカ人の提言によって踏みにじられたと述べ、「あなた方アメリカ人が日本に大陸政策を採るように提言したのですよ」と意外な事実を示したのである。

第四として、歴史的背景を知らしめた。

鶴見は、排日移民法成立に至るまでの歴史的背景や経過を日本側から説明することで、同法成立が日本人にとってどのような衝撃であったかを理解させるよう努めた。その際に、日本における自由主義の流れを説明し、日本の自由主義的な側面を強調した。

第五は、怒りの理由を説明したことである。

鶴見は、排日移民法について、(一)他国の割当率が一年間に一〇〇名であるのに比較して、日本は一人も移民できなくなったという利益面、すなわち経済面、(二)アメリカの国内法である移民法をどう決めようがアメリカの主権の問題であって、日米間で一七年間にわたって実行されてきた紳士協約にも違反していないので問題はないという権利面、すなわち法律面、(三)ヨーロッパやアフリカの民族に対して許された入国の権利が日本民族に対しては拒絶され、国家の名誉が傷つけられたという国威面、すなわち心理面の三つの面から分析して、アメリカはこの三つの面のうちの経済面と法律面からだけで捉えようとするので、日本の怒りが理解できないのであると説明した[44]。彼は、日本人が屈辱を覚えたその心理的な衝撃の大きさをアメリカに訴えかけ、排日移民法をめぐるアメリカ人と日本人の捉え方の相違を、アメリカの世論にも受け入れられるように明晰に説明した。

さらに、アメリカが国内問題について立法することに対して日本は口をはさむ気はなく、日本はアメリカに過剰なほど多数の日本人移民を送り込んで、日本の人口問題を解決しようという考えはないと明言した(45)。

また、中国移民排斥法成立の際には、アメリカは中国の対面を尊重して立法したが、これと比較して、排日移民法成立時にはアメリカは日本に対して無礼極まりない処置を取ったことを指摘した。その処置とは、すでに紳士協定によって目的を達成しているのにもかかわらず、さらにその上に法律で条文化するという手段を取ったことで、それが日本国民の憤慨を招く結果を生んだと説明した(46)。

それに加えて、日本が関東大震災という国家的な災害から回復していない時期に、七〇年来の友邦であるアメリカが排日政策を取ったことを指摘した(47)。

さらに、日本が憤慨した点は、日本が欧米列国と同一待遇を受けずに、欧米列国との国交から疎外されて、他のアジア諸国と同等の扱いを受けたことであった(48)。

以上の発言の仕方としては、「すでに排日移民法で、全日本が憤激してゐる今日、怒つてゐるといふことを、あけすけいはなくてはうそである(49)」として、日本人が怒っている理由を直截に説明するという姿勢で講演を行った。

第六は、後悔させるという戦略を取ったことである。

鶴見は、「この排日移民法のために、従来米国が東洋諸国に持つてゐた精神的権威は地に墜ちた(50)」と述べ、アメリカに対する評価がアジア諸国間で下がったとして、アメリカの聴衆を後悔させた。彼は、「アメリカはこんな恥ずかしい誤りを犯したのですよ」と痛論した。これによって、講演後に鶴見のもとに、「今度の排日移民法で、侮辱されたのは、日本人ではない。我々亜米利加人だ。自分の国の背徳なる政治家の為に、建国の精神に泥を塗られた。我々は実に痛憤する[51]」といいに来たアメリカ人がいたほどであった。

第七としては、切望したことである。

鶴見は、次のように述べて、アメリカに切望を示した。

開国以来、日本は代議制度・鉄道・電信・電話といった西洋の制度や科学を取り入れ、近代化を図ることによって世界の一等国に列せられた。しかし、排日移民法の成立は、日本人に東西人種融合の可能性への疑問を抱かせた。日本は、今日なおアメリカを西洋文明の先達としており、そのアメリカの偉大さは、経済的な豊かさや軍事力ではなく、その公正と正義の精神にあると信じており、その公正さや正義が発揮されることを切望する。かつて領土拡張を行った欧米列国が、一九一九年以降は日本に対してそれを禁じているのは、不公平である。日本が列国と同等に扱われるかどうかは、プライドの問題だけではなく、死活問題でもある。具体的には、日本が大陸国家として中国の原材料を用いて工業化を図り、でき上がった製品を中国の市場に売るという経済活動を行いたい。日本が大陸国家として生きていくことを容認してもらうことを切望する[52]。

このように、鶴見は主張した。彼は、講演による発信に当たっては、本心で切望することが大切であると考えた。彼は、心の底から自分の真情を吐露することによってのみ、アメリカ人の聴衆の心に強く響かせることができると考えた[53]。

第八の戦略は、脅迫することであった。

鶴見は、排日移民法の成立によって、今後どのような動きが生起するかという予測を述べた。これはある種の脅しであった。第一次世界大戦後に「米国の戦時債権取立政策が欧州諸国を一致せしめたやうに、米国の移民政策は、東洋民族を一致せしめるかも知れない[54]」と脅した。また、鶴見は、排日移民法の成立は日本の労働階級の過激派を増大させ、彼らが親米よりも親露の方針を取らせる方向に進んだと述べた[55]。さらに、「日本はすぐに戦争をしかけようというのではないが、心の底に爆発力を仕込んだ[56]」と述べて、アメリカの仕打ちが日本人の潜在意識に刷り込まれたと脅した。「日本を憤らすことは太平洋問題解決途上に、一大障碍を置いたものである[57]」という鶴見の発言に対して、「あの日本人は我々を脅迫している」と叫んだアメリカ人の聴衆がいたほどであった[58]。これに対して鶴見は、「脅迫と聞くのは聞く人の耳が悪いのである。力をもつて理不尽に正義が蹂躙せられる場合には、我々は力をもつて正義を擁護する[59]」と応じた。

第九としては、笑わせたことが挙げられる。

鶴見は、講演の随所に笑いやユーモアを多用した。どのようなシリアスなテーマであっても、講演の中に必ずユーモアを含ませ、笑いの要素を盛り込んだ。ウィリアムズタウンの第一講では物議を醸す語句を使用したが、第二講の冒頭では笑い話をしたように、硬軟の話題を使い分けて、聴衆の感情の緊張と緩和を巧みに操作した。また、怒りを表現する場合にも、直截な表現と、ユーモアたっぷりに皮肉る表現を使い分けた[60]。聴衆の呼吸を理解して、講演の流れに緊張と緩和を持たせ、聴衆を飽きさせなかった。

第一〇は、多角的に知らしめる戦略を取った。

鶴見は、数回ある講演の内容の中に、排日移民法だけでなく労働問題や政治情勢というような排日移民法以外の話題である文学なども盛り込んで、全体として日本の実情や国民感情を知らしめる方法を取った。

以上が、異文化コミュニケーションの視点から捉えた、鶴見の広報戦略であった。彼は、聴衆の呼吸を読んで押したり引いたりしながら、聴衆を自分の導きたい方向へと誘導したのである。

アメリカ報道陣の反応

鶴見が講演を行ったウィリアムズタウンの国際政治学協会は、国際問題に対する国民教育を目的として設立された協会であった。従って、各大学の教授や各地の講演者を聴衆として、それらの人々の口を通じて学校やクラブの集会で国際問題の知識を広めると同時に、各地方の有力新聞の代表者を招き、彼らの報道によって全米の世論を喚起した[61]。国際政治学協会内には宣伝部が設置されていて、講演記事を迅速かつ正確に全米に報道する任務に当っていた。この協会の講演に関する記事は、全米中の新聞に掲載された。ニューヨーク、ボストン、ワシントンの各都市の大新聞は、二段か三段抜きの広い紙面を割いて詳細に報道した。アメリカは国際連盟に加入していなかったので、この協会の講演会に対して、国際連盟の一種の代用機関としての効果を期待した。各地の新聞は、度々同協会での講演を取り上げて批評した。鶴見が講演した一九二四年は、排日移民法成立のために、日本は話題として最多で取り上げられた。その中でも『ニューヨーク・タイムズ』（*New York Times*）は、社説で合計四回にわたって論評を掲載した。それは、他紙に比較して最多であった。[62]

第一回目の講演（一九二四年八月一二日）の終了直後に、鶴見は自分への賞賛の祝電や手紙を多数受け取った。しかし、『ニューヨーク・タイムズ』（同年八月一五日付）は、第一回目の講演の趣旨を正確に理解せずに、「日本に於けるよりよき理解」と題して、次のような社説を掲載した。

米国議会が紳士協定に代ふるに、日本人排斥条項をもつてしたるやり方を遺憾とする人々と雖、日本の代表者たる鶴見氏が政治学協会に於てなしたる声明――即ち新米国移民法は日本のみならず全世界に於て「重大なる結果」を生じ且つ将来も生ずべしとの言論――に対しては疑問を挟まざるを得ず。固より一時的には、日本に於て排米感情を爆発せしめたるに相違なし。乍併これを機会として米貨排斥を試みんとしたる少数人士の努力も最早や放棄せられ、且つ大多数の日本人は今や、該法は寧ろ日本政府が自ら移民制限の不快なる仕事を為す代りに、米国政府が之を禁止して日本政府の煩累を軽減したるものなりとのことが明白となつてゐるのである。（中略）若し鶴見氏の謂ふ所の「重大なる結果」が、極東に於ける政治的形成の新方向を指称するにあらば、氏は疑もなく正しいであらう。乍併、これは米国儀内の行動なくとも起つたことである。米国の土地が日本植民の好適地たり得ざることは、日本の指導者の夙に了解せるところである。一九〇七年の紳士協約交渉当時、時の大統領ローズヴェルト氏は、これを明白ならしめて居る。またその後の米国大統領も、ロ氏の此政策を変更すべき何事をもしてゐないのである。(中略)若し鶴見氏が日米協調の仕事を為さんと欲するならば、氏はウィリアムズタウンに於て示したる賞賛すべき率直をもつて、日本本国人に向つて、日本人が自国に多数の米人の来ることを好まざるごとく、米国の加州住民も亦多数の日本人の来住を好まざるものである、といふことを説明すべきである。(63)

この社説に対して、鶴見は、『ニューヨーク・タイムズ』は長年日本に対して好意的な記事を掲載してきた新聞であっただけに、講演の真意を取り違え、日本移民奨励論と早合点してこのように攻撃したのかと憤慨し、早々に反論文を提出すべきか否かをアメリカ人の友人に相談した。しかしこの友人から、第四回目の移民法論まで話せば誤解が解けるから、そのままにしておいたほうがよいとのアドバイスを得て、彼はその忠告に従った。(64)その結果、鶴見の第四回講演(八月二九日)の後に、『ニューヨーク・タイムズ』(九月一日付)は、以下の社説「日本の眼を通して」を掲載することで、鶴見の講演に対する先の論評を訂正する形を取った。

日本はその国民の排斥せられたる行為よりも、排斥せられたる作法によって不快の感をうけたりとの点を力説することによつて、鶴見氏は米国に於て殆ど了解せられ居らざる点を明瞭にするに資した。彼は政治学協会の最終講演に於て述べて、日本人は紳士協約の当時において既に移民拒絶の原則を認めたりとのことを説明した。日本国民の憤りたるところは、この紳士協約を破棄して、移民法と称する代替物を作成したるは、日本が紳士協約を履行せざりしとの疑惑を投ずるものとして憤ったのであつて、斯のごときは日本国民の国辱なりとして痛憤したのである。

米国に於ける日本の友人等が遺憾としたるところも亦、移民法の内容にあらずして、移民法制定の手段作法であつた。我等も紳士協約を破棄するの必要を疑ひ、かゝる行為をもつて非礼不賢明と為したのである。殊に上院の活動は、デリケートなる状態を巧妙に処理するよりも、空想的怒嚇に報復せんとの希望に基けりとの感を与へたのである。日本大使の「重大なる結果」といふ文句の賢明ならざる使用ありたりとても、未だ上院のかゝる粗野にして礼法なき行動を是認するに足らない。(65)

『ニューヨーク・タイムズ』は、鶴見の講演に対する論評を合計四回にわたって社説として掲載した。(66) これは取り上げ方としては、大々的なものであった。この『ニューヨーク・タイムズ』の社説と同様の趣旨を、ボストンやシカゴの新聞も記述した。(67)

しかし他方で、鶴見にとって見当違いの攻撃もあった。それは、鶴見の第三回の労働問題に関する講演の翌日に、『ブルックリン・イーグル』（*Brooklin Eagle*）が「移民排斥に関する僻見」と題して、鶴見が日本労働総同盟の幹部の意見に言及して、アメリカの日本人移民に対する立場は資本主義的利己主義から派生しているので、日本の労働者の共感はアメリカから離れてロシアに向かうと発言したことを曲解し、「米国が資本主義なる故に排外的で露国が社会主義なる故に四海同胞的であるといふのは事実を知らざる僻見である」(68)と、鶴見の意見をまるではき違えて攻撃めいた記事を書いた。鶴見は、この記事に非常に憤慨した。

他方、同じ問題について『ニューヨーク・サン』（*New York Sun*）（八月二九日付）は、鶴見に対して非常に同情的な趣旨の社説を掲載した。

米国議会が大統領クーリッジ氏の忠言に反(そむ)いて敢行したる愚挙は、将来日米間の戦争を招来すべしとの可能性について、世上論を為すもの頗(すこぶ)る多かったが、ウィリアムズタウンの政治学協会に於て、日本の問題を説明しつゝある鶴見祐輔の如き、犀利(さいり)なる自国観察者の判断に従へば、斯の如き可能性あるなしとのことである。米国議会の行動は日本の内政に多大の影響を与へたけれど、その影響は国際戦争の方向にあるのではないといふのである。

氏の言に従へば、その最重要なる影響は、日本の労働階級に於ける過激分子の勢力を増大せしめたといふことである。すなはち米国移民法通過以前に於ては、日本労働総同盟のうちには、自由主義的勢力の増加を見つゝあった。然(しか)るに排日移民法通過の結果、急激分子は資本主義国の頼むに足らざることを説いて、露国の寧ろ憑(たよ)るべきことを宣伝するの機会を得た。乍併(しかしながら)鶴見氏の指摘したるところは、それが為めに日本が親露政策に走るべしといふのではない。たゞ日本内地に今や真実なる自由主義的機運が台頭(たいとう)しつゝある、その為めに普通選挙法は遠からず議会を通過するであらう。而してその時は、今日政治的に無力なる労働階級が日本の政界の一勢力となるであらうから、その結果は直接行動を捨てゝ議会運動に転向するであらうといふのである。(69)

以上の社説が、鶴見の講演に対する意見の代表的なものであった。

鶴見の発信以前は、アメリカは、自国内の問題を処理したという発想で考えていた。それに対して鶴見の発信は、日本の怒りを具体的に説明するものであった。鶴見の発信に対して、アメリカ主要紙がそれぞれの立場で記事を掲載した。鶴見に対して全面的に好意的に評している記事もあれば、誤解して批評を加えた記事もあり、さらにその批評に対して訂正記事を掲載した場合もあった。しかし概ねそれらは、鶴見の意見を真摯に受け取った。好意的であれ批判的であれ、アメリカ主要紙に鶴見の意見が取り上げられ、そこで問題が提起され、コミュニケーションが図られたという意味において、鶴見の目的は達成されたと考えられる。

一方、アメリカの新聞に比べて、日本の新聞からはまったく反応がなかった。ただ、杉村楚人冠(そじんかん)（一八七二―一九四五）が『新聞紙の内外』で、次のように評価しただけであった。

それにしても、今の新聞紙はあまりに智慧(ちえ)がなさ過ぎる。私のやうな者が見てさへ、まだ拓(ひら)くべき新領土は沢山あるやうに思はれる。試にその一二を挙げて見よう。

例へば、海外に於ける日本人の動静を報ずることは、今全く欠けてゐる。海外に住んでゐる人でも、又海外へ旅行したゞけの人でも、行つた先々で一かどの仕事をしてゐる者が非常に多い。近くは鶴見祐輔君の米国に於ける目ざましい活動の如きは、新聞の種として絶好のものであつたが、どの新聞も顧みなかつた。顧みられなかつたのは鶴見君一個の損失でなくして、日本の損失であつた。(70)

しかし、こういった鶴見の海外での活躍に対して、杉村楚人冠の論評以外は、日本のマスコミからは支援の反応はまったくなかった。(71) 日本のマスコミは、海外で活躍する日本人に対して冷淡なようである。それは、女優・川上貞奴（一八七一－一九四六）や、洋画家・藤田嗣治（一八八六－一九六八）らに対する反応をみても明らかである。海外への発信ということの重要性が、ほとんど意識されていなかったからではないだろうか。この点は、現在改善されているといえようか。

アメリカ大衆の大いなる反響

ウィリアムズタウンにおける鶴見の講演が、新聞各紙に掲載されて評判となった結果、アメリカ各地の団体（大学、学会、クラブ、婦人会、宗教団体）から講演依頼が殺到した。鶴見は当初予定していた滞在期間を延長して、一九二四年七月から一九二五年一一月にかけて一年四ヵ月にわたってアメリカ各地を講演して回った。これが第一回目の講演旅行であり、彼の広報外交における最初の成果として位置づけられる活動である。

一九二四年九月一日に、鶴見はウィリアムズタウンを発って、ニュー・ミルフォードに在住する大学教授のチャールズ・A・ビアード（Charles A. Beard：一八七四－一九四八）の山荘に赴いた。コロンビア大学での講義の構想を練るためである。鶴見は、一九一九年五月に雑誌『ザ・ニュー・リパブリック』（*The New Republic*）のパーティでビアードにはじめて会い、同年秋にビアードの講演を五、六回聴いた。彼は、アメリカ政治組織の専門家であった。一九二一年の初冬に、在米中だった鶴見は、後藤新平からニューヨーク市政の腐敗と矯正についての調査・報告をするように依頼を受け、ビアードに協力を求めた。その後、後藤が東京に市政調査会を創設する際、鶴見が後藤とビアードとの間を取り持って再び協力を求め、彼を東京に招いた。それ以来、ビアードとの関係は続いていた。

この時、鶴見は、彼の講演を聴いたり新聞で読んだりした多数のアメリカ人から、個人的に家に招待したいという多数の手紙を受け取った。彼は、それらの招待を辞退したが、唯一フランク・A・ヴァンダーリップ(Frank A. Vanderlip：一八六四―一九三七)からの招待だけは受けることにした。ヴァンダーリップは、ナショナル・シティバンクの頭取をつとめていた人物で、アメリカ東部経済界の重鎮であった。鶴見は将来的にも当家とのつながりを重視したものと思われる。一九二四年九月二二日に、ビアード邸からヴァンダーリップ家に移動して、そこで同家の人々と交流を図りながら、引き続きコロンビア大学での講演の構想を練り続けた。

また、これと前後して鶴見は、ジョージ・H・ロリマー（George H. Lorimer：一八六七―一九三七）に面談した。ロリマーは、雑誌『ザ・サタデー・イブニングポスト』（*The Saturday Evening Post*）の主筆であった。アメリカでは地方紙が有力で、全国紙というものはなかった。新聞とは対照的に、雑誌はアメリカ全土に行き届いていたことから、鶴見はアメリカの世論の形成において影響力のある雑誌を重視した。その中でも、『ザ・サタデー・イブニングポスト』には、一五年ほど前から記事を掲載したいと、彼は考えていた。この雑誌は、週刊で二六五万部、年間一億三五〇〇万部という発行部数を誇っていた。鶴見はロリマーに記事掲載を依頼し、ロリマーの眼鏡に適うような記事を書くように努力した。鶴見の原稿は採用され、「日本と米国」という題名で合計四回掲載された。(72)

コロンビア大学での講義は、ジュールス・ビアー（Julius Beer：一八三六―一八八〇）という富豪の基金によって国際的知識を米国学生に与えるために毎年行われているもので、外国の講演者を招いて全六回の講義を企画し、それを後に講演者の著書として出版するというものであった。第一回目と第三回目はイギリスから、第二回目はフランスから、講師が招聘されており、第四回目が鶴見となった。[73]

鶴見は、講義の全体テーマを「現代日本論」として、ウィリアムズタウンで行った講演のプログラムに、二講分の新原稿を追加して、第一講「旧勢力」、第二講「自由主義勢力の台頭」、第三講「都市および農村における労働運動」、第四講「思想的潮流および新聞」、第五講「現代日本文学概観」、第六講「米国移民法が日本国民に与えたる衝動」という演目で講義を行った。[74]

追加したのは、第四講「思想的潮流および新聞」と第五講「現代日本文学概観」である。後者について、鶴見は広報外交における文学の役割を非常に重視したのは先述の通りである。ロシア文学の英訳書によって第一次世界大戦当時のアメリカがロシアに対して親近感を抱いていた事実を、彼は重要視した。新渡戸稲造は講演において日本文学について語ったが、鶴見は一層力を入れる形で日本文学についての講演を行った。

この時の彼の日本文学に関する講演内容は、小説・戯曲・詩歌の分野の代表的な作家や作品を取り上げ、それを文学史の流れに沿って語るものであった。[75]具体的には、尾崎紅葉（一八六八－一九〇三）、幸田露伴（一八六七－一九四七）、坪内逍遥（一八五九－一九三五）、森鷗外（一八六二－一九二二）、高山樗牛（一八七一－一九〇二）、樋口一葉（一八七二－一八九六）、島崎藤村、与謝野晶子（一八七八－一九四二）、島村抱月（一八七一－一九一八）、国木田独歩（一八七一－一九〇八）、夏目漱石、有島武郎、武者小路実篤（一八八五－一九七六）、倉田百三（一八九一－一九四三）といった作家たちの文学史における業績や作風を取り上げた。これをみて理解できる通り、近現代の作家に限られており、ここでは『源氏物語』や和歌・俳諧といった古典文学は除かれている。その理由は、現代に生きる日本人の生活や心情を直接的に理解させるという意図があったからであると考えられる。

また、鶴見は、このコロンビア大学で講義したことにより、アメリカ人学生に日本に留学してもらい、帰国後に日本について話してもらうことが、日本にとって非常に効果のある広報になるとの着想を得た。彼は、帰国後に自著『北米遊説記』を出版し、そこで留学生制度の普及を提唱した。(76)

鶴見がビアード家に滞在している間に、アメリカ各地の団体から鶴見への講演依頼が次々と届いた。本格的にアメリカ各地を講演旅行して回るに際しては、日程・ギャラ・汽車賃・演題について各団体と交渉や調整を行うマネージャーが必要であった。鶴見の講演が商品として通用すると考えたアメリカ人の興行師が、マネージメントをさせてくれと申し出てきたこともあったが、鶴見は自分の講演活動のマネージメントをカーネギー財団の一部である国際教育協会の理事長のステファン・P・ダッガン（Stephen P. Duggan：一八七三－一九四九）博士に託した。(77)こうして以後一年半にわたってカーネギー財団のマネージメントによって、アメリカ各地で講演活動を展開することになった。

当時アメリカには、隣人精神に基づいて、社交・研究・事業を行うクラブや協会が約四万団体あって、それらが年間平均約二〇回の講演会を開催したので、全米で年間約八〇万回に上る講演会が催されていた。このほかにも、大学・教育団体・政治団体の講演会や、個人的な講演会が頻繁に開催されていたので、全米での講演会の件数は年間約五〇〇〇万件という膨大なものとなっていた。そのために講演者を供給する講演斡旋団体が存在し、アメリカ各地の団体と講演者間のスケジュール調整を行ったのである。[78]

しかし、実際に講演活動を開始してみると、想像以上の重労働であった。日本の二〇倍もの広さの大陸で一つの町で一回ずつ講演をしながら多数の町をめぐる旅程を続けることは、肉体的に負担が大きかった。例えば早朝にある町に到着し、昼食の宴会に臨んで約四〇分の講演を行い、講演後は聴衆から投げ掛けられる質問に応答し、夜は夜行列車で東京から下関か長崎までに相当する遠距離を移動する日々を一年四ヵ月にわたって過さねばならなかった。[79]

講演は、時には排日論者との立会討論という形を取ることもあった。例えば、一九二五年二月一四日にはニューヨークにおける外交政策協会主催の立会討論会において、アメリカ屈指の日米開戦論者の海軍提督ブラッドリィ・A・フィスク（Bradley A. Fiske：一八五四－一九四二）と対決した。さらに三月七日にはフィラデルフィアで、白人優越論者の大学教授ヘンリー・P・フェアチャイルド（Henry P. Fairchild：一八八〇－一九五六）と立会討論を行った。立会討論の相手は、鶴見が流感のため高熱で倒れても後へは退けないような反日的な人物ばかりであった。[80]

鶴見の第一回講演旅行における講演回数は、約一六〇回という多数に及んだ。彼がアメリカ各地で、アメリカを批判する講演を行った時に、どの会場においても講演後に拍手が長く続いた。当時のアメリカは、排日移民法の成立によって自国の政治家の失政を反省し、日本に対して何らかの好意好感を表明しようという感じが朝野にあふれていたことから、鶴見の露骨なアメリカ批判がかえってアメリカ人の共感を得て、多くの団体から招かれる結果を生んだのである。鶴見の講演活動が受け入れられたことからも分かるように、この時期はアメリカにおいて日本が最も注目された時期であった。[81]

第一回講演旅行は、アメリカの国民が日本の意見を聴こうという状況においてなされ、大部分の講演会場において聴衆から多大な拍手を受け、各新聞紙上に鶴見の講演が記事として取り上げられた。また、新聞だけでなく、『ジ・アウトルック』(*The Outlook*)、『フォーリン・アフェアーズ』(*Foreign Affairs*)、『アワ・ワールド』(*Our World*)、『ザ・サタデー・イブニング・ポスト』といった雑誌からも依頼を受けて執筆した鶴見の論文が掲載されることも少なくなかった。[82] 彼の主張は、アメリカの聴衆を納得させ得るものであったのである。それらに対する新聞の反論もあって、日米双方向で意見が出され、日本の意見をアメリカ国民にある程度訴えたという意味で、成果を上げ得たといえる。

この第一回講演旅行中の一九二五年七月一日から七月一四日の間に、鶴見はハワイのホノルルにおける第一回太平洋会議に出席して、再びアメリカに戻った。[83] その後一九二五年一一月一四日にサンフランシスコを出航し、一一月末に横浜に到着して第一回講演旅行は終了した。[84] 第一回講演旅行の成功は、これ以降、継続的に講演旅行を行う契機となった。

もっと多様に、もっと広範に

鶴見は、ウィリアムズタウンにおける講演の成功によって、彼の講演活動のマネージメントをしてくれるカーネギー財団をアメリカに持つことができ、これ以降アメリカで広報外交を展開させていく。当時の日本を取り巻く、高関税・排日移民法・領土不可侵という三つの障壁に対して、国内の人口増加に苦しむ日本が生き延びるには工業化しかないと考えた鶴見が、増加する人口を養うための活路として中国の既得権益を視野に置き、それを、日本国内の工業の原材料と食糧の供給地、工業製品の市場、工業投資の対象として活用することを提言したことは先述の通りであるが、それを行うに当たっては英米と協調しながら、平和的、経済的な対中政策、対満政策を実現させるべきであると考えた[85]。

しかし、中国は、督軍の一存で商法も刑法も民法も一蹴されてしまうという政治的に混乱した状況にあり、それによって現地の日本人は被害を受けており、経済上の利益と政治上の権利を分離して論じにくい状況になっていた。日本が満州に期待するところは、純経済的であるにもかかわらず、その関係は政治的色彩を帯びてしまうと鶴見は述べている。彼は、中国における日本の投資事業に対して、中国が日本の要求を受け入れて協調的な態度を取るかどうかによっては、政治的な関与の可能性もあり得ることを示唆している[86]。従って一九二〇年代に、すでに中国に対する政治的、軍事的関与も鶴見の念頭にあったものと思われる。後に、鶴見の発信内容は、中国への経済的関与にとどまっていた段階から、政治的、軍事的な関与を容認する方向へと移行していく。

第二回と第三回のアメリカ講演旅行は、どのように行われたのかをみていきたい。

日本では、一九二七年四月に立憲政友会が政権を獲得すると、国際協調路線を維持する方向で同年のジュネーブ海軍軍縮会議に、元海軍大臣で前朝鮮総督の斎藤実（一八五八―一九三六）と元外務大臣の石井菊次郎（一八六六―一九四五）が全権として出席したにもかかわらず、交渉は決裂した。一九二八年八月にはパリ不戦条約に調印したが、その一方で、中国に対しては一九二七年から一九二八年にかけて三回にわたって山東出兵を実施するという強硬策に転じた。一九二七年六月から七月にかけて東方会議が開催され、中国における日本の権益を実力行使で守ることが決定された。

一九二七年八月に、第二回太平洋会議から帰国した鶴見は、八月末まで軽井沢の山荘で著述活動に専念した後、同年九月から一〇月にかけて岡山選挙区を遊説して回り、一一月にはアメリカに向けて出発した。第二回アメリカ講演旅行は、一九二七年一一月から一九二八年二月まで行われた[87]。この講演旅行は、第一回目と同様で私費による個人的活動である。プリンストン大学・コロンビア大学・スタンフォード大学をはじめとする三四校の大学や、学術・宗教・婦人関係団体からの招聘によって、約三ヵ月間にわたり滞米する予定であった。しかし、早期に議会が解散となったことから、鶴見は衆院選活動のために急遽帰国を余儀なくされ、滞米期間は約二ヵ月半に短縮された。急な帰国によって講演を取り消す場合もあったが、一九二八年一月一三日のニューヨーク市公会堂での講演だけは取り消すことができなかった。これは、鶴見にとって重要な選挙ではあったが、一年半前に講演契約を結んでいたことと、日本人に対する信用を失うことが懸念される大規模な講演であったからである。このため鶴見は、ニューヨークでの講演後に、アメリカ政府の郵便物運送用飛行機で大陸を横断して、同年一月一七日にサンフランシスコ港出航の船に間に合わせるという、当時としては異例の手段を取った。当日、ニューヨーク講演時の司会者が、「われわれニューヨーク市民のために義理を守って今宵の演説をした鶴見氏の大陸横断飛行の上に幸あれ、彼の帰りて後の総選挙の上に成功あれ」と述べたので、満場の聴衆から雷鳴がとどろくような喝采を贈られるという盛大な反応があった(88)。当時まだ珍しかった飛行機移動によって講演の約束を果たすという派手なパフォーマンスを行った点でも、またそれについて帰国後に日本の新聞・雑誌・著書に掲載するという話題作りの点でも、鶴見は注目度を高めた。

第二回講演旅行における講演回数は約七〇回で、その主な内容は、日本の外交と内政の現状や諸問題についてであった。具体的には、外交面では、排日移民法の成立以降、日本はアメリカに対してどのような考えを抱いているのかといった視点からの日米関係、中国とソ連に対する日本の政治的態度や対中・対ソ問題、内政面では、日本最初の普通選挙直前における社会的、政治的状況についてであった(89)。

鶴見の第三回アメリカ講演旅行は、一九二八年九月から一二月にかけて行われた(90)。この講演旅行の滞米日数は約六〇日間で、全米各地で約五〇回の講演を行った(91)。その内容は、中国・ソ連に対する日本の外交政策、日米関係、日本における新しいデモクラシーといったものであった。[92]テキサス州サンアントニオや、カナダのバンクーバーでは、日本文化について講演した。この講演旅行では、移民問題よりも、日本文化や日本事情全般を中心に語った。鶴見は、地域やその団体の要望に合わせて内容を決めた。例えば、一九二八年一一月二八日のテキサス州サンアントニオでの講演では「米国は日本の精神文明を輸入せよ」[93]、また、一九二八年一一月のバンクーバーにおける講演では、「我が日本の目標は太平洋の平和に在り」[94]といったものであった。

この旅行において鶴見が感じたことは、アメリカの大資本家・大新聞社の報道関係者・政府要人らは、日本の対中国外交に対して概ね理解を示しているが、大衆は日本に対する理解が浅いということであった。[95]彼は、広報外交の必要性を一層強く感じたのである。

続いて、第四回アメリカ講演旅行についてみる。

一九二九（昭和四）年に、アメリカは経済史上前例のない全盛期を迎えたが、一転して同年九月にはニューヨークで株価大暴落が起こり、それが世界恐慌にまで発展した。しかし対日感情については、同年一月のロンドン海軍軍縮会議直後ということもあって、日露戦争後初めてみるほどの良好な状態であった。[96]このような状況下の一九三〇（昭和五）年五月から一九三一（昭和六）年九月にかけて、鶴見の第四回アメリカ講演旅行が行われた。[97]第四回アメリカ講演旅行の主な目的は、六月にシカゴ大学のハリス講座で講演することであった。中西部のシカゴは、日本に対する理解が格別浅い地域であった。

当時アメリカの識者間では、民間人も外交について広く学ぶ必要があるという意識から多数の研究会が設立されたが、ハリス講座もその一つであった[98]。この講座は、シカゴ大学の国際法教授フィリップ・クインシー・ライト（Philip Quincy Wright：一八九〇－一九七〇）がコーディネーターをつとめ、毎年夏期にアメリカや世界各国の学者・評論家・専門家を集めて、当年の最重要な国際問題をテーマとして開催されていた。ハリス講座の方法は、ウィリアムズタウンの政治学協会の方法とは対照的に地味な専門研究であった。また、プログラムには一般公開の講演会もあったが、ごく少数の専門家による円卓会議を開催して、そこで研究討論した記録は一般公開せずに専門家にだけ配付するという方法を取っていた。その理由は、一般公開の講演にすると講演者が手加減をして話すので、専門性が低下する傾向があったからである[99]。

この年のハリス講座は第三回目の開催で、「米国外交政策」と題して、アメリカの外交政策を世界各国がどのように眺めているかというテーマで開催された[100]。

鶴見は、全三回の講演を行った。その第一講「日本の立場より観たる米国の外交」（六月一七日）では、日米関係を、ペリー来航以来の日本に対する伝統的親善外交の時期、日露戦争で絶頂に達した親日政策がポーツマス条約締結後に急変した時期[101]、ロンドン海軍軍縮会議を転機として日米関係が親善関係に入ろうとしている一九三〇年時点の三期に分けて、各時期を概観した[102]。

第二講「十字街頭に立てる日本」（六月二〇日）の趣旨は、次の通りであった。

明治維新以後、急速に発展した日本の資本主義や経済発展が、政治にも影響を及ぼして立憲デモクラシーを起こしたが、近年の資本主義の行きづまりや日本の急激な人口増加の壁に突き当たった。世界的に考えた場合にその領土配分は不公平であり、日本のような人口が多い割に領土が狭小である民族は、次第に困難な状態に陥りつつある。世界の大国が日本移民の入国を禁止し、高率保護関税による日本製品の輸入妨害を行う一方で、世界平和論を唱えて領土の不可侵を主張するのは矛盾している。[103]

以上が、第二講の趣旨であった。

第三講「西部太平洋における勢力均衡」（六月二四日）の趣旨は、次のような内容であった。

中国の政治的混乱状況において、日本の対中政策が日増しに困難になっており、アジアにおける唯一の組織的国家である日本は、アジアの治安の担当者として非常な困難を受けている。日本が経済的困難のために、社会問題が起こっている時に、人口希薄な空地を有する国々は日本移民の入国を禁止し、日本製品の輸入を妨害している。どのような道徳的根拠があって、国際社会はこのような不正義を主張するのか。国際社会は移民の自由と通商の自由との原則を認めないのならば、日本のように領土が狭くて人口の多い民族が領土を拡張することに対して反対する理由はない。[104]

以上の第三講において、鶴見は、アジアにおける唯一の組織的国家たる日本が、東洋治安の担当者として中国に対して政治的に介入することを容認する発言をした。[105] また、国際社会が日本の領土拡張を認めるように訴えかけた。これに対して、彼は、聴衆や言論界から非難攻撃されることを懸念したが、彼の露骨な講演に対して聴衆からは何の反論もなかった。シカゴの小さな地方紙が「赤禍か黄禍か」という題でソ連の危険性と日本の危険性についての論説を掲載した中で鶴見を攻撃したが、それ以外はほとんど非難がなく、それが一九三〇年のアメリカの空気であったと鶴見は感じた[106]。ワシントン会議やロンドン会議の結果として日英米三国海軍協定が成立したことで、当時のアメリカは、今後の世界平和はこの三大海軍国の協調提携によって維持されるべきであり、日本の困難な諸問題に理解を示して、その解決に援助を与えることが、世界平和の達成のためには重要であるという気持ちになっていたのであった[107]。その背景には、当時のアメリカは日本に対する信頼感を抱いていたこと、アメリカの識者間に排日移民法に対する自責の念があったこと、一九一九年以来の日本の自由主義外交に対する信頼があったこと、日本の人口問題に対する同情があったことによって、それらが「当時米国の識者をして、日本の満州進出に同情せしむる空気となっていた[108]」と鶴見は捉えた。アメリカ側は、鶴見の発信を概ね了解する形で受信したのである。

このように日米関係は最も順調な時期であり、鶴見にとっても講演するには楽な時期であった[109]。ハリス講座を終えた鶴見は、一九三〇年七月から八月にかけてウィリアムズタウンの国際政治学協会の学会に出席した。彼にとって同学会への出席は、第一回アメリカ講演旅行以来六年ぶりであった。一九三〇年の国際政治学協会の学会は、事前に鶴見への講演依頼はなく、一聴衆として出席したが、ロンドン海軍軍縮会議の直後で、軍縮問題に関して日本の問題が円卓会議や一般討論会において何度も議題として出されたために、鶴見は度々呼び出されて、期間中に長短一五回の講演を依頼された。その講演内容は、例えば、(一)ソ連に関する討論会では、日ソ関係について、(二)軍縮に関する会議では、ロンドン条約について、（三）軍略に関する会議では、日本の国防について、（四）極東に関する討論では、日中関係について、（五）飛行家のチャールズ・A・リンドバーグ（Charles A. Lindbergh：一九〇二－一九七四）が参加した飛行機の一般討論会では、日本の飛行機について、（六）アルバート・C・バーンズ（Albert C. Barnes：一八七二－一九五一）教授による「西洋文明の本質」の一般討論会では、東洋文明についてといった内容であった。さらに、国際政治学協会は、ハリス講座とは対照的に、新聞掲載の都合上、講演前日には原稿として新聞社に提出する必要があった。

また、鶴見は、「日本文明の本質を知るためには、現代日本文学を知る必要がある」と述べたために、他の出席者から求められて特別講演会「現代日本文学論」（八月二二日）を開催する運びとなった。[110] これは鶴見が聴衆に誘い水を打ち、聴衆がそれを求めたことで開催された特別講演であった。このように、鶴見は講演者として招待されていない場合でも、自ら発信の場を巧みに作り出した。これは取りも直さず、鶴見が人間関係を良好に保ち、人から好かれる人物であったことを示している。

以上のように、鶴見の扱ったトピックは多岐にわたっていた。このように、彼は多様な分野を講演対象として、その分野の概要や歴史的経過を語る能力を発揮した。鶴見の主張の中心には満州問題と排日問題があったが、それ以外にも、日本の多方面のトピックによって日本を総合的に知らしめようとした。また、日本人が彼一人しかいない場面においては、日本全般についての質問に応じる必要が生じ、日本を代表する形で対応した。

鶴見が一九三〇年のウィリアムズタウンの国際政治学協会の学会において感じ取ったアメリカの反

応は、日米が提携して中国の政情を安定させるのが最善策であり、満州は日本が自由にすればよいというものであった。すなわち、アメリカは日本の満州進出に反対する気がないと捉えることができた[111]。また、鶴見は移民問題についても、一九三〇年前後には排日移民法の修正案が議会を通過するという確信を持った[112]。

一九三〇（昭和五）年九月から一一月にかけて、鶴見はニューヨークでの執筆活動と、周辺都市での講演活動を行った。特に対岸のニュージャージー州の各都市から講演依頼が多数寄せられた。講演内容については、一九二七年一二月に鶴見がニューヨークにおけるウィルソン誕生日晩餐会で行った追悼演説の再現を希望する依頼が多かった。それは、鶴見のウィルソン追悼講演はラジオ放送されて、多くのアメリカ大衆の感動を呼び、非常に評判がよかったからである[113]。

彼は、一二月には短期のカナダ講演旅行を行い、翌一九三一（昭和六）年一月はイリノイ州のシカゴから、アイオワ州、ミズーリ州、テキサス州を講演して回り、二月にはフロリダ州のパームビーチを訪れた[114]。

鶴見は、二月下旬からは、再びニューヨークに戻って執筆活動に没頭した。まず、『ザ・サタデー・イブニング・ポスト』に掲載する長い英語論文を書き、その後二ヵ月間かけて『ナポレオン伝』（日本語）を執筆し、さらに自作の小説『母』を英訳した。彼は著作権取得の面倒な他人の著作よりも、まず試験的に自著の翻訳本をアメリカで出版することを思いついた[115]。自著出版を広報外交の一つの形として、発信したのである。

一九三一年八月、鶴見は再びウィリアムズタウンの国際政治学協会に出席した。この時の題目は、「資本主義、共産主義ならびにファシズムの経済検討」であった。白熱した議論が展開されたが、日本に関する問題は格別取り上げられることはなく、前年のように鶴見に対して講演依頼が寄せられることはなかった。[116]

九月にはカナダに向い、バンクーバーからエムプレス・オブ・カナダ号で出航し、九月一七日にホノルルで講演を行った。[117]

このように、第四回講演旅行は第一回目以上に広範囲にわたって行われ、鶴見の講演は全体として友好的な雰囲気の中で受け入れられた。しかし、一九三一（昭和六）年九月二〇日、鶴見は帰国途中の船上で満州事変が勃発したという報せを受けた。「電文簡にして、何のことであるか事態の真相が少しも解らなかった。日支開戦という風に伝えられた」[118]と述べているように、情勢が正確に把握できないまま、鶴見は九月二六日に横浜港に到着した。[119]

次に、第五回アメリカ講演旅行についてみたい。

一九三一（昭和六）年九月の満州事変勃発、さらに同年一〇月の日本軍による錦州爆撃を経た、翌一九三二（昭和七）年一月九日から一九三三（昭和八）年一月三日にかけての約一年間、鶴見は第五回アメリカ講演旅行を行った。[120] 講演依頼は約一年から一年半前に受けており、日程も決まっていたために、情勢のいかんにかかわらず行わざるを得なかった。

一九三二年一月七日にアメリカの国務長官ヘンリー・L・スティムソン（Henry L. Stimson：一八六七－一九五〇）が、日本の満州侵略による中国の領土・行政の侵害と、パリ不戦条約に違反する一切の取り決めを認めないと表明した、いわゆるスティムソン原則の声明、続いて同年一月二八日には、上海の国際共同租界周辺で日中両軍が衝突したいわゆる第一次上海事変の勃発、同年三月には満州国建国、同年九月には日本の満州国承認という一連の流れの中での講演旅行となった。

上海事変の勃発直後、アメリカの新聞の大方の論調は、日本に対して攻撃的ではなかった。[121] しかし、二、三日経過しても事変は予想した方向に向かって進展せず、上海に第一九路軍が踏み止まるという事態に至った時、アメリカの新聞各紙は突然論調を変化させ、日本を誹謗する極端に感情的で誇張した記事を掲載し始めた。例えば、最悪のケースでは、新聞の第一頁の一番読みやすい右端三欄を全部上海関係の記事で埋めて、下駄のような大文字で「赤ん坊と婦女子を日本軍が空中から爆弾を投じて虐殺しつゝあり」というような人の感情を煽るタイトルを掲載した。この手の記事は、アメリカ全土の新聞に毎日掲載された。[122] このような連日の新聞記事やラジオによる反日放送に映画のニュースが加わってアメリカの国民感情を刺激した結果、世論は急変し、極端な対日経済断交運動や日本製品不買運動が巻き起こった。アメリカ国民は、日本が上海に軍を進めたのは上海在住の邦人保護の目的だけではなく、中国本土を攻略する目的であると危惧したのである。それまで親日的であった大新聞が一斉に反日的になった。従来親日的であった姿勢を反日的立場に変えた人々の主張は、日本が満州へ経済的に進出をすることには反対しないが、その方法に反対するというものであった。彼らは国際連盟論者や平和主義者であったので、今回の日本の行動に反対し、対日経済断交論を高調させた。しかし、その場合には日米間に紛争が起こることを覚悟しなければならなかったため、中国のためにアメリカが紛争に巻き込まれることを大多数のアメリカ大衆は支持しなかった。対日経済断交論に対して、アメリカ政府当局は警戒した。平和論者が逆に日米戦争の危険に導くという非難が起こり、結果として対日経済断交論は国民から支持されることなく立ち消えとなった。日本製品不買運動については、アメリカ市場で需要の大きい絹製品の売れ行きに変化はなかったが、鶴見個人についていえば、次年度の講演依頼がなくなり、『ザ・サタデー・イブニング・ポスト』をはじめとする諸雑誌からの執筆依頼がとだえ、鶴見の英語小説『母』(*The Mother*)の売れ行きが急落した。この事実は、絹製品の購買対象であるアメリカ大衆には満州問題がほとんど関係のないことであったが、書籍の購読者や有料で講演を聴くような知識層には反日感情が広がったことを示していた。ハースト系新聞の購読者のような非インテリ市民は日本に反感を覚えなかったが、他方、アメリカの世論を形成する少数のインテリ階層は、それまで約九割が親日であったが、次第に反日傾向を強めたのである[123]。

このような状況下で、鶴見は一九三二(昭和七)年一月九日に横浜を出航し、一月一七日にカナダのバンクーバーに上陸し、一九三二年一月に、ボストン近郊の婦人会において満州問題について数回の講演を行った[124]。この時の講演の趣旨は、次の通りであった。

日本の人口問題に対する実際的な解決方法としては、日本における工業化とその製品に対する海外市場の拡張、また社会立法による公平な分配の実施が考えられる。近年の日本は原料不足を海外に求める必要があり、その供給地が満州である。しかし、中国国内の混乱が日中外交に紛糾を来たし、特に満州において中国の官民が日本人の生命や財産を危険に陥れた。

日露戦争以来、満州において、政治的、経済的、人道的経営を行ってきた日本の努力を無視して、日本を排斥しようとする中国の態度は、正義的観点から納得できないばかりか、中国にとっても非常に不利益である。しかし南京革命政府は、内政の脆弱さを支えるために、中国国民の意識を外に向けようと排日運動を促進させた。その結果、日本では中国に共感する者が激減した。日本は外交交渉によって円満な解決を図ろうとしたが、その前に満州で柳条湖事件（一九三一年）が勃発した。その事件を世界各国は、日本の一部の軍人の行動であって、日本国民の大多数の意思に反するものであると誤解した。もちろんすべての日本人が同意したわけではなく、一部の人々は外交談判による事件の円満な解決を希望していた。この時点では、日本の国論は二分していた。しかし一九三一年九月末に、国際連盟理事会が満州問題を取り上げ、日中両国は国際連盟によってそれを解決するべきであるという意見を示したために、日本の世論は激昂し、日本国民の意見は一致するに至った。満州問題は日本国民の生存問題であった上に、満州や東洋の事情に精通していない少数のヨーロッパ人が、遠隔地から問題解決を図ろうとした迂遠さと危険性を日本国民は感じた。さらに日本国民は、国際連盟が中国の報道に過大な信用を置き、公平な立場でこの問題を審議しなかったと受けとめた。日本国民は、全世界から公平な判断を期待できないならば国を挙げて政府を支援し、国民生存にとって大問題である満州問題の解決に猛進しなければならないと考えた。つまり満州事変勃発以降に日本国民を挙国一致に導いたのは、まず中国の不正義な態度であり、欧米各国の取った誤った手段である。

日本国民が理解に苦しむ点は、（一）かつて全世界的に領土を拡張した欧米各国の国民が、日本国民の行動に対してあたかも日本を被告とし、中国を原告とするような法廷を作って、自らは神聖な裁判官の地位に立って審判する態度を取った点、（二）欧米各国が一方では日本移民の排斥や、日本製品の輸入妨害を行いながら、他方では領土不可侵の原則を主張している点、（三）一九一九年以前において領土拡張は正義であり、一九一九年以降はそうでないのかという点、（四）政治的に混乱する中国が日本国民を満州から駆逐することは正義であって、国内が整然と統制されている日本が満州において自己の生命財産を防衛することは正義ではないのかという点、（五）日本の情報発信が疑われ、中国の宣伝は受け取られるのかという点、（六）全世界が強い日本の発展を否定し、自らを弱い中国の防衛者として位置づけようとする点である。

世界平和は世界正義と併進してこそ成り立つものである。国際的な正義とは、すべての国民が地球上の天然資源を共有することであり、国際的な正義を無視して、国際的な平和の確立はあり得ない。全世界の平和主義者は、このような人種的不平等や社会的不正義を改善すべきである。このような根本的な原因を見定めないで、形式的な条約によってのみ国際平和を実現するのは、間違っている。公平な解決策は、世界混乱の原因を取り除くことであり、日本の行動に理解を示すことである。日本国民が好戦的な国民であるという人々は、自国の歴史を顧みるべきである。日本国民こそは、平和の効果を最も実体験した国民である。アメリカ国民が全世界の現状を正確に判断し、日本に対して理解を示すことを切望する。[125]

以上が、鶴見の講演趣旨であった。彼は当初、このような講演が反感を招くのではないかと危惧していた。その理由は、婦人会の総会の出席者には国際連盟論者や平和主義者が多く、概して満州問題については反対の態度を示していたからであった。しかし、一〇〇〇人以上の聴衆は、反感を示さないばかりでなく、非常に共感的な態度で長い間拍手をしていた。[126]その後に行った数回の講演でも共感を得て熱心な拍手を受けたことから、鶴見は、この様子ならば満州問題の話はアメリカ人に納得がいくように話せるであろうと安堵して、第五回アメリカ講演旅行の前途に希望的観測を抱いた。[127]この講演内容は、この時期に各講演の現場で概ね共感をもって受け入れられた。一九三二年一月中旬のアメリカの空気は、必ずしも日本にとって不利ではなかったのである。[128]

続く二月には、ニューヨーク、シカゴ、中部各州で講演して回り、そこから南下してニューオリンズ、テキサスをめぐった。どの講演会場にも、非常に多数の聴衆が来場した。講演後には聴衆から次々と質問が投げかけられ、それが一時間余り続いた。しかし、鶴見は「何ら個人的反感を看取しなかった」[129]と述べている。

その後、三月初旬からカリフォルニア州を回り、シカゴを経て、三月二三日に再びニューヨークへ戻った。三月一日に起こったリンドバーグ夫妻の子供の誘拐事件の記事で新聞の第一面は占められ、上海事変の記事は第二、三面に追われて、さらに日本軍が上海から撤退すると国民の興味が薄れていった。[130]

鶴見は一九三二年三月末から四月にかけて、フィラデルフィアで講演を行った。五月には、一九一九年以来一三年ぶりで渡米した新渡戸稲造を鶴見が出迎えた。新渡戸は排日移民法制定に憤慨して渡米を拒み続けていたが、外務省からの要望もあり、また松山事件以来、超国粋主義者からの襲撃を免れる意味もあって渡米を決意したのである。[131] 松山事件は、一九三二年二月に、新渡戸が松山で行ったオフレコの記者会見で、「わが国を滅ぼすのは共産党と軍閥である。そのどちらが怖いかと問われたら今では軍閥と答えなければならない」と発言したことが報道され、世論により非難された事件であった。

鶴見は講演のシーズンオフとなった五月からは執筆活動を行い、六月にはパリへ向かって七月にソルボンヌ大学で開催された国際連盟協会総会に出席し、日本の立場に基づいて満州問題を論じた。この時に、満州事変を日本の侵略行為であるとし、国際連盟条章の条文に背反し、国際平和の精神を蔑視するものであるという、激烈な日本攻撃の決議文が総会の議事日程に上がっていたが、鶴見はそれを撤回させるために、彼の知り合いのイギリス、イタリア、アメリカ各国の委員を個別に面談して、「今日まで、日本は国際連盟に対しては誠に忠実な一員であった。また、現在でも日本国内には国際連盟の精神に共感している人々が大勢いる。満州問題によって世界的に議論を生じたが、現在、国際連盟がリットン調査団を極東に派遣して事情を調査している最中である。従って、国際連盟は満州事変について結論をまだ出していない。そういう状況であるのに、国際連盟の総会において、軽々しく満州問題に対する日本攻撃の決議をすることは、軽率で不謹慎であるという誇りを受け、日本国内にいる国際連盟派を失望させ、世界の平和論者が公平で冷静な判断をしていないとして、局外者の尊敬を失うことになって、国際連盟自身の評価を下げるのみならず、世界平和に支障を来たすであろう」と述べて、決議文から「日本」と「満州」の文字をすべて削除することが穏当であると説得した[132]。

一九三二年八月にスティムソンは、民間外交機関の国際問題評議会の会合において日本攻撃の演説を行い、スティムソン原則をアメリカの国策として永続する態度を取った。これに対して、アメリカの知識層から非難の声が上がった。その理由は、一切現状維持というスティムソン原則を貫くと、南米関係でアメリカは相当の負担を負うことになり、ドイツがポーランドを取り戻そうとした場合には、武力介入せざるを得なくなる可能性が大きかったからである[133]。

鶴見は、その後、フランス、ドイツ、ソ連、オーストリア、ハンガリー、スイス、イタリアを旅行した後に、ロンドンへ向った[134]。一九三二年一〇月四日にロンドンの王立国際問題研究所（チャタム・ハウス）で、満州問題について講演した。その前日に、リットン調査団の報告書が発表されたので、鶴見は日本を代表して回答する形となり、注目を集めた。彼のロンドン滞在はわずか三週間であったが、王立国際問題研究所での講演後は、イギリス各地で会見や講演を行い、その合間を縫って原稿を執筆するという多忙な日々を送った。一一月八日の大統領選挙の二日後にアメリカに戻った鶴見は、エドワード・M・ハウス（Edward M. House：一八五八－一九三八）大佐をはじめとする新閣僚となった政府要人たちに面会し、公式の場で日本を擁護する発言をしてほしいと依頼した[135]。

一九三二年一一月八日にアメリカ大統領選挙が実施され、第一党である共和党のハーバート・C・

フーヴァーと第二党である民主党のF・ローズヴェルトの両名が闘い、F・ローズヴェルトが空前の圧勝を遂げた。この選挙運動中にフーヴァーとスティムソンは極東問題に論及したが、F・ローズヴェルトはそれをしなかった。彼は消極的な戦術を用いて、「フーヴァーの否定」を目標として闘った。この選挙結果は、当時のアメリカにとって最大の問題が満州問題ではなく、国内の不景気であったことを示していた[136]。こうしてアメリカの反日姿勢は、表面上は沈静化する方向へ向かった。

鶴見は、一一月にボストンとシカゴで講演を行った後、カナダのバンクーバーに向った。その後はサンフランシスコ、ロサンゼルス、メキシコ国境周辺で講演を行い、一二月一六日にロサンゼルスから出航して、一月三日に横浜に到着し、第五回講演旅行を終了した[137]。

以上で、第五回アメリカ講演旅行を概観したが、鶴見は、「必ずしも日本に不利ではなかった」、「何ら個人的反感を看取しなかった」と述べている[138]。しかし一方で、彼がこれまでになく講演が受け入れられるかどうか危惧していることや、国際連盟総会で日本攻撃の決議文が回り、それを鶴見が阻止していることを考え合わせると、第五回アメリカ講演旅行は、それまでにない困難がともなったものと思われる。

最後に、第六回アメリカ講演旅行についてみる。

一九三四（昭和九）年から翌一九三五年にかけて、鶴見は、評伝『プルターク英雄伝』（全六巻）の翻訳に着手し、国際情勢と日本の将来について語った大衆向け啓蒙書『膨張の日本』（一九三五年五月）、海外の英雄・偉人を紹介した評伝『ビスマーク』（一九三五年七月）と『バイロン』（一九三五年九月）、評伝『後藤新平』（全四巻、一九三五年夏に脱稿）といった書籍の執筆や出版に追われた。

一九三四年九月に、ウィリアムズ大学総長のハリー・A・ガーフィールド夫妻が来日した際には、両名を講談社社長の野間清治に紹介して、日本の出版事業について説明し、学術界と出版業界との橋渡し役をつとめた。[139] このように、鶴見は文学や人的交流の促進に協力した。

一九三五（昭和一〇）年一〇月から約二ヵ月間、鶴見は第六回アメリカ講演旅行を行った。[140] 第六回アメリカ講演旅行における主な活動としては、デモイン・パブリック・スクールにおける連続講演（一九三五年一一月五日〜一二月一四日）、全米向けラジオでの講演「ローズヴェルト大統領に聞く」（一一月二九日）、ホワイト・ハウスにおけるF・ローズヴェルト大統領との会食（一二月一九日）の三つが挙げられる。

第六回アメリカ講演旅行の主な目的は、一九三五年一一月五日から一二月一四日にかけての約一ヵ月半の間、アイオワ州デモインのパブリック・スクールにおいて行われた連続講演であった。中心テーマは、「日本理解に向けて」であり、具体的内容としては、太平洋地域の将来的な展望、日本の価値観、日本と中国の比較研究、満州問題、日本・ソ連・アメリカ関係、太平洋統治の六講義であった。[141]

連続講演以外にも、立会討論会で講演した。同年一一月二九日には、ラジオ・スタジオで「ローズヴェルト大統領に聞く」を録音し、同日午後二時一五分から全米に放送された。[142]

同年一二月一七日にはワシントンにおいて故ウィルソン大統領の夫人と談話をし、さらに一二月一九日にはホワイト・ハウスで、F・ローズヴェルト大統領と会食した[143]。

鶴見は連続講演の時に、日本の満州政策に対するアメリカ国民の反感をほとんど感じることはなく、「むしろこの当時一般市民の多数は、日本の満州における建設的業績を讃美し、満州国承認論に耳を傾ける有様であった[144]」と述べている。彼は、満州事変と上海事変を経て、アメリカが日本の満州国における政策を承認する方向にあると考えた[145]。

しかし、全体としての講演回数はこれまでの講演旅行に比較して減少しており、デモイン・パブリック・スクールでの講演が主なもので、それも中西部だけであった。結果的には、上海事変以降、アメリカにおいて反日感情が高まって、アメリカの諸団体から依頼を受ける形での講演旅行は、今回が戦前最後となった。第六回アメリカ講演旅行以降、日米関係が悪化するにともなって、アメリカで講演活動を継続させることは困難となった。第一次世界大戦時に各国の知識人が多数渡米して、宣伝活動を活発に行ったことをアメリカ国民は非常に嫌悪した。この事実に基づいて、鶴見はアメリカという国は基本的に敵対国から講演者が来て講演することを好まないと考えた[146]。これは、アメリカにおける広報外交は平時でなければ不可能であるということを意味していた。

第六回アメリカ講演旅行の帰路の一九三六（昭和一一）年一月に、鶴見は秩父丸の船上において次のように心境を語っている。

恐らくは日本民族は、その大陸進展——並にこれに次いで来るべき太平洋上の進出——によつて、三千年間体内に鬱積（うっせき）してゐた精力を、暴風怒涛（どとう）のやうに膨張発展せしめる日が来るであらう。ゆゑにかかる時代に、かかる民族の前にある指導原理は、天然資源の枯渇したる一九世紀西部欧州に発達したるせせこましき理念主義の思想体系でなくして、より原始的なる、より実生活的なるものでなくてはならない。

さういふ現実を、このままに容認して、その現実の上から新しき一歩を踏み出すことが、弾力性あるリベラルな心境である。[147]

これ以前の一九三五年五月にも、鶴見は、「満州問題が世界に提起した重要性は、その条約上の技術問題ではなくして、世界現状の是正に対する一投石であったという点である。それは現状維持を利とする白色人種国に対する、現状打破組の急先鋒としての日本の挑戦であったとも見られ得る。（中略）ゆえに満州問題に一歩を踏み出したる後の日本は、後に退けない大きい潮流に棹さしたものと覚悟しなければならない[148]」と述べ、同年八月には、「日本民族が大いなる膨張の潮に乗って勇ましく躍進しつつある秋（とき）、日本民族の光輝ある未来を信じる。（中略）太平洋上の状態を望み見て、祖国日本の隆起と日本民族の奮起とを望んで止まないのである[149]」と語っているように、彼は一九三五年頃から大陸進出や南方への膨張への意欲を再び露骨に示すようになった。これは、『南洋遊記』出版当時（一九一七年）に抱いていた膨張志向が一九二〇年代には彼の内奥に一旦潜伏し、一九三〇年代のこの時期に至って再び表出したと考えられる。

鶴見は中国本土の混乱状態に鑑みて、満州の日本の経済権益を守るためには政治的、軍事的進出は避けがたいと考えた。スティムソン声明やリットン報告書が突きつけられたものの、国際連盟による制裁が具体的に日本に対して加えられなかったことから、彼は経済的進出のみならず政治的、軍事的進出であっても、日本の中国進出と対英米協調路線の維持を両立させることは可能であると考えるようになったものと思われる。

アメリカ講演活動の特徴

講演という方法の特性と、その特性に対する鶴見の意識はどのようなものであったのか。

これまでみたように、鶴見は講演という方法の特性を熟知し、それを駆使することによってアメリカの各層の人々に訴えかけ、日本に対する理解を促したといえる。彼は、講演というものは一ヵ所に集まった大衆が抱く興奮や感激を利用して、自分の意見を訴える手法であると考えた。大衆は、一ヵ所にぎっしり詰まっているというだけで、個人として個別にいる時とは違う心理状態になっていて、ある意味でそういう平常心を失った状態を利用して、講演者が呼びかける方法であり、それが雄弁の秘訣の一つなのである。(150)

鶴見は、政治的な公開講演、学術的な会における講演、食後の短い講演というように分類しており、内容によって方法を使い分けた。(151)

また、彼はラジオにおける演説については、講演と比べてまったく別物であると捉えていた。聴衆は家の中に座って聴いており、講演会におけるような大衆性や群集性というものがない冷静な聴き手であり、講演者が意気盛んに感情を高ぶらせて大演説しても効果的ではないとした[152]。

さらに、講演やラジオ演説以外の広報外交としては、新聞と雑誌という手段があるとして、それらは視覚によって読み手の知性に訴えかけるという方法であると考えた[153]。

鶴見は、以上の三方法の特性を熟知していたことから、ある場合には純粋な意味での講演を行い、また別の場合では新聞掲載を意識するというように三つの方法を適宜併用、ないしは組み合せて使い分けた。

講演が大衆の興奮・感激を利用する方法である以上、進行を誤った場合にはそうした反応が自分の意図と反対の方向へ向かう危険性をも内包していることに、鶴見は留意した。従って、聴衆の反応を探り、自分の講演が果たして聴衆に受け入れられるかどうかを見極めつつ、自分が一番訴えたい本論に聴衆を導いていくという慎重な方法を取り、聴衆の反応に臨機応変に対応しながら講演を進めた。

しかし、すでに述べたように、鶴見は講演会で物議を醸す発言をあえて行うことによって聴衆の意表を突き、その講演内容が新聞に掲載されることによってさらに聴衆を集めるという方法を取る場合もあった。

講演、ラジオ、新聞・雑誌という三つの方法において、受容者（聴衆や読者）の数から検討した場合、鶴見は、（一）講演は、通常は約三〇〇人程度であり、多くても約五〇〇〇人程度がその対象であって、

（二）講演が新聞に掲載されると、数百万人が対象となり、（三）ラジオは多い場合は数千万人が同時に聴衆となることから、ラジオによる広報効果の将来性を高く評価した[154]。例えば、一九二七年一二月二八日のニューヨークにおけるウッドロー・ウィルソン大統領追悼晩餐会での鶴見の講演は、全米にラジオで放送されて評判となった。一九三〇年一〇月から一一月にかけて、鶴見はニューヨーク周辺で講演旅行を行ったが、その講演内容については、同追悼講演を再現してほしいという注文が多数であった[155]。

受容者数だけを考えた場合には、講演は新聞・雑誌やラジオ演説に比べて劣った方法であり、テレビやインターネットによる情報公開や広報がグローバルなレベルで普及している現代においては、公会堂や講堂に聴衆を集めて実施する講演は、非効率な方法であるといえる。しかし、講演は聴衆の心理的な衝撃面から考えた場合には、非常に有効な方法であると鶴見は考えた。新聞・雑誌やラジオのように、媒体をはさんで発信者から受信者へ訴える方法とは異なり、講演には講演者が直接に聴衆と向かい合って、時間と空間を共有し、講演者が魂の底から取り出して捧げようとする気迫を聴衆が受け取って、心身が焼かれるように感激するところにその衝撃性があると、彼は述べている[156]。それは、テレビ・映画・インターネットといった方法がいかに進歩しても、演劇・舞踊・演奏会といった観客との対面式の催事がなくならないのと同様である。鶴見の講演を、講演会場の群衆の中で直接聴く場合、それを家庭でくつろぎながらラジオを通して聴く場合、新聞記事として読む場合、この三つの事例を比べると、感動の強さという側面から検討した時に、講演会場で行われる講演は、成功した場合、聴衆に感銘を与え、聴衆に及ぼす心理的影響として大きなものとなる。このような講演の特性の中に、講演という方法の普遍性があり、現代においてもその方法を活用できる可能性を認めることができる。

また、鶴見は講演を有料で実施した。その理由は、第一次世界大戦時に、ドイツ人がアメリカで活発に無料の講演活動を実施して以来、アメリカ人は無料で講演する外国人をプロパガンジストと呼んで敬遠するようになったからである。従って、鶴見は、大学における学術的な講演は別として、大衆を対象とする講演の場合には、すべて有料とした。当時アメリカでは有料講演が流行していて、講演は書籍と同価値を持っているとみなされた。講演には、準備や旅費といった経費がかかるので、有料となるのは当然視された。無料で講演を行う場合は、何らかの団体（例えば、講演者自身の国の外務省）が後援となっていて、講演者の旅費や経費を出費して宣伝させているのではないかと疑われた。しかし有料講演の場合は、旅費が講演料の中から支払われていることが明瞭であるので、そういった疑いは生じなかったのである。万が一、その講演が外国政府の主導による単なる宣伝であると判断された場合には、アメリカの大衆がそのような講演者に対して講演料を支払わないのが当然であるとともに、その講演者は以後講演依頼がなくなり、講演活動自体が成立しなくなる(157)。

また、受信者側の心理的な衝撃面について触れたが、講演の有料での実施は、聴衆の心理的な感銘度をより深いものとする一要素となった。

一方、講演という方法がもつ、大衆の興奮や感激を利用して実施するという特性は、すでにみた効率性と同時に、限界をも内包していた。それは、聴衆の側に講演をある程度聴きたいという欲求がなかったり、講演者の思想や主張に対してある程度好意的な姿勢が欠けていたりといった状況においては受け入れられないという点である。一九三七年から一九三八年における二度の渡米では、鶴見は講演活動を行わず、アメリカ人のごく親しい友人とのみ個人的に面会して日本の事情を説明し、アメリカ側の不平を聴き、意見交換を行うという消極的な方法を取らざるを得なかった。[158] 鶴見自身が「アメリカは少しでも険悪な関係となった外国から人が来ることを非常に嫌う」[159] と述べているように、日本の立場を訴える方法としては、講演はこの状況下では有効ではなかった。これは彼の講演の限界というよりも、講演という方法自体が持つ限界を示すものであった。その限界が示された時期をめぐっては、逆説的ではあるが、鶴見の講演がアメリカ大衆から求められた時期はいかなる状況下にあったかを考察することによって明らかとなろう。例えば、排日移民法案成立によって日本に同情が集まり、鶴見に講演依頼が来た時期と、上海事変によってある程度までは対日感情が悪化したが、完全には悪化し切っていない時期は、アメリカ大衆が日本に注目し、鶴見の講演もアメリカで求められた。[160] しかし、第五回講演旅行は一九三一年に契約しており、一九三三年に帰国した時には、上海事変以降は、日本の講演者の話はもう金を出してまで聴かないという空気になっていて、その時点で講演旅行を契約・実施することは困難であった。以前は渡米の度に鶴見に執筆を依頼した新聞・雑誌社からの依頼も途絶えた。[161] このように、一九三二年を境としてアメリカにおける講演活動の継続が困難となり、第六回講演旅行は中西部に限られ、講演回数も減少した。それが、戦前における最後の講演旅行となった。

以上のように、鶴見の講演活動の経過を検討すると、講演による広報外交は、相手国が同盟国でない場合には、平時に行われる必要があることを示しており、平時にしか受け入れられないことも示している。現代における国際交流や文化交流も、平時から実施される必要があるという例証となっている。

また先述の通り、アメリカにおける講演活動の調整は、講演斡旋業者に委ねられていた。鶴見の場合は、それを公益的に無料で斡旋するマネージャーであるカーネギー財団の国際政治協会に委託した。そのようなシステムによって、鶴見は基本的に有料の講演活動しか行わなかったので、アメリカ国内における需要がなければ活動できないという受動的なものであった。また、一年前に講演の契約を結んでいるために、アメリカの対日感情が悪化しても悪化しなくとも実施しなければならなかった。例えば、第五回講演旅行は、一九三二年一月末に第一次上海事変が勃発し、対日感情が悪化した最中に実施されたが、逆に日本についての意見を聞こうとする聴衆が殺到するという現象が起こった。しかしこれは勃発直後であって、この時期を境に講演を聞こうとする聴衆はいなくなったことから、これが一つの転換期であったと考えられる。

講演の聴衆・地域・内容について、鶴見はどのように考えていたのであろうか。

鶴見は、日本の聴衆と比較した場合に、アメリカの聴衆の特徴として、(一) 新聞、雑誌、講演の言論を取り扱う態度が真剣であること、(二) 敏感で感激性が強く、鋭敏な反応を示すこと、(三) 善意をもって講演を聴くこと、（四）婦人の聴衆が多く、彼女たちは冗談より真剣な話を好み、知識欲が旺盛であること、芸術感覚に訴える表現を好むこと、（五）講演者の意見も大切であるが、パーソナリティに感応しやすく、人物を見極める傾向が強いことを挙げている。[162]

鶴見は、ウィリアムズ大学の国際政治学協会での講演が成功して以降、多数の人々に知らせるだけでなく、多様な人々に訴えかけようとした。様々な講演会で講演することによって、政府要人・一般大衆・婦人・学生といったできる限り多様な層のアメリカ人に発信するように努めた。彼は、日本から多様な職種の講演者をもっと多数訪米させて発信するべきであり、日米間の接触面をできるだけ多様にすることが必要であると度々日本の新聞や雑誌、自著において提言した。イギリスは、文学・政治・経済・哲学・宗教・美術・音楽などの各分野から五〇名ほどの著名人がアメリカで講演活動を行って、英米関係を親密にしていたのである。[163]

また、鶴見は、対日意識からアメリカを、（一）東海岸地域（ニューヨーク、ボストン、フィラデルフィア中心）、（二）中西部地域（シカゴ中心）、（三）太平洋沿岸地域（カリフォルニア中心）、（四）南部地域に分類し、（一）が最も親日的であるとし、（三）は経済的、人種的な利害の対立はあるものの、極端に排日的ではなく、逆に日本に対して最も理解が薄いのが（二）であり、中西部において日本への理解を促す広報外交の重要性を強調し、中西部における講演活動に力を注いだ。[164]

鶴見は、アメリカを支配している力を、（一）共和・民主の二大政党、（二）大資本家の集団、（三）大手の新聞・雑誌（特に全米で読まれている『ザ・サタデー・イブニング・ポスト』）、（四）宗教団体・教育団体・婦人団体・労働組合の四つに分類し、それを充分に考慮した上で広報外交を行った。それらによって形成されるアメリカの世論については、ある時は世論はアメリカの上層部と大衆階層を動かし、ある時はまったく世論に反することが平気で行われる、と考えた。[165]それは、ジェームズ・ブライス（James Bryce：一八三八–一九二二）とウォルター・リップマン（Walter Lippmann：一八八九–一九七四）の中間的な考え方に真実が存在すると、鶴見が考えていたからである。

また彼は、アメリカの場合、新聞が東海岸から西海岸に届くのに時間を要し、地方意識が強いので、新聞より雑誌が広く読まれており、雑誌のほうにより世論を左右する力があると捉えていた。[166]当時は東海岸の新聞は西海岸に届くのに四日もかかり、またアメリカは地方という概念が強いので、『ニューヨーク・タイムズ』がいくらよいものであっても、『ザ・サタデー・イブニング・ポスト』ほどは影響力がなかった。『ザ・サタデー・イブニング・ポスト』の年間発行部数は一億三五〇〇万部であり、当時のアメリカにおける人口一億二〇〇〇万人中の、三〇〇〇万人から四〇〇〇万人が同誌を読んでいるという数値であった。

講演における留意点について彼は、日本の国内問題や対米感情を論じる場合は、いくら激しく露骨にやってもよいが、アメリカの国内問題には踏み込まないという態度を一貫して取った。アメリカ人の聴衆から、「では、アメリカがどうすれば日本は得心するのか」という質問が投げかけられた時に、鶴見が、「それは我々の知ったことではない。日本人はこのように憤慨しておりますと申し上げるだけで足りると思う。そこで米国は一体どうしてくださるのか、ということは実は私のほうからお伺い致したいのだ」と述べると、聴衆は笑いと拍手で応じた。彼は、アメリカ人の国民性の一つとして、他人の指図を嫌うという強い独立自尊心を挙げる。従ってアメリカの内政を論じる場合においても、決して「アメリカの」を使用しないで終了すると、聴衆は鶴見の本意を察して拍手を送った。本意をむき出しで述べることは、率直ではなくて人間としての未成熟（幼稚）であると捉えられると、鶴見は考えた。直接法の断定を避けて疑問形にするという配慮は、F・ローズヴェルト大統領の講演や著述を通じて、彼が学んだものである。[167]

さらに、講演内容に関しては、（一）簡潔で要点に触れていること、（二）ユーモアがあること、（三）講演者の個性が明確に表出されていること、（四）講演者の真情が流露に表出されることに配慮する必要があるとし、それらの点にアメリカ人の特徴が内在していると考えた。[168] 鶴見は、特に（二）については留意した。彼の講演において、ユーモアのある聴衆との応酬の例は枚挙に暇がない。[169]

鶴見の講演活動を講演回数からみた場合、その成果についてはどのようなことがいえるのだろうか。鶴見のアメリカにおける講演活動は、すでにみたように、各地の諸団体から約一年前の依頼・契約によって有料で実施されたので、講演回数自体が彼の講演に対する需要・評価・人気を示していると考えられる。鶴見の日記、手帳、著書、雑誌、新聞記事を基に講演回数を算出したものが、表「鶴見の戦前期の講演活動」である。

日記や手帳によって場所と日時が確認できる講演の回数と、鶴見が著書・雑誌・新聞記事で示して

表　鶴見の戦前期の講演活動

	日記や手帳で確認できる回数							著書・雑誌・新聞に記載の総数
	ハワイ	カナダ	太平洋沿岸部	南部	中西部	東海岸部	合計	
第1回目の講演旅行 1924（大正13）年7月23日～1925（大正14）年11月末（滞米期間：約15ヵ月〔途中カナダ旅行を除く〕）	1	3	0	0	26	60	90	「約150～160回」
第2回目の講演旅行 1927（昭和2）年11月2日～1928（昭和3）年2月2日（滞米期間：約2ヵ月）	1	0	3	0	0	9	13	「50ないし60回」「70余箇所」
第3回目の講演旅行 1928（昭和3）年9月20日～同年12月13日（滞米期間：約2ヵ月）	0	1	9	5	14	16	45	「50余回」
第4回目の講演旅行 1930（昭和5）年5月17日～1931（昭和6）年9月26日（滞米期間：約15ヵ月〔途中カナダ旅行を除く〕）	1	2	0	3	27	13	46	約70回
第5回目の講演旅行 1932（昭和7）年1月9日～1933（昭和8）年1月3日（滞米期間：約6ヵ月半〔途中ヨーロッパ旅行を除く〕	1	6	28	7	8	23	73	
第6回目の講演旅行 1935（昭和10）年10月22日～1936（昭和11）年1月10日（滞米期間：約2ヵ月）	0	0	0	0	43	0	43	
合　計	4	12	40	15	118	121	310	

出典：『鶴見文書』ほかにより作成[170]。

いる講演の回数との間には差異があるが、その場合は後者を採用した。

「滞米期間」は、船舶による移動期間を除いた実質的な滞米期間である。

講演回数を検討すると、第一回の旅行は一五〇から一六〇回で多数であるが、第二回目から第五回目は五〇から七〇回で極端な増減はなく、アメリカの対日感情にかかわらず、同程度の講演活動を展開している。第六回目が四三回で、比較的少数となっている。つまり鶴見への講演依頼は、戦前期アメリカの諸団体から継続して寄せられていたことが分かる。先述の通り、鶴見の講演は有料で実施されたので、もしその講演が、プロパガンダ色が強く、日本の立場を歪曲する内容であった場合は、アメリカの聴衆は納得せず、講演依頼はすぐに途絶えたと思われる。しかし、戦前において継続的に依頼されていたことから判断して、鶴見の講演は、かなりアメリカで受容されたと推測できる。

鶴見が行った講演活動の対象地域については、最も親日的な東海岸地域が中心ではあるものの、彼自身がシカゴを中心とする中西部地域において、さらに日本理解を促す必要があると述べている通り、中西部地域にもかなり重点を置いて講演活動を展開したことが明らかである。(171) さらに、彼の講演活動は、比較的少数回ではあるものの南部地域にも及んでいた。

鶴見は、自分の講演に対する聴衆の反応については、日記や著書に「applauseがいつまでもつづき二度立ちて礼す」（一九三二年二月二一日）、「長きアプローズ続く」（一九三二年一月二八日）、「拍手もバラバラで質問も何もなかった」（一九三二年二月二六日）、「つまらぬこと夥し。意地の悪き生徒あり。癪にさわる質問す」（一九三五年一一月一六日）というようにかなり正確に書き記しており、その自己判断は非常に冷静である。

鶴見の講演活動における聴衆の反応については、鈴木麻男が、「鶴見は自分の講演に対して米国民が毎回、理解を示してくれた、と記している。しかしながら、排日移民法制定時における米国の世論は、東部と西部とでは異なっており、一概にまとめて結論づけることはできない。（中略）鶴見の講演会の記録はいずれも、シカゴ、マサチューセッツ、ニューヨーク等の反日感情が強くない東部にのみ限られている。（中略）親日色が濃い大学に参集した聴衆の反応が鶴見に同情的であるのは、むしろ自然であり、そうであるからといって米国民全体が排日移民法に批判的な姿勢を持っていたととらえることはできない[172]」と述べている。しかし、この意見が間違っていることは、前出の表を見れば理解できるであろう。

また、一九三二年三月一日のヒューストンにおける講演のように、反日的であった聴衆を鶴見が講演によって親日的な反応にまで変化させた例もあり、彼の講演はかなり受け入れられたと評価できる。

第四章　国際会議を舞台に活躍

排日移民法に非を唱えて――二度のハワイ会議

鶴見祐輔が一九二〇年代から一九三〇年代にかけて行った広報外交の二本柱の一つが、前章で論じた六度にわたるアメリカ講演旅行であり、もう一つが太平洋会議という国際会議を舞台とした活動であった。

鶴見はウィリアムズタウンを契機として始まった第一回アメリカ講演旅行〔一九二四〔大正一三〕年七月～一九二五〔大正一四〕年一一月〕の途中の一九二五年七月に、アメリカ本土からハワイのホノルルに赴いて第一回太平洋会議に出席した。

日米両方の太平洋問題調査会（ＩＰＲ）からの推薦を受けて、第一回アメリカ講演旅行中の滞在先のニューヨークからの参加であった。[1]鶴見が推薦を受け、日本ＩＰＲ代表の一名として太平洋会議に出席した理由としては、アメリカＩＰＲ会員がウィリアムズタウンの国際政治学協会の会員と重複していたので、彼らの間で鶴見の知名度が高かったこと、アメリカにおける講演活動がすでに評価を得ていたこと、海外出張や国際会議出席の経験が豊富であったことが挙げられる。

鶴見は参加前、太平洋会議に期待を寄せていなかったが、第一回会議に出席するためにサンフランシスコからハワイに向かう船上で、前年にウィリアムズタウンの国際政治学協会で知り合ったアメリカＩＰＲ会員たちが、太平洋会議に対して非常に期待を寄せていることを知って考えを改めた。[2]このように彼は、会議以前に個人レベルの交流によって情報を収集した。

第一回太平洋会議において、鶴見は英語講演「十字街頭に立てる日本」を行った。この講演は一般公開講演会として開催され、聴衆には太平洋会議出席者以外にハワイの一般市民も含まれていた。

この講演の中で、鶴見は列国に対して、日本の対中政策は日中協調路線を選んでいることを強調し、さらに、日本が国際協調路線で進めるかどうかは列国の政策次第であるのでぜひ日本を支援して、日本の対中政策を容認してほしいと訴えかけた。[3]また、講演の内容に狩野派の絵師の話や日本の庭園の話を具体的なエピソードとして用いたり、パリ平和会議の場面を麻雀に例えてユーモラスに語ったりという工夫を加えて、聴衆の興味をそそるように話を展開した。

この講演は、他国の参加者の間で大変な好評を博し、以後、分科会や食事の際に他国の参加者たちが鶴見に次々と話しかけてくるほどの人気を得た。[4]

しかし、講演が非常に好評を博し、また多くの円卓会議において発言するという奮闘をしたものの、第一回太平洋会議の結果は、総合的にみて鶴見を満足させるものではなかった。鶴見はホノルルを去る時に、「この会合に出席した人々の、あまりに善男善女式国際平和論に満ちてゐたことである。ことに生活に苦労なき人々が多数集会して国際友情を披瀝し合ふことは、悪いことではないけれども、之だけでは、幾万幾億の民衆の生活苦の集積である国際軋轢を緩和することは出来ない[5]」という不満を漏らした。それというのも、日本ＩＰＲは、排日移民法について欧米各国との差別的待遇の改善を要求したが、会議では具体的な議論には至らなかったからである。この結果に鶴見は失望を覚え、「ある一つの国が狭隘なる領土に人口密集して生活困難を感じて居るに反し、他の一国が茫漠たる無人の原野を擁して、他国人の入国を拒絶してゐる場合には、百の感情的平和論も、遂に国家間の軋轢を防止することは出来ない。我々の人生に対する必要なる態度は、事実を正面から凝視することである。(中略) この事実正視といふこと、即ち真理探究といふことが、近代を中世と区別する科学的精神である[6]」という感想を抱いた。

第一回太平洋会議において日本が最も訴えかけたかった移民問題については、この会議が決議を下さずに意見交換だけを行うという性格の会議であったために、特段の決議や結論が導き出されることはなかった。

しかし、日本ＩＰＲがこの会議に臨んだ意図は、多少なりとも達成されたという見方もできる。それは例えば、カリフォルニア州労働組合長のポール・シャレンバーグ（Paul Scharrenberg：一八九三－一九六〇）が、これ以降排日的態度を緩和させたり、チェスター・H・ローウェル（Chester H. Rowell：一八七一－一九四六）とパーカー・マダックス（Parker Maddux：一八八〇－一九五三）が、白人種が有色人種に対する障壁を設けている点を自国で指摘したりといった形で、彼らがこの会議後に具体的な行動に及ぶという成果があったからである。(7) この意味で鶴見ら日本IPR会員の発信は、アメリカIPR会員を動かしたといえる。

鶴見は、一九二五年七月の第一回太平洋会議を終えた後に再びアメリカに戻り、同年一一月に帰国した。この年、鶴見は、国際連盟事務次長をつとめていた新渡戸稲造から同ポストの後任者として推薦されたが、これを受けなかった。その理由は、翌一九二六年から日本国内における政治活動に専念したいと考えていたからである。鶴見は、海外活動家としての道よりも、日本国内の政治家としての道を選択した。(8) また、鶴見が事務次長を引き受けなかった別の理由としては、彼は国際連盟の条項の中の、平和的な手段によって領土の変更を認めるという条項が実行されなかったことに不満を感じていたからである。(9) さらに、国際連盟の事務次長は、日本の立場ではなく、国際的な立場に基づいてつとめる必要があったために、日本の国益を重視する傾向が新渡戸よりも強かった鶴見は引き受けなかったという見方もできる。

鶴見は日本国内での政治活動を展開すべく、一九二六（大正一五、昭和元）年に、普通選挙のために後藤に同行して日本全国を遊説して回った。この一年間は、講演回数二六〇回という過密なスケジュールであった。同年、岡山第七区衆議院補欠選挙に推薦されて出たが、二一六票差での惜敗という結果に終わった。これは、鶴見にとって二度目の落選である[10]。

一九二七年六月初旬に中国旅行から帰国した鶴見は、来日した北極探検家のロアール・E・G・アムンセン（Roald E. G. Amundsen：一八七二―一九二八）の通訳として日本各地を回り、同年六月末には第二回太平洋会議出席のためにハワイのホノルルに向かった[11]。第一回目の成果から推測して、第二回目もまた実社会に対して実効力のない会議に終わるのではないか、移民問題について具体的な進展がないままに会議が終了するのではないかという危惧を抱きつつ参加した[12]。第二回太平洋会議における鶴見の発信の主なものは、移民問題についての発信、日中・日ソ・日米・日英の関係についての発信、閉会演説の三つであった。

まず、移民問題についての発信をみる。

移民問題総会において、アメリカIPRのジェームズ・D・ドール（James D. Dole：一八七七―一九五八）は、「移民問題は米国に取っては過去の問題である」と排日移民法過去説を述べ、さらに、シャレンバーグは、「若し日本が今更ら移民法を改正して日本移民入国許可の運動を起さんとせば、余は、我が全身全力を挙げてこれに反対する大運動を開始せんとするものなることを断言す」と念押しの発言をした[13]。これに対して鶴見が、「日米間の移民問題は、経済問題でも法律問題でもない。それは国際信義の問題である。日米間に一七年間有在した紳士協約と称する両国政府間の取り定めを、一国の自由意志で改廃することの可否の問題である。我々日本人が了解したる米国国民とは、人道と信義とを尊重する国民であった。その日本国民の期待を裏切ったものが、一九二四年の排日移民法である。殊に法律そのものよりも、法律制定の際の米国上下両院の態度である。日本国民は自尊心の強き国民である。この強烈なる日本国民の自尊心が、この一撃によって深刻に傷つけられたることを、私は太平洋上の恒久平和の祈願者として痛嘆する。（中略）我々は大国民たる威厳と、静かなる忍耐力とを以って、米国国民の伝統的精神たるフェアー・プレーと荘厳なる正義心との表明せらるるの日を待ってゐる[14]」と反論した。こうして、鶴見の最終的な反論によって、移民問題の激しい応酬の場面は終了したのであった。

また、鶴見の当初の予想に反して、第二回会議では移民問題について具体的に討議がなされた。これは移民問題と人口問題を分けて論じる場を設けたために、移民問題をアメリカIPR会員に再認識させる結果となった。日本IPRは、移民制限に関する相手国の主張は認めるが、人種差別に基づく移民制限は承服できないと主張した[15]。また、年間移民割当の日本への適用についても討議された。この結果から、鶴見は移民問題について、「日米間である程度理解を示し合えた[16]」と評価した。

さらに、移民問題以外のテーマにおいても、鶴見の発信力が発揮された。それは、欧米各国参加者から勧められて行った特別講演であった。第二回太平洋会議において、彼は第三日目に講演「日本の理想」（約一五分間）を行った以外は、事務局委員として調整・運営活動に徹して、会議の表舞台に立つのを避けていた。しかし、参加者の興味が満州における日中ソの関係に集中していく過程で、中国国民党政府とソ連の共産党政府の関係、日中ソの関係、日露戦争が再度勃発する可能性といった諸点が度々話題の焦点となった結果、鶴見に対して講演を要望する声が各国参加者間からわき起こった。

ソ連の共産党政府は、外国に目を向けさせることで国内の動揺を回避させようとしていたために、満州における日中ソ間の衝突の可能性が最も高かった。これに対して鶴見は、ソ連が不在の席でソ連に関する問題に触れることは公平ではないという理由から講演を拒否していたが、米英IPRの説得によって、七月二五日の一般会議において、日露戦争を頂点として日本の国力が漸次低下しているというイメージを一蹴する意図で、日本の対中政策や満州問題を中心に約一時間半の講演を行った。第二回太平洋会議において、三〇分以上の発言時間を与えられたのは鶴見だけであった。欧米IPR会員をはじめとする聴衆側は、鶴見に長い講演を求めたのである。彼はこの講演において、普通選挙直前の日本の経済・政治・社会・思想の概要、日本の対中・対ソ・対米・対英の外交政策、アメリカの排日移民法、イギリスのシンガポール拡張論、日本人の中国観について語った[17]。この講演中の日本の外交政策については、次のような趣旨であった。

日本の外交政策において最も重要性が高いのは中国であり、具体的には、揚子江流域の通商の促進、日本の工業化のための産業用原材料の供給地と市場の両面を担う意味から満州の既得権益の維持、中国在住日本人の生活と財産の保護の三点である。特に市場と原材料の獲得は日本にとって物質的な必須事であり、その観点に限っても、日本は中国との友好関係を結ぶ必要がある[18]。

心理面については、一九〇八年まで国家主義的教育を行い、自国の国家的成功を政治と外交の分野での達成によって測るようになった日本が、その尺度で中国を低レベルに位置づけて中国に対して敬意を払わなくなった結果として、日本の偏狭さと自負心が中国人の心理に反映され、日中関係に嘆かわしい影響を与えた。しかし、一九一八年の第一次世界大戦終了にともなって、中国に対する日本の心理と行動である対中政策は著しく変化し、幣原外交において最高潮に達した。幣原の対中政策の中国国民に対する共感は、中国人の心に届いた[19]。この変化は、日本国民の心理的変化、中国のナショナリズムに対する日本国民の共感、シベリア遠征経験後の海外派兵を敬遠する態度で示されている。

日本の対満州政策については、この地域の全国民の経済発展に対して開かれている機会均等であり、日本の根本的関心は経済的関心である。しかし他方で、中国の不安定な政治的状況が、経済的関心と政治的介入を分離して考えることを困難にしている。しかし、基本的には、日本は、満州における中国の将来的な統治を支持する。

また、満州は、経済的な側面だけでなく、日露戦争の成果であるために日本国民の感情が奮起させられやすいという心理的な側面からも重要である。このことは、日本の政治家にとって状況を複雑で微妙なものとしている。さらに満州問題を複雑にしている要因としては、満州の北部に位置するロシアの存在がある。

ソ連については、中国における平和を維持するために、日本は対中政策に関してソ連と合意することを念頭においている[20]。

アメリカについては、その影響は、映画・自動車・野球・ビル建築・新聞といった分野で日本全体に及んでおり、また、日本のアメリカへの興味は、物質的なものだけではなく、政治や文化といった知的なものにも寄せられている。さらに、日本がアメリカに期待を寄せているものとしては絹の輸出がある。一方、日米間の深刻な問題としては、第一に排日移民問題、第二にアメリカが日本を弱体化するために中国を支援していることが挙げられる。

イギリスについては、日英両国が島国である点や政治機構が類似していることから、日本国民はイギリス国民に対しては歴史的な愛着を抱いている。しかし、日英同盟の廃止や、イギリス海軍による対日防衛を想定したシンガポール基地の建設は、両国間の友好に影を落とした。第二回太平洋会議開催の時点では、日英間には特別な問題はないが、イギリス文化への日本国民の興味の減少は遺憾である[21]。

以上が、日本の外交政策に関する講演の趣旨であった。彼は、国際関係を他国の国民感情すなわち心理的側面から分析した。このことは法律や経済といった物質的側面と同様に、彼が文化的側面を重視していたことを意味しており、異文化理解における文学の重要性や、留学生による日本についての海外広報の効果を説いたことと一脈通じるものである。

また、この趣旨によると、鶴見は、日本の満州における権益については一定期間の経済的なものであると考えており、鶴見の中国や満州への態度は、第二回太平洋会議の時点では経済的関与という立場を取っていたことがわかる。

日ソ関係については、鶴見は、対中政策を円滑に進めるために日ソ関係を円滑にしておく必要があると考えた。つまり、対中政策が第一で、対ソ政策は第二と考えていた。

高木八尺（一八八九－一九八四）は、鶴見の講演を評価して、「而して此の態度が却て会議における対日感情を一変せしめ、極東における日本の地位に対する理解と同情を加はらしむるに役立つ一貢献となつた」[22]と評価した。

第二回太平洋会議における鶴見の広報外交としては、他国ＩＰＲ会員から求められて行った長い講演以外にも、閉会時の演説を挙げなければならない。これについては、高木の所感によると、次のようなものであった。

鶴見氏は、会議の感想を述ぶるに当りて、各人が国家的又は人種的の偏見を去り、先入旨に因はれずして事物の真相を正視する事の必要を高調し、巧妙に、京の蛙と大阪の蛙が都見物の途上相会し、後足にて立上りて夫々旅立ち来りし生れ故郷を眺め、独り合点して帰りたりとの喩え話しを援用して、大喝采の裡に聴衆の各国人をして頂門一針たる此の苦言を服用せしめた。其の演説の一説に「会議に於ける我等の討議、発表及び決定等の一切に優りて、なほ遥に重要なるものは、其等の背後にある事物の見界（ママ）である。若し我等が相互の見解と問題と感情と思想とを、解釈し諒解することを為し得ないならば、仮令単に如何程『事実の発見』を為しても我等は此のインスチチュトの主要の精神を没却したものと云うべきであらう。此のインスチチュトの計画せる仕事は、此の如き見解の相互的諒解である」と述べて、会議の趣旨、雰囲気を讃した。同氏は又、若き支那が、其の革新の奮闘の為めにする貴き努力に対して同情を禁ぜずと言及し、而して今回大会に於て、各国人が支那に対して、新に諒解の目を開き得たるは、会の趣旨の徹底せるよき一例なりとなし、日本人も亦、各般の事項に対し学ばんとする謙虚なる心の態度を持し、偏狭なる島国の心を去り、世界の国際生活の一員として発達せんことを期待すると結んだ。(23)

鶴見は、童話のようなユーモラスな例え話を駆使して、国家的、人種的偏見や先入観から他国を判断するのではなく、事実を正視するようにと訴えた。

第二回太平洋会議において移民問題が具体的に討議されたことで、有色人種に対して障壁が設定されていることに日本が不満を覚えている点についてある程度理解が図れたことを、鶴見が評価したことは先述の通りであるが、ほかにも、国際問題が政府間で行きづまった場合でも、学術的会議という側面からその難局面を打開する意思の疎通が図れる可能性があること、日中間の不平等条約について両国の意思がある程度通じたこと、太平洋会議が日本とオーストラリアとニュージーランドの接点になることの諸点を挙げて、鶴見は太平洋会議開催を評価した。(24) こうして彼は、太平洋会議が「物になるということの深い確信(25)」を得て、「第二の国際連盟となる(26)」とその前途に期待を寄せた。そして、帰国後に自著『中道を歩む心』に書き記すことによって、太平洋会議の存在を日本国民に知らしめた。(27)

鶴見は、昭和に入って日本は、教育の普及、産業革命の完成、普通選挙の実施といった新状況に置かれ、第一次世界大戦の結果として招いたヨーロッパ各国の疲弊、アメリカの優勢、ロシア革命による世界的不安、中国大陸の動乱が生起している新環境に直面していると捉えた。とりわけ中国の状況については、一九二八年五月の北伐軍の北京攻略と済南事件、同年六月の張作霖爆殺事件を経て、北伐軍の入城をもって中国統一は完成したと認めながらも、「国民党の勢力未だ及ばざる地方のあるのと、国民党内部において未だ強固なる中心勢力の出現せざるとの為に、世界に於ては、尚ほその将来について危惧の念を抱き、はたして南北支那が国民党によりて完全なる秩序を回復すべきやを疑って居る」と述べているように、中国国民の反日ナショナリズムは激化し、中国における政治的な混乱は完全に終息したものではないと彼は考えた。これらのことは、日本の経済的利益に対する大きな不安要素であり脅威であると、鶴見は捉えた。[28]

鶴見は、「日本の満州に対する要求は、根本的に於て経済的である。そのことは殆んど大部分の日本人の脳中に於て、明瞭に理解せられて居ることである」とし、「最近日本人の被る不幸は、支那の事情から来る。支那は今日政治と経済との分離し難き国状にある。督軍の一存にて商法も刑法も民法も一蹴され得る支那に於て事業を為す者は、勢ひ本国の政治的背景を憑(たよ)りとしなければならぬ。かゝる場合に於て、経済上の利益が、政治上の権利と、不可分の関係に立ちやすきは、見易きの理である。日本が満州に期待するところは、純経済なるに関らず、その関係政治的色彩を帯ぶるはこれが為めである。ここに於いて、満州を中心とする日支の関係は、勢ひ複雑ならざるを得ない」と述べている。[29]鶴見は、日本はアメリカと協調路線を取りながら、経済的視点から中国問題を進めていくべきであるとしつつも、第二回太平洋会議の講演にもみられるように、場合によっては日本の中国における経済的権益は政治的権益と結びつかざるを得ないと考えた。この辺りに、一九三〇年代以降、鶴見が日本の対中政策に対してアメリカが容認する態度が確認できるにつれて、軍事的関与を認める方向へと傾いていく変化の萌芽があったといえる。

このような状況下の一九二九（昭和四）年一〇月から一一月にかけて、第三回太平洋会議が京都で開催された。鶴見は日本IPR出席代表者として、また国際プログラム委員の役目を担って参加した。まず、移民問題については、第一回と第二回太平洋会議で相当議論されたテーマであったので、同テーマを継続して取り上げることはかえって倦怠を招く恐れがあるとして、第三回太平洋会議では論題から外された。[30]従って、日本IPRは人口食糧問題の円卓会議の席で、移民問題について訴えかけた。第三回太平洋会議の席上でアメリカIPR会員のジョージ・H・ブレークスリー（George H. Blakeslee：一八七一－一九五四）が、「一九二四年の移民法による日本人排斥は、米国内にも種々の異論あり、其の修正は難事業なりとは雖も将来に具体化せらるゝ見込みなしとせない」と述べたことや、アメリカ、オーストラリア、ニュージーランドの各IPR会員たちの意見としても、「米国、豪州、ニユウジーランド等の代表は此等諸国に多数東洋移民の入り来りて労働市場を動揺せしめ生活程度を低下する如きことには反対であつたが、その憂ひ無き限り少数の日支人の入国を認め、此等諸国の面目を立てることには異議無かつた。豪州のごときはそが伊太利と締結したやうな紳士協約を結ぶも可なりとの意見であつて、一般に米国の排日移民法は之を改むるを至当なりとなした。因みに豪州及びニユウジーランドの移民制限規定には特に東洋人と明示しては無いのである」という意見が出たことから、鶴見は排日移民法の改訂の可能性が高まったと感じた。[31]

次に、満州問題についてみると、第一回と第二回太平洋会議では移民問題に話題の焦点が当たっていたが、満州情勢の深刻化を受けて、その焦点は第三回に至って満州問題へと移っていった。日本IPRにとって満州問題は議題として取り上げたくないテーマであったが、中国IPRの強い要請もあって、取り上げざるを得なくなった。

日本IPRは、外務省の意向もあって、満州問題について経済的権益と政治的権利は不可分であると主張した。[32] 日本IPRは、第一回と第二回太平洋会議に参加するために経費の一部を外務省に負担を仰いでいた背景もあって、その意向を汲む必要があった。日本IPRの主張とは、(一) 日本が満州に条約上獲得していた権益を護持すること、(二) 護持するに当たって、同権益を経済的権益と政治的、軍事的権益に切り離して考えないこと、(三) (一) と (二) についてアメリカIPRの理解や支持を得ることであった。(一) については、歴史的説明を加えることによって主張された。これらの諸点については、日本IPR会員の個人的見解が国策とも一致していて、日本国民の世論も反映していた[33]。

他方、中国IPRの主張は、日本IPRとは対照的に歴史的方法を回避するものであった。また、中国IPRの狙いは、日本の満州権益を経済的権益と政治的、軍事的権利とに分け、そのうちの駐兵権、警察権、満鉄沿線の行政権といった政治的、軍事的権利を回収し、日本の満州権益を純経済的なものにすることにあった[34]。

日本IPRは、各国IPR間の親睦が十分に図れていない開会冒頭の数日間に満州問題が討論されて、他の問題よりも必要以上に目立ってしまうことは、日本にとって非常に不利益であると危惧した。鶴見自身も、「満州問題に不当なる地位を与えることは、会議の性質を余りに政治的ならしむる心配があった」と懸念し、日本IPRにとって、中国の意向に逆らわないように、日本IPRの主張を貫徹することができるかどうかに、会議の成功の鍵があると考えたのである[35]。

しかし、鶴見の思惑に反して、中国IPRは会議開会早々の議題として満州問題を取り上げるよう切望した[36]。そこで鶴見は、中国IPRの反感を招くことなく日本IPRの意思を達成するために、利害関係のない第三者から意見を提示してもらう必要があると考え、事前に、アメリカ・イギリス・オーストラリア・ニュージーランドの各国IPR会員に詳細を説明して、満州問題の討論を第二週目に配置することに賛成を求めた[37]。第一回と第二回太平洋会議の国際プログラム委員はほぼ同一人物であったので、鶴見は彼らとかなり微妙な問題も腹蔵なく意見交換できるほどの個人的関係が築けていた。鶴見は、その個人的親密さによって本会議前に日程調整についての相談を行い、他国IPR会員から提案してもらうという方法を取った。その結果、国際プログラム委員会で、満州問題は五番目の議題として配置され、一九二九(昭和四)年一〇月二二日から二六日にかけて討議されることに決定された。[38]この決定に対して、中国IPRは第一日目の円卓会議から満州問題を取り上げることを強硬に主張したが、他国IPRの大多数が賛成しなかった。以上により、会議の主催国である日本IPRの案が全会一致で採択され、その案通りに進行された。[39]鶴見は、各国委員に個人的に働きかけてプログラムの調整に成功した。彼は、このように国際会議が個人的な人間関係によって左右され、会議の流れが決まる面もあると考えた。[40]

以上の経緯から、第三回太平洋会議においては、満州・中国問題について、日本IPRの意見が欧米IPRに受け入れられ、全体として日本に肩入れされた空気のあったことがうかがえる。

第三回太平洋会議において、鶴見はいくつかの円卓会議に出席しただけで、第一回と第二回会議時のような大々的な演説は行わなかった。松岡洋右が中国IPRの徐淑希(一八九二-?)に対して行った反駁演説が功を奏したことから、鶴見は主として調整・運営活動に奔走していた。彼の第三回太平洋会議での活動は、会議の調整・運営に重点が置かれていた。

第三回太平洋会議後の一九二九年一一月に、鶴見は、「日本と支那とは両方で得をして、一緒に栄えて行くわけです。そのためには、日本はどうしたらいいか。まず差し当って、日本の強い陸軍で、支那を守ってあげること、日本の進んだ文明で、支那の文明の進歩を世話することです」と明言している。[41]これは、中国国内の治安を中国自身が保てない状況であることから、中国に代わって日本が軍事的に介入してそれを執り行うという意味である。このことから、彼の対中政策についての考え方は、この会議を境に、場合によっては軍事的関与もやむを得ないとする方向へと徐々に変化したものと思われる。しかし、「まず差し当って」と述べていることから理解できるように、日本が中国を侵略するということを意図しているのではなく、一時的な行為を意味している。彼は、中国自身による中国国内の安定を希望した。中国国内が安定してさえいれば、日本は経済的な関与だけで済むと考えていたし、また、日本が中国国内を軍事的介入によって安定させたとしても、いずれ中国のナショナリズムが勃興して、中国自身による統治が行われるべきであると考えていたのである。

満州事変が分水嶺となって――上海会議

第四回太平洋会議に先立つこと約一年前の、一九三〇年一一月二九日と三〇日の二日間に、鶴見はニューヨークのアンバサダー・ホテルで開かれたIPR国際プログラム委員会に出席した。これは、彼の第四回アメリカ講演旅行中であった。この委員会において、鶴見は第四回太平洋会議に向けての日本IPR理事会の意向、特に満州問題に対する日本IPRの姿勢を具体的に提示した。[42] その内容は、日本IPRは満州問題については第三回会議において三日間にわたって討議し尽くした議題であることから、第四回会議においては同議題を取り上げず、代わって世界経済恐慌に関連する国際経済問題を主要議題にしたいというものであった。[43] この提案に対して、中国IPRから反対意見が出されたが、結果的には鶴見の主張が受け入れられ、太平洋地域における経済関係や中国の経済発展という経済問題がプログラムの最初に配置された[44]。これは第三回太平洋会議において、鶴見が満州問題を議題の中心からはずしたケースと同様の調整・運営活動であり、日本の国益擁護を目的とした行動であった。

第四回太平洋会議は、当初、中国・杭州での開催予定であったが、満州事変勃発（一九三一年九月）によって開催が危ぶまれ、最終的には一九三一（昭和六）年一〇月二一日から一一月二日にかけて、上海で開催された[45]。上海は中国ではあるものの、共同租界という中国の中の外国であった。このような場で開催された事実は、国際的な視点から考えた場合に、中国が内情不安定な状態であったことを象徴していた。

会議の本番前の一九三一年一〇月一三日に、上海のキャセイ・ホテルにおけるＩＰＲ中央理事会で、満州問題を中心議題として取り上げるかどうかが再度議論された[46]。これに対して鶴見は即座に、前年（一九三〇年）のニューヨークの国際プログラム委員会において、すでに満州問題を中心議題として取り上げないと正式決定していること、政府間において交渉中である満州問題を議論することは、太平洋会議の学術会議としての性質を損なう危険性があること、日中両国の世論を刺激することによって太平洋会議の将来に悪影響を及ぼす可能性が大きいことを理由に、満州問題を取り上げるべきではないと主張した。これに対して、イギリスＩＰＲ委員のライオネル・Ｇ・カーティス（Lionel G. Curtis：一八七二－一九五五）は、満州問題について学術的な立場からの研究は許容範囲とするという但し書きつきで、鶴見に賛成した。さらに、他国委員も鶴見に賛成したことで、第四回太平洋会議では満州事変には触れないことに決定し、満州に関する議題は円卓会議の九議題の最後に配置された(47)。以上のように、鶴見が満州問題を取り上げないように働きかける必要があったことは、会議の背景に満州問題が厳然と存在していたことを意味している。

一方、第四回太平洋会議における日本IPRの姿勢は、満州事変の行動は自衛行為の範囲内であるというものであった(48)。これは、日本は満州における経済的関与と政治的関与とを切り離して考えることはできないという外務省の国策に沿ったものであったことを考え合わせると、鶴見の調整活動は、会議の参加者が個人レベルで自由に発言するというIPR本来の姿勢から離れていたことを意味する。また、日本IPRだけではなく各国IPRも、各国の国益を尊重する発言をするようになっていたことにほかならない。

また、鶴見の調整活動や、満州事変は自衛の措置であったという日本IPRの説明が、太平洋会議の大半の参加者によって受け入れられたことは、会議を杭州から上海に変更せざるを得ないとの実情も含めて、第四回太平洋会議の時点で、国際社会の中国に対する信頼感が少なかったことを示している(49)。

鶴見は第四回太平洋会議において英語講演を行い、日本の満州における権益は、経済的関与と政治的関与とを切り離して考えられないと主張した。この発言は、まさに外務省の意向に沿ったものであった。その趣旨は、次のようなものであった。

満州における日本の権益は、日露戦争での大きな犠牲の結果、中国からではなくロシアから得たものである。日露戦争の直接的な原因は、ロシアの挑発であった。しかし、中国が国内紛争の方向転換のために外国へはけ口を求めたことや、ロシアの侵略から領土を守るための安定した政府がなかったことから、中国もその一因を担った責任を免れ得ない。過去およそ三〇年間も安定した政府がなく無秩序な満州の状態は、結果的に外国の介入という形で、日中朝露の各国家間で紛争を招いた。日中間で討議した後、パリ講和会議とワシントン会議において、二一ヵ条の要求を延長することで借款契約を締結した。米英は同条約の法的有効性を認めたが、中国は公的私的両面においてその有効性を認めていない。中国におけるナショナリズムの高揚や、その旗手、孫文と国民党の活動は日本で支持、共感された。しかし、南京政府の政治家が反日的な声明を述べたことで、満州在住日本人を不安に陥れる事件が多発した。これは全世界や日本の意思に反して、中国が満州の侵略者となったことを意味する。満州における日本の正当な権益を一掃しようとする中国の攻撃的行動には根拠がなく、日本はその行動が許せない。日本の維持・発展を阻んでいるのは、領土拡張の禁止、日本人移民の排斥、高い関税の設定の三つの障壁である。それを受け入れた上で、日本の人口増加問題に対する唯一の解決策は工業化しかない。そのために日本は、原材料の調達と製品販売の市場である満州を必要とする。日本が満州の政治的権利を一旦放棄したら、満州には安定的な政府がないので、経済的利害も同時に失うことになる。(50)

以上の講演の趣旨を検討すると、第二回太平洋会議時の講演と比べて、歴史的背景の説明を一層詳細に行うことによって満州における日本の権益を正当化していること、経済的関与でなく政治的関与を一層明確に主張していること、満州問題は国際上の法律によってすでに解決済みである点を一層強調していることが特徴的である。これは、日本の立場が以前よりも苦しくなっていることを反映していたと考えられる。

鶴見が、第四回太平洋会議の結果として、「日本に対する同情者はかなり多かった」[51]と受け止めていることから、この時点では、会議は日本に優勢であったものと思われる。満州問題については触れないという鶴見の提案が、ＩＰＲ全体として受け入れられたことからも、会議全体の流れと委員会の空気は判断できる。太平洋会議以外の反応も、国際連盟が満州事変について議論したのに対して、アメリカは日本の態度を静観している空気であったし、アメリカの有力新聞の論調は、日本に対して共感的な態度でさえあった。ただ、アメリカ国内の国際連盟論者は、抽象的な立場から異論を唱えたという程度であったというのが、鶴見が感じた当時の空気であった。[52]こうして鶴見は、日本の対中政策が政治的、軍事的介入によるものであっても英米との協調が可能であると、次第に考えるようになる。その錯誤が鶴見をして、これ以後のアメリカに対する判断を誤らせたものと思われる。

国際連盟脱退で孤立化する日本——バンフ会議

一九三二（昭和七）年一月の上海事変の勃発以降、アメリカの対日感情は次第に悪化し、さらに日本は一九三三年三月の国際連盟脱退によって、国際的孤立の方向へと進んでいった。その過程において、日本ＩＰＲに参加していた自由主義者たちは、中国国内におけるナショナリズムの高揚にともなう反日行動の激化と、日本国内における軍国主義化の両面からの板ばさみで、一層の圧迫を受けつつあった。このような状況下において、鶴見は、一九三三年八月に二週間にわたり、カナダのバンフで開催された第五回太平洋会議に出席した。第五回太平洋会議のテーマは、「太平洋地域に於ける国際的経済衝突・その統制と調整」であり、概ね経済問題に絞り込まれた。経済問題以外には、第二に教育問題、第三に法律問題が設定され、太平洋地域に新しい平和機関を設置する可能性について論じられた。(53) 鶴見自身が太平洋会議のテーマは回を追うごとに経済問題に特化していく傾向にあったと述べているように、一九二九年の世界経済恐慌以降、国際経済が深刻化していたという事情に加えて、満州問題のような政治関係のテーマが議論しがたい状況になっていたのである。(54)

まず、日本IPRが臨んだテーマの一つは、太平洋地域における平和機関の設置であった。日本IPRの意向は、満州問題を抱え、経済問題の討議のみではアジア太平洋問題の解決に不十分であるとして、太平洋平和機関の設立を提案した。このテーマの中心的人物として論戦を展開したのは、横田喜三郎（一八九六―一九九三）と高木八尺であった。その内容は、アジアモンロー主義的立場を放棄し、二〇世紀にふさわしい国際連盟規約、パリ不戦条約、中国に関する九ヵ国条約、太平洋に関する四ヵ国条約の精神を尊重するとともに、国際会議や国際平和機関という場において国際間の紛争、日本に関しては満州問題の解決を図り、さらには軍縮を推進するというものであった。具体的には、アジア太平洋地域を一つの区域として限定し、国際連盟に加盟していないがこの区域に大きくかかわり影響力も大きなアメリカとソ連と、国際連盟脱退見込みの日本を中心とする太平洋平和機関を設立しようというものであった[55]。

しかし、横田と高木の姿勢を基本とした日本IPRの意見は、受け入れられなかった。第五回太平洋会議における各国IPRの主要な関心は、太平洋における経済上の利害の衝突と調整であって、第三回と第四回会議における満州問題討議の再現を避けたいという空気があった。つまり、IPR全体の意向は、第一次世界大戦以降の国際協調路線に沿って、国際連盟を中心とする話し合いによって世界平和を維持しようとする現状維持的立場であった。両者の間には乖離が存在し、この乖離は、国際社会における日本IPRの孤立、日本自体の孤立を意味した[56]。

第五回太平洋会議前後の日本と中国の姿勢をみると、一九三二年一月の第一次上海事変勃発後、中国は国際連盟に提訴し、日中間の紛争を国際連盟の総会に付託するよう求めた。これ以前の中国は、国際連盟を含めて国際会議を中国の利益を損なう大国の取引の場として捉える傾向が強く、国際社会において被虐者的、排外的な姿勢を示し、満州問題についても日中二国間協議による解決を主張していた。しかし中国は、一九三二年頃から、国際連盟や太平洋会議といった多国間協議の場において解決しようとする方向に姿勢を変更した。これとは対照的に、日本は、満州問題の特異性や複雑性は欧米諸国には理解不可能という立場から、多国間協議の場における同問題の解決に消極的な態度を示し、二国間協議による問題解決を主張した[57]。鶴見が第三回と第四回太平洋会議において満州問題を議題に上げられるのを回避するために行った調整活動は、その象徴的なものであった。つまり、第三回と第四回太平洋会議を境に、日中両国の国際会議に対する姿勢が入れ替わったのである。

一方、鶴見は第五回太平洋会議において、横田と高木による論戦の裏側で行われた経済問題の円卓会議に多く出席した。太平洋会議は多くの円卓会議に分かれて議論を行うために、議論が白熱する円卓会議もあれば、満足な討議に至らない円卓会議もあった。従って、太平洋会議の全貌を捉えることが困難で、振り分けられた円卓会議によって参加者の会議に対する印象は異なった(58)。

第二日目の「人口問題」と「外資輸入の問題」の円卓会議において、生活レベルについて論じられた際に、国際労働事務局のウィリアム・C・ジョンストン（William C. Johnstone）は、生活レベルの相違が国家間の衝突の原因になると述べて日本を批判した。これに対して高橋亀吉（一八九一－一九七七）は、長論文を提出して反論した。この論文は英訳されていなかったために、高橋に代わって鶴見が英訳して発表した。この高橋の論文と鶴見の代理発表は議場を感動させ、日本の低い生活レベルが世界の経済市場を撹乱する原因となっているというジョンストンの説をくつがえし、さらに同論文の詳細は、各国の新聞記者を通じて英米各国に電送されて、各地の大新聞に掲載された。この議論を受けて、ジェームズ・T・ショットウェル（James T. Shorwell：一八七四－一九六五）は、生活レベルは自動車やラジオの普及度によって測るものではなく、経済的に低い場合でも生活レベルが高いこともあり得るという東洋的観点を支持した(59)。

高橋は、第三日目の「工業化の問題」の円卓会議において、オランダのビョーク（Bjork）に対抗して、工業化によって日本の人口問題解決は可能であると反論した(60)。

また、第四日目に「紡績業と海運業の問題」について討論された際には、イギリスの経済学者ハーバート・E・グレゴリー（Herbert E. Gregory：一八六九－一九五二）に対して、高橋が日本の女工の優秀さを詳細に語って、「日本の紡績業優位は、日本の紡績の能率優秀の結果である」とし、「一時的なる為替相場の利益を防止せんが為めに、永久的なる関税引上を為すことこそ不正なる手段でなくて何であるか。日英間の紡績競争の調節策は、為替安定ではない。輸入割合量即ちクオータ制の確立である」と反駁した。この高橋の説明によって、イギリス以外の国々のＩＰＲは高橋の意見に賛同した。また、第五日目の「関税問題」の討議、さらに第六日目の「航路補助費」の討議の際にも、高橋が他国ＩＰＲ代表に対して敢然と反論し、論破した。[61]

以上の高橋の活躍に対して鶴見は、「高橋亀吉君が全世界の経済学者と実務家を向ふに廻して、単身その議論を撃破した花々しい武者振りは、まことに日本民族の為めに万丈の気を吐いたものであると言ってよい」と評価した。[62]

また、経済ブロックの問題が討議された際に、（一）アメリカの国際法学者のクインシー・ライトが、各国が経済的ブロックを設けることは各国にとって安全保障となるものではなく、むしろ各国間の政治関係を悪化せしめ、各国に武力行使の道に走らしめることになる可能性があると述べたこと、（二）グレゴリーが一層直截に「欧米各国が経済ブロックを作ることの鉄鎖を切断するの余儀なきに至らしむるであらう」と述べたことに対して、鶴見は意味深き言葉であるとし、「それは換言すれば、世界の大国が、一方に保護関税と移民排斥とを中心とするブロック制を作りつゝ、他方に日本の満州事件を非難するの不合理なることを暗黙の裡に認める議論である。それが今度の太平洋会議に於ては、屢々支那側委員が、満州問題に論及したるに関らず、遂に議場の問題と為らなかつた理由である」と述べた[63]。鶴見は、保護関税と移民法によって日本を排除している欧米各国が日本の満州進出を非難することはできないと考えたのである。

さらに、太平洋上の平和機構に関する小委員会の席上で、国家承認の法律に関して、英米法学者の高柳賢三（一八八七―一九六七）がライトに対して、「スティムソン主義とは、米政府の政策なりや」と詰め寄り、ライトが不意を打たれて返事に窮した場面について、鶴見は「一番痛快であつた」と評し、「今回の太平洋会議に於ては、日本側は相当の貢献をした。これが為めに日本の実状を太平洋上の各国の有力者に知らしめたことは確かである」と述べた[64]。

以上のように、日本IPRが他国IPRに対して優勢であった場面や日本IPR会員の活躍した場面を、鶴見は雑誌『中央公論』に多く紹介した。鶴見は会議中に詳細にメモを取っていたことから、その信憑性は疑いようもないが、日本IPRが欧米IPRの面々をやり込めた場面を多く紹介していることは、それは取りも直さず日本IPRが苦闘していたことを裏づけるものである。鶴見が第五回太平洋会議の雰囲気について、「しかし一体の空気は、必しも日本に対して温かであつたと私は思はなかつた。たゞ然しながら何等日本攻撃の言論の公然と顕はれなかつたのは、何といつても、新渡戸博士に対する各国委員の尊敬の情に因するところ大であつたと思ふ。かゝる国際会議に臨む毎に私は偉大なる国際人を有することの必要を痛感する[65]」と述べている辺りに、その苦闘がうかがえる。

第五回太平洋会議の帰路の一九三三年九月二〇日に、鶴見は船上で次男・鶴見直輔の誕生を知るという慶事があった。[66] しかし喜びもつかの間、同年一〇月一五日には、日本IPRの象徴的存在でもあった新渡戸がカナダのヴィクトリアで客死した。鶴見にとって公私共に長年恩恵を授かった恩師、新渡戸の死は、鶴見個人のレベルに留まらず、偉大なる国際人を失った日本の将来を暗示していた。大きな喪失感、後に残された者の不安感、今後の責任感が鶴見に重くのしかかってきたのである。

日本の軍事的膨張への非難の中で――ヨセミテ会議

鶴見は、一九三六（昭和一一）年二月に衆議院選挙で当選を果たし、同年五月の国会において政府関係者の中国・満州問題に関する様々な意見を聴取した。その結果、満州国の円滑な運営が日本の直面する最大の課題であり、そのためには北支を防衛しなければならないと考えた。彼はこれを日本の基本姿勢と捉えて、これに対して他国がどのように考えているのか意見交換しようと考えて、同年八月にアメリカのヨセミテで開催された第六回太平洋会議に出席した。[67]

この会議期間中の一九三六年八月に、日本政府によって国策の基準が決定され、「東亜大陸に於ける帝国の地歩を確保すると共に南方海洋に進出発展」を目指すという南北併進の方針が示された。

太平洋会議における日本IPRの立場と、国際社会における日本の立場は、相当厳しいものであった。それは、経済恐慌の影が世界を覆う中で、日本の通商発展には目を見張るものがあり、それが日本の軍事的膨張と相まって、各国から日本に対して異常ともいえるほどの注意が払われたからである。[68]

日本IPRは、第六回太平洋会議において、他国IPRの日本に対する誤解や疑念を払拭する必要があった。日本IPRは、日本の膨張には合理的根拠や理由があること、日本の膨張が世界の文明に対して脅威を与えるものではなく、それを破壊するものでもないことを力説強調した。[69] つまり、権益の擁護やその延長線上の権益拡大という自己利益に固執する姿勢に終始した。[70]

日本IPRが日本政府の要望を強く反映したものとなったことは、日本IPRが国際非政府組織（INGO）として個人の資格で参加するというIPR本来の理念から遠のいたことを意味する。鶴見の場合、政府要人の意見を個別に聴取した後に第六回太平洋会議に参加していることから考えて、日本政府の意向を配慮した上での活動という側面が強かったものと思われる。

また、第六回太平洋会議については、日本IPRだけでなく、各国IPRについてもかつてないほどに大物の政治的重要人物を参加者として出してきたことから、各国政府の意向を非常に反映したものとなった。このことは、第六回太平洋会議の大きな特徴となった。

太平洋会議は、円卓会議や総会というような公式の場以外の、非公式の場において様々な情報交換や話し合いが行われる傾向にあった。鶴見は、第六回太平洋会議についても同様に、非公式な場での政治的な話し合いが行われる可能性があると開催以前から考えていたが、予想通り、非常に政治色を帯びた会議となった。その理由は、二点ある。一つは、日本の国際連盟脱退以来、国際的な政治的会合に日本の姿がなかったために、各国IPRは太平洋会議で日本の意思を確認する必要が生じたからである。二つ目は、太平洋会議における中心的論題が第四回会議までは中国であったが、第五回会議以降は日本に移行した結果、日本の政治と通商の両面における膨張について、各国が日本に問いただす必要が生じたからであった。以上二つの必要性から、非公式な場が政治色を帯びざるを得なかったのである。[71]

円卓会議や総会における議論は学術的であったが、それ以外にも非公式の話し合いが行われた。例えば、次のような非公式の場でのやり取りがあった。まず、円卓会議の前に開催された総会において、イギリスIPRのアルバート・V・アレキサンダー（Albert V. Alexander：一八八五－一九六五）は、日本の国防費が世界で最も多額であり、反対に社会政策費が少ないことや、日本が産業面で発展して、通商貿易によって世界の市場に参入したが、通商貿易で儲けた金を日本国民の生活レベル向上に用いているのではなく国防費に充当している、すなわち日本の通商の膨張は軍事膨張であることの二点を主張した。[72]

これに対して鶴見は、このアレキサンダーの演説には、日本に対する各国IPRの印象を悪い方向へ導き、日本の悪印象を世界各国に宣伝する意図が込められていると判断して、一九三六年八月二〇日の講演「最近の日本の膨張とその将来」によってアレキサンダーへの反論を試みた。鶴見の反論は、第一に、アレキサンダーによる日本の一般経費に対する軍事費の計算が相当誤っていること、さらに、日本の通商における拡張は軍事費とは無関係であることを具体的な数値を用いて説明した。第二に、日本工業の発展と軍事面における膨張は日本に限った特殊なケースではないことを主張した。第三に、日本の膨張を政治・経済・文化の各側面から説明し、その膨張の根本的原因が、日本国内の人口増加、欧米列国の日本人移民に対する門戸閉鎖、欧米列国による高関税の設定にあることを説明した。第四として、日本の生活水準が世界的にみた場合に決して低いものではないこと、日本人が秩序と調和を尊重する平和的な国民であること、一九三六（昭和一一）年二月二六日に起こった二・二六事件の経過とその結果、軍部独裁制は日本においては不可能なこと、議会制度が維持される見通し、といった日本国内の状況について説明した。第五として、日本は世界に対して心を閉ざす可能性はないこと、世界各国の批評家がフレデリック・ホワイト（Frederick Whyte：一八八三－一九七〇）の論文に代表される急進的意見を重要視し過ぎていること、日本の自由主義者は、議会制度を維持し、世界平和を目指して活動していること、日本は国際的協調の方向に進んでいることの四点を述べて、日本のイメージの向上を図った[73]。

以上のように鶴見が反論したところ、アレキサンダーが別室での話し合いを申し入れてきた。そこで鶴見が会議以外の非公式の場に出向くと、元陸軍参謀総長のケネス・ウィグラム卿（General Sir Kenneth Wigram：一八七五－一九四九）が同席することになり、三人で話し合った[74]。この席でイギリス側が鶴見に質問したことは、（一）日本はアジア大陸において政治的にどこまで膨張するのか、（二）満州から熱河に進行しさらに北支で停戦協定を結び、北支五省の自治にまで関わっているがその限度はどこなのか、（三）ワシントン会議時の九ヵ国条約は実際的には効力のないものとなっているので、もし新しい太平洋協定を結ぶとしたら日本はそれに応じる意思があるのかどうかといった内容であった[75]。

以上のように、イギリスＩＰＲは非公式の場を設けて、日本の通商発展がどのように展開するのか、日本が中国においてどこまで膨張するのかといった諸点を打診した。鶴見は、もし日本がイギリスの権益と衝突する場合には、イギリスは太平洋会議やその他の会議を通じて、日本が間違っていると国際社会や世論に訴えかけていく意図を持っていると判断した。第六回太平洋会議は、それ以前の会議と同様に、アメリカＩＰＲのニュートン・Ｄ・ベーカー（Newton D. Baker：一八七一－一九三七）が事務総長をつとめていた関係上、イギリスにとって有利なプログラムとなっていた。鶴見は日本ＩＰＲ代表として、日本にとって有利なように議論を重ね、訴えかけ、また非公式の場でも活動を重ねた(76)。鶴見は、第六回太平洋会議において、イギリスＩＰＲと公式非公式に多くの接触ができたことについて、「政治上日本委員は英国委員と屡々懇談するの機会を得、経済上日本の実業家は英米の実業家と具体的に熟議するの時期を持つた。そしてそれが帰国後各本国に於て実際政治及び商工業の上に於て現はれ来りしことも亦、吾人はこれを否定しない(77)」と肯定的に評価した。このように、鶴見は会議の表舞台だけではなく、非公式の場でも意見交換を行った。日本のイメージの向上を図り、日本に対する誤解を解くことに尽力した。

ところで、鶴見は、太平洋会議での個人レベルの交流が非常に重要であると考えていた。

惟ふに太平洋問題は年とゝもに其の複雑性と急迫性とを増すであらう。故に第二回ホノルル会議当時の英支関係のごとき、第四回上海会議中の日支関係のごとき緊張したる場面は、今後益々頻繁に出現するであらう。かゝる際に其の空気を緩和し、春風裡に議論を進め得るの因子は、これをかゝる個人的交情に求めるの外はない。さる意味に於て、本会議参列者相互間に、旧知旧友を増加しつゝあることは、その会議の有効性を増大する有力なる一因である。(78)

以上のように、鶴見は、国際関係における個人的交流の重要性を度々指摘しており、国家の代表同士であれ、民間人の個人レベルの交流であれ、コミュニケーションを図ることを非常に重視した。そして帰国後は、国会において政府関係者に報告し、政府関係の集会や団体を相手に講演し、さらに国民向けに講演するという形で多様な広報を行った。他国の情勢や意見を日本国内のより多くの人々に伝えることで、他国と日本間のコミュニケーションを図ったのである。

太平洋会議における活動の特徴

太平洋会議における鶴見の活動は、会議の表舞台に立って講演を行ったり、また英文論文を提出したりする発信活動と、会議の裏舞台でプログラム委員として議題の順番を決めたり、また円卓会議のメンバーを振り分けたりする調整・運営活動の二つに大別することができる。鶴見の場合には、この両方をあわせて広報外交として捉える必要がある。

まず、発信活動の特徴についてみていきたい。

特徴の第一は、発信方法が多様であったことである。

鶴見は、太平洋会議において多様な形で発信を行った。例えば、市民向けの公開講演、立会討論（二名の講演者が対面で反論を述べ合う形式の講演）、円卓会議での意見発表、論文提出、各国ＩＰＲ会員との個人交流が挙げられる。以上は日本の立場での発信であるが、それ以外にもＩＰＲの国際事務局としての立場で、ハワイ市民に対して「第一回太平洋会議開催の感謝の辞」という演説を行った。

特徴の第二は、発信内容が多様であったことである。

彼が太平洋会議において発信した内容は、政治、外交、文化・文学、移民問題、中国問題といった幅広い分野にわたっており、非常に多様であった。猪谷善一が、太平洋会議における鶴見の発信内容について、「すべての問題につきオールマイチー」[80]と評しているように、鶴見はどのような議題でも器用に対応した。それゆえに、彼が発信内容の専門性という点で劣っていたのではないかという印象を受けるかもしれない。しかし、鶴見は専門性を欠いていたのではなく、専門的な内容を大衆にも理解できるように咀嚼して発信することに優れていたのである。

太平洋会議における鶴見の発信内容を分類したのが、表「太平洋会議における発信活動」である。「教育・文化」や「人種・人口」とあるのは、発信の内容である。一つの発信の中に二つ以上の内容を含んでいる場合は、それぞれ一カウントとして表内の数値に表した。その理由は、概ねどのような内容をどの程度扱ったのかを判断するためである。

これをみると、政治・法律・国際関係が多いことや、個人的交流が多いことが特徴的である。原則

表　太平洋会議における発信活動

	第一回(一九二五年七月)	会議間の時期	第二回(一九二七年七月)	会議間の時期	第三回(一九二九年一〇~一一月)	会議間の時期	第四回(一九三一年一〇~一一月)	会議間の時期	第五回(一九三三年八月)	会議間の時期	第六回(一九三六年八月)	計
教育・文化	1		3	1		1		1				7
経済・産業	5										1	6
人種・人口	3		2									5
政治・法律・国際関係	7		6				4		2		3	22
ＩＰＲ・太平洋会議	1		1				1		1			4
個人的交流	1			2	1	2		2				8
計	18		12	3	1	3	5	3	3		4	
	第一回米国講演旅行(一九二四年七月~二五年一月)	第一回米国講演旅行(一九二四年七月~二五年一月)		第二回米国講演旅行(一九二七年一一月~二八年二月)、第三回米国講演旅行(一九二八年九月~一二月)		第四回米国講演旅行(一九三〇年五月~三一年九月)		第五回米国講演旅行(一九三二年一月~三三年一月)		第六回米国講演旅行(一九三五年一〇月~三六年・月)		

出典:各回の太平洋会議の議事録などにより作成(79)。

として二、三年おきに開催される会議と会議の間に、彼は個人的交流を図った。これは、会議が個人と個人の関係の上に成立するものであると考えて、会議のない時期にも個人的交流を重視したためである。

特徴の第三は、実効性を重視した点である。

鶴見は、太平洋会議が実社会において実効性を発揮することを希望していたと思われる。彼は、第一回と第二回太平洋会議は、排日移民法の廃棄においては非現実的なものであったとする。その理由としては、参加者の自国内における地位が不十分であった点を挙げ、実社会に対して働きかける力のない参加者による会議は、実社会における効力も生み出しがたいと指摘した。しかし、第六回に至って、「政治的重要人物を多数網羅したる結果、はなはだしく現実性を増加し」、それは善悪両面において会議の一展開となったと述べている(81)。

IPRや太平洋会議の存在意義について、鶴見自身は、学術的調査の交換ではなく、「一般社会に働きかける実際的生面を(82)」重視しそれに期待を寄せていた。排日移民法成立をめぐって鶴見が望んだことは、アメリカに排日移民法成立について謝罪させることではなく、同法の廃棄に向けての行動を取らせることであった。相手に理解させることにとどまるのではなく、実際に行動に移させたかったのである。

鶴見は、性格的に専門の殻にこもって黙々と研究に耽るタイプの人間ではなかった。彼は資料収集や研究を重ね続けた国際的な知識人であったが、それを学者として学術的に発信するのではなく、講演・雑誌寄稿・小説・ラジオ演説といった多様な方法で大衆に向かって発信することで世論に影響を与える実効性を求めた。この姿勢は、太平洋会議においても発信活動や調整・運営活動の実効性を求める姿勢となった。

特徴の第四は、出席の継続性である。

鶴見は日本IPR代表者として戦前に開催された太平洋会議全六回のすべてに出席したことも彼の活動の特徴となっている。他のIPR会員に比べて、太平洋会議に度々出席したことは、何を意味するのか。彼は実際に他国IPR会員と対面する回数を多くし、交流を図ることで信頼関係を深めることができると考えた。換言すれば、信頼関係は実際に会わないと築けないものであり、人と人が対峙して初めてこの人物は信頼するに足るかどうかという感情がわき起こると考えた。鶴見の会議への出席回数の多さは、その点を非常に重視していたことを物語っている。同様に、彼が講演活動を重視して講演を多数回行ったことも、実際に対面することを重視したことによる。

次に、調整・運営活動の特徴についてみていきたい。

鶴見は、学生時代から官界時代を通じて、第一高等学校の寮の委員、東京帝国大学緑会弁論部委員、火曜会（ウィルソン倶楽部）のコーディネートをつとめた豊富な経験があった。ほかにも、彼は、太平洋協会（戦前）、新自由主義協会、明政会、国際平和連盟、国土防衛民主主義連盟、太平洋文化協会、太平洋協会（戦後）といった諸団体を運営・調整した。こういった運営・調整活動に携わったことは、鶴見がそうした役割に適した人物であり、彼自身もそれを自ら進んで実行したものと思われる。太平洋会議における調整・運営活動も、突然行ったわけではなく、学生時代からの流れの上にあったものであった。

太平洋会議における調整・運営活動としては、具体的には、国際会議の事務局運営、議事日程や議題の調整、各円卓会議のメンバーの選択などが挙げられる。会議においてどの議題をどのような順番で取り上げるかを決定するに際して、各国のＩＰＲ会員の間を動き回って話し合い、その意見や意向を調整するというものであった。ここには根回しという活動も含まれた。

太平洋会議において鶴見が担った調整・運営活動の役割は、多様なものであった。鶴見は「日本ＩＰＲの立場」と、太平洋会議全体を取り仕切る「国際事務局の立場」の双方の立場を、第一回から第六回までの戦前の全会議において担った。従って、太平洋会議における鶴見の存在意義は大きかった。日本ＩＰＲの立場での調整・運営活動の例としては、日本ＩＰＲ理事、日本ＩＰＲ代表としての太平洋会議準備会出席が挙げられる。国際事務局の立場での調整・運営活動の例としては、臨時組織委員会委員、国際プログラム委員（日程係／Program Committee. 第二回では委員長）、円卓会議の議長、国際教育委員をつとめたことが挙げられる。

太平洋会議における鶴見の調整・運営活動を分類したのが、表「太平洋会議における調整・運営活動」である。この表は、各会議において、鶴見がどのような役割をつとめたのかを参照するためのものである。ここでは、各会議での役職や活動に関与した場合に○印を記した。

鶴見の調整・運営に関する活動については、彼の広報外交の一環として捉えたい。

第一回太平洋会議開催直前の一九二五年六月三〇日に、各国IPR会員の歓迎と、太平洋会議の組織編成のために会合が催されたが、その席で鶴見は国際プログラム委員の一員に任命された。また鶴見は、フランク・C・アサートン（Frank C. Atherton：一八七七－一九四五）、温世珍（S. T. Wen）、ジョン・ネルソン（John Nelson：一八七三－一九三六）、レイ・L・ウィルバー（Ray L. Wilbur：一八七五－一九四九）とともに、IPR臨時組織委員会委員として、太平洋会議を永続的な組織とするための任務に当たった。[83]

さらに、鶴見は、第二回太平洋会議直前の一九二七年七月一二日の第一回中央理事会において、「総務部のような仕事で（中略）総番頭のように忙しい[84]」国際プログラム委員会の委員長に任命された。議長のウィルバーの指示で、国際プログラム委員長と調停委員長は両方の委員会に出席して、事務連絡を取る役目を任された。[85]

また、副書記長のチャールズ・F・ルーミス（Charles F. Loomis）の指示によって、ウィリアム・H・キルパトリック（William H. Kilpatrick：一八七一－一九六五）が、鶴見の相談相手として国際プログラム委員会に出席した。鶴見は、調停委員会の委員長のショットウェル、国際プログラム委員会書記のエドワード・C・カーター（Edward C. Carter：一八七八－一九五四）、キルパトリックとの四名で、円卓会議の、議題・議長・書記・専門家の決定、進行の方向性、議事日程の作成について、会議開催中を通して毎晩遅くまで検討した。[86]

以上の業務分担は、アメリカの意向によって、太平洋会議の主導権をアメリカと日本が掌握するこ

表　太平洋会議における調整・運営活動

	第一回（一九二五年七月）	第二回（一九二七年七月）	第三回（一九二九年一〇～一一月）	第四回（一九三一年一〇～一一月）	第五回（一九三三年八月）	第六回（一九三六年八月）
太平洋会議準備会に日本ＩＰＲ代表として出席	○	○	○	○	○	○
日本ＩＰＲ理事	○	○	○	○	○	○
臨時組織委員会委員	○					
国際プログラム委員（◎印は委員長）	○	◎	○	○	○	○
円卓会議の議長	○		○			
国際教育委員						○
日本ＩＰＲ各委員会特別委員			○			
日本ＩＰＲ出席者代表会議に出席			○			
日本ＩＰＲの立場での日程調整、根回し			○	○		

出典：表「太平洋会議における発信活動」の出典に準じる。

とを意味した。アメリカの主導力に驚かされた鶴見は、そこに「国際会議というものの内幕がある」[87]と感じた。国際会議というものが各国にとって一律公平に漫然と開催されるのではなく、特定の国の意図によって方向性が定められることを鶴見は学んだのである。[88]さらに、アメリカＩＰＲの中にも毎回キーパーソンとなる人物がいて、彼を中心にプログラム委員会が運営されていた。そうである以上、自分も日本の代表として、その方向性を定める流れに加わらねばならないと鶴見は考えた。その発想は、彼の広報外交とつながるものである。

最後に、鶴見が国際的な場における人間関係を重視していたことについてみる。その大前提として、彼自身が国際的な場で受け入れられる資質を有した人物であったということがいえる。例えば、一九二五年六月三〇日の第一回太平洋会議直前の会合で、鶴見は国際プログラム委員の一員に任命された。それは、アメリカＩＰＲ会員の間ですでに鶴見の講演活動、著書、論文が評価を得ていたからであり、鶴見の人となりが評価されていたことによっている。[89]

さらに、鶴見が、調整活動によって他国ＩＰＲ会員の承諾を得たり、他国ＩＰＲ会員から長時間にわたる講演の機会を与えられたり、アメリカでの自著の出版記念パーティにおいてアメリカＩＰＲ会員から祝辞を貰ったりしたことは、他国ＩＰＲ会員から厚い信頼が寄せられるという彼の資質を物語っている。国際会議や国際的な場において、国際人として他国から受け入れられるかどうかは、人的資質によるものが大きいといえる。

以上のような人間的な資質を有した上で、鶴見は人間関係を非常に大切にして、個人的交流を図った。鶴見は太平洋会議の事務方として日程調整を行ったが、それを可能にしたのは、第一回から第四回までの太平洋会議の国際プログラム委員が毎回ほとんど同一人物であったために、会議前や会議間に個人同士の意思疎通が図れ、相当微妙な問題も腹蔵なく意見交換ができたからであった。[90] これは、人間関係が有効に機能したためであった。

また、すでに述べたように、鶴見は戦前期に開催された六回すべての太平洋会議に出席した。彼が人間関係を大切にして、人的交流の継続性を意識していたことは、ウィリアムズタウンの学会のように太平洋会議以外の会議にも継続的に出席したことからもうかがえる。

さらに、鶴見は会議のような公式の場のみならず、非公式の場における人間関係も重視して、そこで人的交流を図ることが信頼関係を築く上で有効であると確信していた。鶴見に関する記録に度々見受けられるのは、こうした他国ＩＰＲ会員との、公式の場以外での個人的交流の場面である。鶴見は、公式の場だけでなく日頃からの交流が大切であり、国際会議に突然出て行っていくら筋が通ったことを主張しても誰も聞かないと考えた。[91] つまり、鶴見にとって国際会議は開催以前のプライベートの場から始まっており、会議以外の場での人的交流の重要性を非常に意識していた。例えば、第四回アメリカ講演旅行の帰路の一九三一（昭和六）年九月七日に、ニューヨーク発カナダ太平洋鉄道経由の列車には、鶴見のほかにも第四回太平洋会議に出席するために中国に向かうカナダＩＰＲ会員が多数乗車していたので、車中で話を弾ませた。[92] 第三回太平洋会議の際には、イギリスＩＰＲのカーチスを個人的に京都に案内して、友好を深めるといった例もある。[93]中国ＩＰＲの胡適との個人的交流も挙げられる。鶴見は、会議以外の非公式な場における人間関係を非常に重視した。彼は「国際会議を開催するにあたって大切なことは、各国委員間の意志を疎通させ、感情の融和を図り、親しい友情を結ばせることである。だから、それ円卓会議、それ講演会、それ総会、それ国別委員会というように代表者を追い回さないで、なるべく空白の時間を多く設けて、この間に個人個人が接触するような機会を十分に作るのがよい。それも食事やお茶を一緒にとるような儀式ばったことよりも、一緒にゴルフ・水泳・登山・買い物などの気軽な交際を図ることが大切である。今後はなるべく時間をあけ、また社交的な会も減らして、各国委員が個人的に接触するような便宜を提供するようにしたい」[94]と述べている。具体的には、鶴見は、第四回会議において、円卓会議を減らして各国会員に自由時間を与える方式を採用した。

また、太平洋会議期間中の一夕に、日本ＹＭＣＡ同盟総主事の斉藤惣一（一八八六－一九六〇）がニュージーランド代表を招いてプライベートの晩餐会を開いた際に、斉藤がうっかり牛鍋を引っくり返して膝を汚したために浴衣に着替えた。これをみた一同が面白がって皆浴衣に着替えたところ、日本代表とニュージーランド代表の空気が打ち解けて関係が親密になり、後日、公式会議の場でニュージーランドＩＰＲが日本ＩＰＲのために助力してくれた。会議以外の個人的交流が公式の場の空気を非常に緩和し、会議を円滑に進行させたのである。鶴見はこれを重視して、非公式の場における交流の大切さを度々強調している。[95]

第五章　苦闘の日々――日中戦争から日米開戦まで

日英の橋渡し役をつとめる

第六回太平洋会議終了後の一九三六年八月から一一月にかけて、鶴見祐輔はアメリカ・フランス・ドイツ・イタリアの各都市を回って、六代目尾上菊五郎（一八八五―一九四九）の歌舞伎欧米公演のコーディネートを行った。これは、外務省が国際文化振興会を通じて鶴見に委嘱（いしょく）した業務であり、芸術を通じて日本文化を理解してもらうのが目的であった。鶴見は、欧米各都市の興行師に興行を委託せずに、自分自身が動き回ってコーディネートした。[1] しかし、これは歌舞伎公演のコーディネートをしながら、各国政府の要人や現地駐在の日本人政府関係者と接触することが内実の目的であった。[2] とりわけ鶴見が熱心であったのは、イギリスの主要人物との面談であった[3]。彼は第六回太平洋会議が終了した一九三六年八月に、ヨセミテから歌舞伎公演の打ち合せのためニューヨークに向かい、そこから海路ロンドンに渡った[4]。鶴見は、従来の会議出席時の個人的接触ではなく、個人的にイギリス政府要人に面談して彼らの考えを聴取し、同時に相手を説得し、さらにそれに基づいて帰国後に日本政府に提言を行おうとしたのである。

鶴見が以上のような行動を取ったのは、当時、アメリカにおいて英米ソ連合の上で日本に当るべきであるという議論すら起こっていて、日本が最も危険な位置に陥る可能性があったので、何とかして日本に対する列強の態度を変化させて、日本の孤立化を阻止したいという切迫した思いで、米英の中心人物の意向を打診しようと考えたからであった[5]。

最初に鶴見が個人的に接触したのは、ウィグラムであった。太平洋会議終了後の一九三六年八月に、鶴見がヨセミテからニューヨークに向かう車中にウィグラムが乗り合わせていたために、再度話し合う機会を得た。ウィグラムは、鶴見に日本の北支進出の中止を要請し、その代わりとして、イギリスが日本の満州国建設を承認し、列国との仲介役をつとめることによって、国際連盟を脱退した日本は列国との意思疎通が図れるという提案をした。しかし日本がこの提案を拒否した場合は、日本は最終的に世界から包囲される可能性があると示唆した。また、ウィグラムは、日本・アメリカ・イギリス・中国・ソ連の五ヵ国による新たな太平洋協定の締結を提案した[6]。

鶴見は、列国が国際連盟や九ヵ国条約で現状維持のままの平和維持を取り決めておきながら、その一方で、日本人移民排斥、高関税による通商の拒絶、原料資源の採取困難、領土不拡張といった不公平な待遇によって日本を拒否していることを指摘し、日本人移民の自由、通商の自由、原料獲得の自由、領土の平和的変更・委任統治・買収・譲歩のいずれかの方法によって列国が日本の開発・発展を許可しなければ、日本としては現状のままの平和機構を承服し兼ねると主張した。鶴見の意見に、ウィグラムは理解を示した。[7] 以上は、イギリスの中心的人物との意見交換であった。

また、鶴見は、一九三六年一〇月二六日ロンドンで、イギリスの国策に影響力のある経済学者であり、財政顧問であるフレデリック・W・リース・ロス（Frederic W. Leith Ross：一八八七－一九六八）と面談した。ロスは、「経済的観点から見た場合に日中の利害は一致していて、中国政府が安定し発展すれば日本の経済的利益にもつながるが、日本の軍部はそういう考えを持っていないように思える。北支で日本が発展することに異存はないが、北支よりも南京で日本に協力的な政府を維持することこそが日本の利益につながるのではないか。日本が北支において他国を排除しないような関税を設定するのならば、イギリスとしては日本の北支での経済発展に異議はない[8]」という見解を述べた。ロスは、対中問題については互譲的な態度であった。しかし一方で、通商問題については、イギリスは、単にイギリスの領土内だけでなく、世界中で日本製品の進出の割合を制限すると強く主張していて、第三国においても協定によって市場を支配しようという非常に強硬な態度であった。[9] これに対して鶴見が反対意見を述べたところ、ロスは、「日本の綿糸・綿布事業の進出によってイギリスのランカシャー地方の事業が大打撃を蒙ったので、その失業者救済のためには第三国まで協定する必要があり、それができない場合は日英協定の締結は不可能である[10]」と主張した。

ロスとの面談の結果、鶴見が直面したことは、日英協調は抽象論としては進めるべきであるが、具体的には日英の利害は必ずしも一致しておらず、通商貿易や移民といった分野において、日本はイギリス領内から排斥されているという現実であった。具体的には、日本製品（特に綿糸、綿布、人絹、雑貨）の輸入量は、英領内で激減という目に遭っていた。一九三六年一一月に帰国した鶴見は、このイギリスの代表的な人物であるロスの考えを佐藤尚武（一八八二－一九七一）外務大臣に直接伝え、日本の海外輸出貿易の前途に危惧を示した[11]。このように、鶴見は、日本側の意見を海外の政府要人に直接伝えたり、また、海外政府要人の意見を日本の政府要人に伝えたりという双方向の橋渡し役をつとめた。

今回のイギリス要人との面会を受けて、鶴見は、日英親善の方策として、中国との関係を見据えながら、佐藤外務大臣に次のように提案した。

世界中で日英の貿易が衝突している原因の一つは、排日貨と高率関税によって日本の対中貿易が減退し、また一九二九年のアメリカ株式大暴落によって日本の対米輸出生糸の需要が暴落したために、日本の貿易が一九三二年以降急激に全世界に進出したからである。もし日英親善を具体化するのならば、まず中国において日英協調を早急に始める必要がある。イギリス側から考えた場合に、揚子江沿岸において日本と協力して、日本の対中貿易を回復させることは、日本のイギリス市場に対する競争を緩和する一助となるため、イギリスにとっても利益につながる[12]。

また、満州と北支の問題については日本だけで解決できるが、中支と南支の問題についてはイギリスを無視して解決することは困難であり、日英で協調する必要がある。その理由は、一九三六年一二月の西安事件以降の情勢は、中国自身が変化しただけでなく、第三国であるイギリスが本腰で中国援助に進出した後であり、一九三六年春の日支交渉（日支和平交渉・松井試案）の時とは相当変化したことから、以前と同様の項目で再び折衝することは日本にとってかなり困難な状況となっているからである[13]。

一方、イギリス側にとっても、日本を無視して単独で揚子江沿岸の問題を解決することは困難である。イギリスが、日本に協力する形で揚子江沿岸地域において日本の対中貿易を回復させることは、日本のイギリス市場に対する競争を緩和する一助となる[14]。

対中支援については、中国の政治的統一や経済的復興は日本としても共感できるし、それに対して日本政府は列国に立ち遅れないように技術援助や日中経済提携を資金面から実質的に行うべきである。その理由としては、（一）鶴見がロンドンで面談したイギリスの銀行家が、ドイツとベルギーが四川省の鉄道に投資しつつある現状に鑑みて、イギリスも揚子江沿岸の鉄道に投資せざるを得ないとして日本の協力を打診してきたこと、（二）イギリス政府海外貿易局から、イギリスの貿易業者に資金の保証をするために、保守党の政治家であるカーク・パトリック（Kirk Patrick）が中国に視察に赴いていたこと、（三）彼らが鶴見に語ったところによると、イギリスは一〇年後に海運業・陸上交通業・鉱山事業といった中国における有望な事業に対して投資するために、この時点で資金を準備していたこと、といった背景があったからである[15]。

以上のように、鶴見は佐藤外務大臣に提案した。

鶴見は、今回の訪英で政治家や識者らに面談した際に、イギリスで軍備拡張熱がかなり盛んであることを痛感した。保守党はもとより、長年軍備縮小のため闘っていた労働党までも、熱心な軍備拡張を支持する意見に変っていた。戦争勃発の危険を感じる人が多数となり、彼らは年来の軍縮支持の立場を捨てて熱心な軍備拡張論者となっていた。鶴見は、日本としてはヨーロッパの戦争に巻き込まれないことと、日本が東洋平和の維持を根本方針とすべきことを痛感し、帰国後に議会で提言したのである。(16)

宇垣一成擁立により軍部を抑える

一九三七（昭和一二）年一月二五日に、鶴見は宇垣一成（一八六八－一九五六）内閣擁立に参画した。鶴見が宇垣を擁立しようとした理由は、議院内閣制という民主主義政治体制を取る国でないと欧米に認められないと考えていたからである。そのために、宇垣を政友会と民政党の二大政党の上に頂き、二大政党が一丸となって政治を実行することによって軍部を抑制し、議会政治を機能させ、英米との関係を改善し、日本の国際的な信用の失墜を救うという狙いがあった。(17) しかし、陸軍の反対によって宇垣内閣は成立することはなく、一九三七年二月に林銑十郎（一八七六－一九四三）内閣が成立した。

一九三七年三月一一日に、鶴見は、議会で林首相と佐藤外務大臣に質問し、そこで、日独伊防共協定によって、日本はファシストの側に立ったと誤解されたことから欧州の戦乱に巻き込まれる可能性が高まったが、これを回避すべきこと、また、中国への恫喝外交は中国を反日に追いやるだけでなく、列国との関係悪化にもつながるので避けるべきことの二点を主張した。[18]

しかし、国民が軍部の専横と生活の窮迫によって林内閣に不満を示した結果、一九三七年四月三〇日には第二〇回総選挙となった。鶴見は岩手第二区で衆議院議員として民政党から出馬し、一万二三三五票を獲得して当選した。これは、鶴見にとって六回目の挑戦で、三度目の当選であった。[19]

これまでの鶴見の活動を俯瞰する時、議員に落選した後に海外活動を行っている。つまり落選したことが鶴見に時間を与え、彼の長期の海外活動を可能ならしめていた。しかしこの第六回目の衆議院議員当選以降、日米関係が悪化していった時期に、鶴見は皮肉にも当選し続け、軍国主義化していく政府に寄り添い、軍部追随する形となった。

林内閣の後を受けて、一九三七年六月四日に成立したのが、第一次近衛文麿（一八九一―一九四五）内閣であった。鶴見は近衛内閣成立を時代の転換と捉え、その流れに乗り遅れてはいけないという思いを抱いて、「民政党改造私案」を構想した。[20]この私案の趣旨は、満州事変以降、軍部と政党との対立関係が継続していることが、日本の社会に相克を引き起こしているので、軍部と政党の相互理解を図って政局を安定させる必要があるというものであった。[21]これは、政党を中心とした議会政治が機能していないと、英米から認めてもらえないという発想に基づいていた。彼は、排日移民法案成立直後の対米講演活動を行った当時から、日本は政党による議会政治が機能していないと列国から認められないと主張し続けてきた。また、鶴見は軍部に対して融和的な姿勢を示したが、軍部の政治への介入には反対であった。ここで軍部に対して融和的な態度を取ったのは、日本国内の政治が政党と軍部で対立していることが外国に知られるのは、日本政府内の足並みが揃っていないと捉えられるのでよくないと考えたからであった。対米講演をはじめとする広報外交が機能しなくなった時点で、鶴見は日本国内で政党政治が機能している状況を示すことで英米の理解を求めようとした。

さらに、鶴見はこの私案の中で、大陸政策である海外膨張を放棄せずに軍事費の削減を図ろうという内容を盛り込んでいる。[22]このことから、鶴見の中では、政党による議会政治を機能させることと、軍事的に海外膨張することとは矛盾していないことが理解できる。鶴見が軍事的な海外膨張を支持した点については、一九三七年一一月上旬に、田中新一（一八九三—一九七六）軍事課長の日中戦争を拡大する政策論を支持したことや、十河信二（そごうしんじ）（一八八四—一九八一）の北支開発案に対して興味を示したことからも明らかである。[23]

政党を中心に議会政治を機能させることと、軍部による海外膨張との両方を同時に達成させようとしている点については、帝国主義全盛時代にイギリスが行っていたことであり、それに対して鶴見が憧れを抱いていたことはすでに述べた通りである。一九三四年には藤本書記生失踪事件（日本の外交官の失踪騒動）の解決で悪化しかけていた日中関係が好転したことに対して安堵を示していたことに比べて、近衛内閣の成立に至って、鶴見の中で海外膨張への思いが一層強くなったと考えられる。[24]

オーストラリアを舞台に講演活動

一九三七年七月から一〇月にかけて、鶴見は約七〇日間にわたり渡豪した。その目的は、同年八月二日から九月二〇日までオーストラリアのメルボルンで開催された国際新教育会議への日本の代表としての出席と、オーストラリア主要都市における講演活動にあった。この教育会議はそれまで英仏米の三ヵ国だけが参加する会議であったが、一九三七年は日本にも参加を要請してきたので、教育を通して日豪親善を推進する文化使節として国際文化振興会を通じて鶴見が派遣された[25]。教育関係者ではない鶴見が選ばれたのは、国際会議の場に慣れていたためであり、また専門分野外のテーマでもある程度語れる人物として評価されていたためであろう。

鶴見は、この機会に日豪貿易にも貢献したいとの意図から、事前に商工省当局とも打ち合わせた[26]。つまり、鶴見は教育と通商の両分野において日豪関係に貢献することを考えていた。

渡豪には、長女・和子（当時、津田英学塾本科二年生、二〇歳）と長男・俊輔（東京府立第三中学校三年生、一五歳）をともなった。子供たちの国際的な視野を広げるという意味もあったが、和子は現地での親睦会において日本舞踊を披露することで文化交流の側面から父の使命を応援する役目を担った[27]。旅程は、シドニー、キャンベラ、メルボルン、アデレードを訪問し、一〇月二日にブリスベンから帰国する形であった。

一九三七年七月二八日に東京を発ち、七月二九日に門司港から東京丸で出帆した。門司を出る時に、鶴見は北京陥落の報道を耳にした[28]。一九三七年七月七日に盧溝橋事件が勃発し、七月二八日には日中全面戦争に突入という日中情勢の悪化の中での渡豪となった[29]。

鶴見はシドニー到着後、キャンベラを経て、国際新教育会議に出席するためにメルボルンに赴いた。国際新教育会議は、従来の教育の行きづまりを打開する目的で、当時、世界各国の新教育運動関係者によって創設された会議であった。一九三七年はオーストラリアが開催国となり、オーストラリア分科会に世界各国の新教育運動家を招聘する形で開催され、各国の教育者が順に講演する形を取った。日本も新教育運動に共感して、指導法など多くのことを国内の教育に取り入れていた。

日中戦争の最中の開催ということもあって、参加者約二〇名は、全員排日的な人々であった。政治的な話は抜きで教育だけということであったが、開会の挨拶時に代表者が「我々教育者といふものは個人の自由を尊重するのであるから、主義としてはデモクラシーでなければならぬ。然るに今日招待されて居る我々の国の中にデモクラシーに非ざるところのオーストリアと日本が来て居るのは、誠に申し訳ない」と述べたり、常に間の悪いところで鶴見に発言させるといった意地悪をしたり、排日的な対応を鶴見は受けた。上海発の電報によってオーストラリアの新聞に掲載される記事は、日本に不利益な記事が多かった。特に、蒋介石のオーストラリア人顧問ドナルドから発信される情報やロイター通信社からの情報は排日を煽るものが多く、それらに基づいた記事に紙面は満たされていた。こういった記事を読んでいた出席者が、鶴見に対して冷たい態度で接したのである[30]。

一方、一般のオーストラリア人はどういう態度であったのか。鶴見は、渡豪前はオーストラリア人に対してよいイメージを抱いていなかった。その理由は、以前に彼が太平洋会議で出会ったオーストラリアIPR会員たちは、実に差し出がましくて傍若無人な人間という印象であったからである[31]。国際会議の場でさえそういう状況であったので、現地で実際にオーストラリア人に接したらもっと騒々しくて不愉快であろうと想像していた。また、オーストラリアは日本人移民を完全に拒絶していたことや、通商面でも反日的態度を取っていたことも、鶴見にオーストラリアに対して悪印象を抱かせていた。

国際新教育会議に海外から出席した者たちは排日的であったが、しかしメルボルンの街頭で鶴見が出会った一般のオーストラリア人は非常に親日的であったし、鶴見の子供たちに対しても親切であった。俊輔は、現地に残りたいといいだしたほどであった。

当時、一般のオーストラリア人が親日的であった理由としては、第一次世界大戦時に日本海軍がオーストラリアを支援したことに対する感謝の気持ちがあったこと、羊毛の輸出先として日本が重要であったこと、イギリスよりも太平洋を挟んだ貿易関係とりわけ日本との貿易関係を重要視し始めたことなどが挙げられる。親日の具体的な表れとしては、ヴィクトリア州の中学校が日本語を選択科目に取り入れていたこと、メルボルン大学・シドニー大学・キャンベラ大学・ブリスベン大学において日本文化講座が開講されていたこと、ラジオ放送による日本語講座といった形で、日本語学習熱の高揚がみられたことなどがあった[32]。

オーストラリアが日本人移民を排斥した理由については、第一に、オーストラリアは日本人だけを排斥したのではなく、他国からの移民も拒否していた。オーストラリアは九八％までがイギリス人移民で占められており、イギリス人中心でありたいという理念から異人種の入国を禁止していた。第二に、オーストラリア人が非常にイギリスを高く評価し、忠実なイギリスの領土たらんとしたからであった。従って貿易面についても、日本がオーストラリアに貿易面で進出を図ろうとした際に、イギリスはオーストラリアに有力者を送って日本の商品を排斥するように懇願した。オーストラリアは、イギリスとの密接な関係上従わざるを得ず、綿糸・綿布・人絹といった日本商品に対して輸入制限を行った。その結果、オーストラリアは、逆に日本からオーストラリア羊毛の輸入制限を被る結果となった。[33]以上のような理由を、鶴見はそれまでのオーストラリアの反日的態度の原因と考えた。

一般のオーストラリア人を対象としたメルボルンでの公開講演会では、約二〇〇〇人の聴衆で立錐の余地もないほど満席の状態となり、しかも非常に熱心に傾聴したために、鶴見は意外に感じた。この公開講演会のテーマは「最近に於ける国際親善教育の問題」で、各国代表の教育者が一名ずつ講演した。鶴見は自らの講演の中で、子供に自国の歴史だけを教えて他国の歴史を教えないのでは国際親善にならず、自分の民族の位置を世界の歴史の中において指導する必要があることや、島国や鎖国中の国は外国人との接触が少なく他国の事情を知らない場合が多いので、それらについて十分に教育する必要性に言及した。[34]

鶴見のオーストラリア主要都市における講演のテーマについてみると、その内容は大きく二つに分けられる。国際新教育会議に出席した際に、その関係団体において講演する関係上、第一は教育・文化に関する内容であり、第二は日本の対外政策や外交に関する内容であった。

第一の教育・文化に関する内容については、「東西間の文化接触」、「国際理解のための教育」、「市民にとっての教育——日本における目的と方法」、「日本における青年の教育と職業上の問題」、「東洋の教育とその市民への影響」といった演題で行われた。(35) その内容は、新しい歴史教育、言語教育、人類の類似点(違いを強調するのではなく)、個人的交流、相互の文化への尊敬、日本の教育史、日本の学制史、試験制度と美濃部達吉事件、文化とは何か、異文化を有する国との接触における四つの段階(貿易による接触、旅行者による接触、教育による接触、言語による接触)、東西文化接触のいくつかの特徴、日本はどのように西洋と接触してきたか、日本における東西文化合流の現況(思想的変遷)、日本の文化接触の将来的展望、日本文化の背景(肉体的側面と精神的側面、美術的感覚と宗教心)といった内容であった。(36)

第二の日本の対外政策や外交に関する内容については、「中国、ロシア、大英帝国との関係における日本の政策」、「太平洋地域との関係における日本の政策」といった演題で行われ、その内容は、オーストラリアにとっての太平洋時代、日本の台頭と北太平洋地域の新バランス、太平洋地域の重要性、日本の人口増加と通商と原材料の必要性、日豪関係(貿易、通商、労働力)、日本の情勢(移民問題、農村の窮乏、大学におけるラディカリズム、人口増加、工業化と海外の高関税、狭い耕地面積)、対中政策、対ソ政策、対英政策、南太平洋地域と北太平洋地域の協力関係というものであった。(37) これは、単に外交政策面からだけのアプローチではなく、歴史・工業・教育・文化を含んでおり、全体としては経済・通商の側面からのアプローチとなっている。鶴見は、日本国民がどうやって生計を立てていくのかという経済的な側面を最も強く意識しており、可能ならば文化・民族・領土といった面も含めて、全般的に海外膨張することが望ましいと考えていた。

鶴見の講演の持つ全体としての大きな目的は、オーストラリアに対して、教育・文化面と外交政策面から日本への理解を求め、太平洋地域における日豪関係の重要性を意識させることにあった。

他国による反日宣伝に対抗して

一九三七年八月一四日に日本の海軍による渡洋爆撃が開始され、八月一五日には南京が空爆された。この空襲の二日前に、何百機という日本の軍機が一挙に押し寄せて、「此の空襲と同時に南京を地上から一掃してしまふ[38]」といった論調の記事がオーストラリアの新聞に掲載されると、オーストラリアは一気に緊迫した。南京空爆に対するオーストラリアの新聞各紙には、国民感情を煽る表現の大見出しが掲載され、日本が中国で残忍な行為をしている印象を与える論調に変化した。これらの記事の情報源は、ロンドン電報や上海電報によっていた[39]。攻撃都市についても、本日は漢口、翌日は上海、翌々日は南昌というように作為的に系統立てて記されていた。また北支に関する記事はなく、上海と南京とその周辺に関する記事に集中していたことも作為的であった。世界の人々が上海や南京の記事だけを読むと、日中関係が停頓状態に陥り日本が自暴自棄になって爆弾を投下している印象を受けるように仕向けた意図的な宣伝であった。これらの記事は、すべてロンドン電報や上海電報に依拠しているために、信憑性を欠いているという印象を鶴見は受けた。彼は、イギリスが世界中に所有する宣伝網と多年の熟練した巧妙な言論戦術を用いて、アメリカやオーストラリアの世論を次第に操作していると考えた。当時、ニューヨークからオーストラリアに届く電報情報は非常に落ち着いた内容であって、アメリカの世論が沸騰しているような記事はまったく掲載されていなかった。騒然としているのは、ロンドンと上海に関する記事ばかりであった。つまり、イギリスの宣伝によって、「世界中が総掛りになつて日本を患者に見つつあると云ふ印象を豪州に与へつつあつた」のである。しかし、元来イギリス本国に対して無条件に崇拝感を抱いているオーストラリア人は、ロンドンや上海からの情報が捏造であることを疑わずにそれらを事実として受け止め、イギリスではこういう印象を持っているといった記事が連日掲載された。(40)

さらに、鶴見がオーストラリア滞在中に憤慨させられたものは、中国による「宣伝写真」と「欺瞞電報」の横行であった。まず、「宣伝写真」は、例えば、中国兵の死体が積み上げられた横で日本兵が戦っているという注釈がつけられた偽造写真の新聞記事である。こういった写真は日本人が見れば日本兵の軍服ではないと判断できるが、欧米人には見分けがつかないために誤解を生むものであり、オーストラリアの大衆向けに、日本人は実に人道を無視した野蛮なことをするという感じを持たせる作為的な意図で実施された宣伝であった。(41)

また「欺瞞電報」は、オーストラリアの新聞社の情報機関に対して発信された、中国にとって有利に歪曲された情報内容の電報であった。これは、蒋介石夫人の宋美齢（一八九七－二〇〇三）らの通信員によって行われた。一方では中国が勇敢に戦っているように思わせ、他方では日本人が残虐な行為をしていると宣伝する目的で、対日感情を一層悪化させる記事が掲載された。こういった宣伝によって、本来親日的であったオーストラリア人も、次第に対日感情を悪化させた(42)。

偽造写真や作為的な電報によって、オーストラリアの対日感情が悪化する中で、労働組合や婦人団体は対日ボイコットや対日断交を主張したが、それとは対照的に、羊毛貿易関係者や政治的要人は日本についての発言を自粛していた。オーストラリア政府としては、日本に対して統一した意思表明も行動もなかった。しかし、新聞記事によって情報を得た人々は、反日感情を抱いた。鶴見がオーストラリアを訪れた当初の温かい空気は一転し、帰国する頃にはヒステリーのような興奮状態に変わっていたのである(43)。

鶴見は、作為的な宣伝を放置しておくと、親日感情が完全になくなって大問題に発展する可能性があると危惧した。そこで、彼は記者会見でブリスベンの新聞記者から日中戦争について質問された際に、「三〇年前の日露戦争と同じだ。我々日本人は宣伝が下手だから、日露戦争の時も世界の電報では日本軍が盛に負けた。然るに翌朝の新聞をよく見ると実は日本軍が進んで居る。つまり日本は負けては進み、負けては進みした訳だが、今度も新聞を見ると、日露戦争の時と同じやうな扱ひ方をして居る。併し事実をよく注視して貰ひたい。事実は何よりも雄弁に証拠立てるであらう」と語った。これに対して、地元紙は社説で、「一体日本人は宣伝が下手だなどと言ふが、宣伝が下手ならば、何故豪州などに宣伝する者を寄越した。或る国の宣伝によってニュースが誤魔化されて居ると云うけれども、それはニュースと云ふものを知らない。ニュースは一人や二人の者の悪意を以て造り得るものではない。世界中のものが集まつて新聞に出るのである。それを一人や二人で出来ると思つて居るのだから矛盾も甚だしい。あんな人間が代議士をして居る位だから日本の議会が駄目なのだ」と反撃した。鶴見は憤慨して投書で反撃することを考えたが、その思いを『クーリア・ジャーナル』(*Courier Journal*)の編集部で話したところ、同紙が鶴見の怒りを社説として取り上げて、「豪州と日本のやうな親密な国に於て一時の感情に駆られて公平を失つてはならない。今鶴見氏も来ての話の通り、日本は人口が非常に多くて領土が狭い。然るに我々豪州のやうに人口の少ない領土の広い国が、日本の移民を拒絶し、日本の通商を阻害して置きながら、一方に於て日本のすることを非難するのは我々として反省しなければならぬ」という趣旨を掲載した(44)。

さらに鶴見は、『ザ・シドニー・モーニング・ヘラルド』(*The Sydney Morning Herald*)の取材に対して、「君等は遠い昔の経験を反省しなければならぬ。アングロサクソンが斯んな広い所を取つて一人も入れないで、日本のするのを一々邪魔をする。さう云ふことは、フェアー・プレーを重んずるイギリス人の態度だとは思へない。トランスバールの戦争の時に自分はまだ子供であつたがクリューゲルに贔屓した。併し豪州が支那に贔屓して何の益があるか。何もないではないか」と述べたところ、同紙はその趣旨を論説として掲載した(45)。以上のような形で、鶴見は地元の新聞を通じて広報外交を行った。

しかし、この程度の発信では状況を変化させることは困難であり、鶴見の努力にもかかわらず、対日感情が次第に悪化していくことは免れなかった。鶴見個人の力の限界であった。対日感情の悪化は、鶴見の講演活動にも影響を及ぼすようになり、オーストラリア主要都市における講演の聴衆も徐々に減少した。[46]例えば、各都市における鶴見の講演会には、毎回、オーストラリアＩＰＲ会員が多数参加して意見交換を行ったが、一九三七年九月二八日のブリスベンにおける講演会では参加者は激減した。この講演会の世話役であったクイーンズランド大学の教授Ｔ・Ｐ・フライ（T. P. Fry）は、講演前日、鶴見に同情して、「明日は聴衆が少ない。之はあなた個人に対して反感を持つて居るのではない。日本軍が支那の赤ん坊や避難民を殺しつゝある際、この会に自分達が出席することは、日本の残虐な行為を是認するやうだから出られないと云ふ返事が多数来て居る」と詫びたほどであった。[47]また、講演会場は興奮した空気に満ちていて、日本に対して好意的であったオーストラリア人でさえ厳しい質問を投げかけてくるようになった。

この旅行において、鶴見はシドニー、キャンベラ、メルボルン、ブリスベンで講演を行ったが、これは同時期にアメリカではまったく講演を行うことができなかったのとは対照的であった。しかし日中戦争が激化するにつれて聴衆の数が減り、オーストラリアでの講演も困難となった。

また、和子がシドニーでラジオ番組に出演して意見を述べたところ、日本人のラジオ出演に賛成一四名、反対二八名との意見が電話でラジオ局に寄せられた。日本人が出演しただけでもこのように非難されるほど殺気立った状況となった。[48]

一九三七年のオーストラリアでの鶴見の活動としては、会議出席や講演活動以外にも、八月三一日にメルボルン大学から法学博士号を日本人として初めて授与されたことや、一〇月の帰国時にオーストラリア原産のエミューという鳥を持ち帰って上野動物園に寄贈したことが挙げられる。[49] それらの活動は、現代における文化交流として捉えることが可能である。

　鶴見は、渡豪以前、オーストラリアはインドと同様にイギリスに付随した国家であるという程度に認識していたが、一九三七年の渡豪が契機となってオーストラリアに興味を抱き、研究を行った。[50] 鶴見のオーストラリアに対する主たる関心は、日本人の移民先としての関心と、貿易対象国としての関心であった。後者については、日本の貿易対象国の第一はアメリカであり、生糸を輸出し、綿花・鉄・石油・自動車を輸入していた。第二は中国で、綿糸、綿布、その他の製品を輸出し、石炭・鉄・綿花を輸入していた。しかし一九三三（昭和八）年を境に、この情勢が変化した。一九二九年以降のアメリカの不景気によって生糸の時価が五分の一に暴落したことで、日本にとって顧客としてのアメリカの重要性は急低下し、また、日貨排斥によって日本製品の市場が減少したことで対支貿易の重要性も減少した。その結果、日本商品の輸出先は、東南アジア、オーストラリア、シンガポール、インド、アフリカ、ヨーロッパの各国の合計額が、アメリカと中国両国の合計額を上回った。[51] こうして貿易対象国は南方向に進出し、貿易の方向性が東西の線よりも南北の線に変更された。鶴見は、日本にとって従来の北太平洋地域だけではなく、南太平洋地域とりわけオーストラリアの重要性が浮上したと捉えた。[52] この数年後には、彼が主宰する太平洋協会においてオーストラリア研究の成果をまとめた書籍として、太平洋協会編『豪州の自然と社会』（中央公論社、一九四三年）を出版するに至った。

一九三七年一〇月五日に、シカゴにおいて、F・ローズヴェルト大統領の隔離演説が行われ、その翌日にアメリカ政府は日本が九ヵ国条約と不戦条約に違反していると声明した。さらに、国際連盟においても同趣旨の決議が通過した。これを聞いた鶴見は、「日本の前途深憂に堪へず。国内にて迄この実情や情実に囚はれて対世界策を誤る秋にあらず。余ハ（中略）敢然として此身を挺して君国の為めに捧げんと決心す。余はかかる時機の為めに過去二〇年間此の国際人としての技能と経験とを積み来りたる也」と述べて、新たに自分がアメリカに対して何らかの活動をしなければならないという思いを強く抱いた。(53)

鶴見がそのように感じていた、オーストラリア旅行中の一九三七年一〇月一三日に、町田忠治（一八六二―一九四六）民政党総裁から「帰国して国民使節としてアメリカへ赴くように」という趣旨の電報が届いた。(54)鶴見は、日本政府の国民使節派遣について、「アメリカで対日感情が悪化している状況下では、国家を代表して対外的行動をする任務をもって外国に赴く国民使節を派遣すべきではない」と反対しながらも、一旦帰国して自分が派遣される道を選択した。(55)彼は、自分が何とかしなければならないと考えて、渡米することにしたのである。鶴見が反日感情を緩和させたいという思いを強く抱いていたことは疑う余地がないが、彼は動きを止めるという選択をしない。こういったところに、鶴見の優等生的な行動パターンが表出されている。彼は、後年日米開戦に至った時も、同様の行動パターンを繰り返すのである。

オーストラリアから帰国した鶴見は、一九三七年一〇月から一一月にかけて日本各地を回って、オーストラリアにおける対日感情、日豪関係、国際社会からみた日中戦争（日支事変）について講演を行った。[56]また同年一一月末には、天津、北京、満州、上海の戦地に赴いて、軍関係者と面談して情報収集を行った。[57]

ニューヨークで日本情報図書館設立に奔走

鶴見は、一九三七年から一九三八年にかけてアメリカで活動するに当たって、対日感情を測るための一つの目安として、米国世論調査協会（American Institute of Public Opinion）による世論調査を取り上げて、その内容を検討した。その内容は、次のようなものであった。

日中戦争勃発直後の一九三七年七月に、米国世論調査協会は、アメリカの多様な階層約三〇〇〇万人を対象として、日中のどちらを支持するかを問う世論調査を行い、日本支持一％、中国支持五九％、中立四〇％という結果を同年一〇月に発表した。[58]

一九三七年一二月一二日には、日本の軍用機が揚子江上のアメリカ砲艦パネーを誤爆撃沈させた、いわゆるパネー号事件が起こった。[59]この事件の模様を撮影した映画をアメリカで上映するために、撮影されたフィルムを現地からアメリカに届ける途中で日本が輸送を妨害したという情報が、上海経由でアメリカの新聞各社に流された。そのために、アメリカ国民はフィルムが無事にアメリカに届くかどうか気を揉み、フィルムが到着した時には多数の観客動員をみた。これは、日本に対して非常に悪意のこもった宣伝であった[60]。

パネー号事件後の一九三八年一月初旬から二月中旬にかけて、米国世論調査協会は、日中戦争に関してアメリカが中国を援助するために軍需品の送付や資金援助を行うべきか否かという質問で再び世論調査を行った。その結果、送るべきであるが三六％、送るべきでないが六四％という結果が同年二月一八日に発表された[61]。中国援助に否定的な見解が示された理由は、中国に対して同情はするものの、軍需品を送付すれば日本軍がこれを阻止することになって日米間に摩擦が生じ、ひいては日米開戦につながる危険性が高くなるので、アメリカとしては絶対に日中戦争に巻き込まれてはいけないという意見が圧倒的多数であったからである。パネー号事件で興奮はしたが、実際問題として日中戦争の渦中に巻き込まれたくはないという空気が濃厚であった[62]。

鶴見は、アメリカの世論調査を検討した結果と、評論家や新聞から得た情報を基に分析し、対日感情の悪化が以下の諸要因にあると考えた。

第一として、アメリカは、強者の日本が弱者の中国を挑発した侵略戦争であると単純に判断し、連戦連敗する中国に対して同情した。つまり、弱者に対する同情から日本に反感を抱いた[63]。

第二に、将来的に民主主義陣営と独裁陣営との対立から世界戦争が起こるという考え方が、当時アメリカ大衆の間に流布していたが、この発想を基に、中国を民主主義陣営、日本を独裁陣営と捉えた結果、反日が進行した[64]。

第三として、当時、ハーヴァード大学をはじめとするアメリカ知識層は、日本が一九二二年のワシントン会議で締結した九ヵ国条約に違反しており、第一次世界大戦後にできた集団的な安全保障制度を、満州事変以降に日本が崩壊させたとみた。つまり、彼らは条約尊重論や集団的安全保障条約論の立場に基づいて国際秩序の維持を重視し、日本はそれを破棄したと捉えた。[65]

第四として、アメリカは中国との貿易において、実際は損をしているのに、将来的には非常に儲かると過大評価した。しかし日本が中国において勢力を持つようになると、アメリカの貿易に対して門戸を閉鎖する可能性があると懸念した。[66]

第五に、アメリカはファシズムに対して反感を抱いていたので、一九三六年一一月の日独防共協定の締結と、一九三七年一一月の日独伊防共協定締結によって、アメリカの対独伊の反感が日本にも及んだ。つまり、アメリカは日本がファッショ化したと捉えた。[67]

第六として、アメリカは日本に対して、日露戦争では、規律を守って模範的な軍隊を持っている国であるという印象を受けた。しかし日中戦争では残酷な戦争を展開して弱い中国を蹂躙しているという印象を受けた。そういった印象を与えた要因として、中国による巧妙なブラック・プロパガンダがあったと鶴見は考えた。具体的には、アメリカ全土の新聞や雑誌で発表された写真である。破壊された上海の街で幼児が泣いている写真が流布されたことによって、アメリカ国民は、強い日本が弱い中国に対して残忍な弱い者いじめをしているという印象を強く受け、理論的にではなく直感的に反日感情を抱くようになった。また、日中戦争が世界中に波及する不安感や、アメリカ人が元来持っている中国贔屓もそれに拍車をかけた。[68]

また、鶴見は一九三七年の訪米時に国務長官のコーデル・ハル（Cordell Hull：一八七一－一九五五）に面会した際に、パネー号事件において日本がアメリカの非戦闘員を殺したことをハルに指摘され、鶴見もそれを認めざるを得なかった。これも、日本の残忍な行為を印象づける一因となった[69]。

第七に、アメリカは、先の欧州戦争において民主主義擁護のために金を使ったが、結果的にヨーロッパ諸国には独裁者を生み、貸した金が返済されないという結果に終わったことから、戦争自体に幻滅していた[70]。

第八としては、一九二九年一〇月に起こった経済恐慌のために、アメリカでは約二〇〇〇万人の失業者が出るという未曾有の社会経済問題が発生し、その不景気から抜け出せない状態にあった。従って、戦争どころではなかったことから、日本に悪感情を抱いた[71]。

第九として、アメリカは、伝統的に中国を贔屓する気風を持っていた。その背景には、憐れな中国人を異端から救済してキリスト教に改宗させたいという発想から、八〇年間にわたり約三〇〇〇人のアメリカ人宣教師を派遣していた事実があった。同活動を維持するために、アメリカの都市や地方を問わず膨大な募金活動が行われた。その在中宣教師に対して中国人が対日感情を悪化させる目的で、誇張誹謗の事実を宣伝した[72]。

第一〇として、一九三九年七月に日本で起こった排英運動は、アメリカの対日感情を悪化させた[73]。

第一一としては、一九二九年の株式大暴落が招いた不景気によって多大な失業者が出て、資本主義に対する不信感が高まった結果、アメリカでマルクス主義研究や共産主義思想が拡大した。さらにこの機に乗じて、共産主義国ソ連がアメリカに働きかけて、反日感情を煽った。[74]

第一二として、アメリカの映画・新聞・ラジオ業界にはユダヤ人が多く、彼らの反ナチス感情が対日感情に反映して、日本の印象が悪くなるように映画•記事•番組を意識的に制作した。また、パネー号事件の映画を長期にわたって繰り返し上映したり、ヒットラーの映画と併映したり、ユダヤ人主導の新聞『ニューヨーク・タイムズ』が日本攻撃の論調で記事を書いたり、中国側の演説は掲載するが日本側の主張は掲載しなかったりというように、偏った報道を行った。[75]

以上が、鶴見が分析した対日感情の悪化の諸要因であった。このように、反日感情が高まる中で、鶴見は、日本がアメリカに対して取るべき対策を検討した。その結論は、こういった最悪の状況下では、アメリカにおいて積極的な宣伝を行ってはならないということであり、こういう時勢において強く発信することはかえって逆効果を生じるので、しゃべることなく他の方法でアメリカ人とコミュニケーションを図らなければならないということであった。[76] 彼は、平時に行ったアメリカ講演活動というような大衆の感情に直接的に訴えかける積極的な手段は取ってはならないと考えた。彼が、「わが国に対し米国一般の世論が反対であればあるだけ我々は、表面よりこれに対抗することを避けなければならない。そして最も辛抱強き方法をもって、正しき判断の材料を彼らの中の識者に提供することに努力しなければならない」[77]という思いから考え出したのが、ニューヨークにおいて日本情報図書館を設立することであった。フランス政府やドイツ政府は、同様の図書館を前年の一九三六年に設立していたことから、鶴見には焦りがあった。[78]

鶴見は、一九三七年一〇月一三日に横浜港に到着してオーストラリア旅行を終えたばかりであったが、約二ヵ月後の同年一二月一八日には、今度はアメリカへ向けて横浜港を出航した。それは、パネー号事件から数日後のことであった。同年一二月三〇日にシアトルに上陸し、翌一九三八（昭和一三）年一月三日にニューヨークに到着した。[79] この時のアメリカ国内の対日感情については、ニューヨークにおける日本人たちは日米戦争が近いという予感を抱いていて、すでに色々な処置を取っていたほど非常に悪化していた。パネー号事件は国威の問題として騒がれ、アメリカ海軍士官の間では国辱を雪ぐために立ち上がらなければならないという議論が闘わされ、日米開戦論が盛んな状況となっていた。[80] 鶴見がかつて講演活動を行った一九三二（昭和七）年頃、満州事変当時や上海事変当時とは比較にならないほど、強烈に反日の空気が漂っていると感じた。[81] しかし鶴見は、それでも日米開戦はないと楽観的な態度をもって臨んだ。[82] その理由は、アメリカ大統領選挙がペンシルバニア州やニューヨーク州の意見だけに左右されるのではないのと同様に、アメリカの世論はミシシッピー沿岸の農業地帯の意見が大きな位置を占めているからであり、中産階級の意見も合わせて考えないとアメリカ全体の世論は分からないと考えていたからである。[83]

一九三七年一二月、鶴見は国民使節派遣という形での渡米は避けて、ニューヨークに日本情報図書館を設立することを目的とし、国際文化振興会をはじめとする日本の各種団体からの要請に基づく派遣という形で渡米した。[84] 一九三七年一二月一一日付で軍部局長から在米日本大使館付駐在武官に宛てられた極秘親展電報には、次のように記されている。

今次ノ時局ニ対処シ且将来ニ於ケル日米関係ノ調整ニ資スル為紐育ニ情報図書館（インフォーメション、ライブラリー）ヲ設立シ其ノ材料ヲ利用シ米国ノ「キーポシション」ニ在ル有力者ニ日支事変ノ真相説明ヲ試ミタキ旨ノ鶴見祐輔氏ノ提議アリシ処首相、外相、海相陸相及蔵相之ニ賛同シ、当面ノ入費ハ郷男、池田氏ノ尽力ニテ民間出資ノ見込附キ将来ハ之ヲ予算化スルコトニ蔵相ノ内諾ヲ取付ケタリ、鶴見氏ハ一二月中旬発渡米スル運トナリタル処本件海軍トシテモ全福（ママ）ノ賛意ヲ表シ充分ナル支援ヲナシ居ル次第ナルニ就テハ右ノ職責官ヨリ大使ニ取次ギノ上賛同並ニ充分ナル支援ヲ大使館ヨリ与ヘラル様尽力相成度、大使ノ意向交渉ノ模様ト共ニ報告アリ度シ(85)

鶴見は、アメリカの知識階級の主要人物に対して日中戦争の真相を明らかにすることで対日感情悪化の阻止を図ろうという意図を持っていた。この提案に対して日本の政府関係者は、首相以下ことごとく賛成し、当初は民間の費用で設立し、設立後は国家予算で運営することになった。

鶴見が考えていた日本情報図書館は、具体的にはどのような構想や目標を設定していたのであろうか。まず、名称についてはイギリスのやり方に倣って、「The Japanese Library of Information」か「Japanese Bureau of Information」と名づけるのが適当であるとした。この事業の基本方針としては、「事実の頒布提供」つまり「正確な情報の提供」に主眼を置き、「意見の提供」である宣伝は行わないことが重要であるとした。それは、「米国人ハ自ラ意見ヲ定ムルコトヲ好」み、宣伝を嫌うからである。鶴見は、イギリスがアメリカでの広報外交において十数年来の成功を収めているのは、事実を提供するという原則を厳守しているからであって、それとは対照的にドイツが失敗したのは、第一次世界大戦中にアメリカで宣伝を盛んに実施したからであると考えた。中国が日中戦争について「誇張ノ言辞ヲ用ヒシ結果生ジタル膨大ナル毒」に対抗し、それを訂正するためには、積極的な宣伝ではなく、アメリカの知識層が判断する際に必要な正確な「幾多の証拠」を提供することが大切であると考えた(86)。

図書館の組織構成については、館長一名、事務長一名、翻訳者二名、学者一名か二名、アメリカ人英文校正者一名、アメリカ人顧問一名、タイピスト二名を配置するべきであるとした。スタッフの構成については、一九三一年のアメリカ滞在中に鶴見自身がアメリカ人秘書を雇用した経験が活かされたものと思われる。館長は大使級の人物を駐在させ、アメリカ人から尊敬を集めるに足る社会的地位を与えることとし、学者については日本の経済事情についての問い合わせに応じられるような人物と、政治外交関係や太平洋各国間の条約に明るい人物を配置し、また、アメリカ人顧問は、アメリカの政治・経済・報道に通暁し、館長の相談役として根本方針に関しても意見を提供できる有力者を配置するとした(87)。

図書館の運営経費については、賃借料は約六〇〇〇ドル、人件費は約五万四六〇〇ドル、印刷・通信の諸経費が約二万ドル、交際費・旅費の予備費として約一万五〇〇〇ドルとして、総計約九万五六〇〇ドルと見積った。ただし以上の経費見積は、「支那事変解決迄ノ臨時費ニシテ事件後ノ平時費ハ此ノ三分ノ二ニテ足ルベシ」としていることから、日中戦争は短期で終結すると楽観視していたものと思われる。この見積は、イギリス政府が一九一八年にニューヨークに設立した英国情報図書館の経費の約三万五〇〇〇ドルを参考にしているが、英米両国は同一言語を使用しているのでイギリス政府の印刷物がそのまま流用できることから、日本の場合は翻訳その他で倍額以上の経費がかかると見積った(88)。

鶴見は、アメリカの世論がどのようにして構成されているのかを研究し、アメリカを動かしている各界の主要人物に、図書館長が個人的に交渉して働きかける必要があると考えた。彼が考えたその具体的な対象を表にすると、表「対米宣伝の対象」のように分類される。

その方法としては、個人的な関係を重んじてアメリカの要人と「密接なる接触を最も広汎に持続する」べきであるとした(89)。

以上が鶴見の構想であった。最初から図書館のすべての職員を揃えることは叶わず、斎藤博(一八八六―一九三九)駐米大使の協力を得て、鶴見自らがアメリカ人秘書とともに事務局を立ち上げて開始した。しかし、鶴見がこの図書館設立事業をアメリカ人から反感を受けないように公明正大な方法で行おうとしたにもかかわらず、日本の外務省がその用途を誤って、鶴見との間で齟齬を生じたために、このプロジェクトから鶴見は外されて、外務省は後任に前田多門を据えた。一九三八年三月一八日の帰国であったことから、数ヵ月で前田多門と交代させられたことになる。これが契機となって、鶴見と前田との一高時代から約三五年間の長きに及ぶ交友関係は決裂して、ついに生涯断絶のままとなっ

表　対米宣伝の対象

業界・分野	業界・関係団体	働きかけるべき人物
政治関係	政府、分党	第一に、現大統領ローズヴェルトの腹心の者に働き掛ける必要がある。例えば、ジョセフ・P・ケネディ（Joseph P. Kennedy：一八八八－一九六九）、ヘンリー・モーゲンソウ（Henry Morgenthau：一八五六－一九四六）といった人物。
	共和党	現在の幹部や次期大統領候補者。
経済関係	二大政党ほかの急進分子	例えば、上院議員のロバート・M・ラフォレット・シニア（Robert M. La Follette, Sr.：一八五五－一九二五）。
	事業家、商業家	アメリカ各地の商業会議所を利用すること。その重要人物としてはニューヨークのワットソン氏に働きかける必要がある。
経済関係	金融業者	モルガン系とロックフェラー系の財団を利用すること。例えば、トーマス・W・ラモント氏（Thomas W. Lamont, Jr.：一八七〇－一九四八）。
	農業関係	各地の農業団体に呼び掛けること。この中心人物については、現在心当たりがない。
新聞関係	工業労働者関係	A・F・Lのような熟練労働者からなる自主的団体に対しては、鈴木文治氏経由で、グリーンやシャレンバーグに交渉させること。同時に、急進的労働団体に対しては、直接、ルイス（鉱山関係）、シドニー・ヒルマン（紡織職工関係）らに交渉させること。
	通信社	日本の同盟通信社からアメリカのA・Pに連絡させること。それ以外にも、スクリップス、ハワード系、ハースト系、U・Pは、別の方法で接触すること。
	新聞	各地の有力新聞に対して直接折衝すること。特に、東洋問題担当記者との関係を密接にすること。

学界関係	雑誌	各州の評論雑誌については、主筆だけでなく、有力な寄稿者に対しても個人的に接触を保つこと。
	大学	総長や有力教授と連絡を取ること。これにはカーネギー財団国際教育部長のステファン・P・ダッガン博士を利用すること。
宗教団体	各種団体	各種研究団体、特に、Institute of Foreign Relations、Foreign Policy Assosiation、Institute of Pacific Relations の三団体の力を用いること。
	新教各派	最適任者は、賀川豊彦（一八八八－一九六〇）氏である。
人道団体	天主教教会	現在、アメリカの中心的人物がいない。さらに研究する必要がある。
	カーネギー平和財団	コロンビア大学総長のニコラス・M・バトラー（Nicholas M. Butler：一八六二－一九四七）氏とジェームズ・T・ショットウェル博士に交渉すること。
	赤十字社	モルガン系の中心人物を通じて交渉すること。
	ロックフェラー財団	コロネル・A・ホール・ウッズ（Colonel A. Hale Woods：一八七〇－一九四二）氏を通じて交渉すること。
婦人団体		各地の婦人会と接触すること。その適任者は、石本静枝女史、杉本夫人、河合道子女史である。

出典：『鶴見文書』七七六番（「対米宣伝政策ノ対象」）により作成。(90)

た。この時の外務省と鶴見との間の齟齬というのは、外務省がもっと積極的に働きかけるべきであるとしたことに対して、鶴見は今この時期に積極的な広報外交を行うことはかえって逆効果であり、消極的な情報提供に徹するべきであると主張したことで両者間に生じたものと思われる。[91]

この日本情報図書館は「日本文化会館」として、一九三八年一一月一日に開館した。樺山愛輔（一八六五－一九五三）が初代館長となり、その後に前田多門が館長となったが、日米開戦によって閉館した。[92]鶴見は、このプロジェクトについて、「遂に無効に帰したる」と述べている。[93]

また、情報図書館設立という消極的な手段以外では、以前のような大々的な講演活動はできないものの、鶴見はアメリカ知識層との個人的接触や、アメリカの新聞社幹部らとの昼食会のような小規模な場におけるスピーチを行った。大勢のアメリカ大衆を対象とした講演活動を行うことは不可能であった。[94]

このほかにも、鶴見は、有力者や公平な観点を持つアメリカ人を招いて、日本・朝鮮・満州・中国を視察させて、アメリカの新聞・ラジオ・映画などの情報がはなはだしく不公平で虚偽であることを知らしめ、排日感情を一転させようという目的で提案を行った。[95]さらに、アメリカのモルガン商会に借款を得て綿花を輸入しようとした。[96]しかし、いずれもなし得なかった。以上にみた通り、この渡米における活動の成果は、いずれも決して実りあるものではなく、実施するタイミングが遅かったのである。他国における日本情報図書館設立などの活動は、世論が悪化する前の平時において行う必要があったのである。

鶴見自身は、この時点においても、アメリカの世論は激変しやすい性質であることから反日感情も永続的なものではないと考え、「わが国の東亜再建の事業自身が正しく進行するにおいては、それは必ずやこの国の世論を動かさずにやまないであろう」として、日本の対中政策が進展し、「支那における秩序の回復」をみたならば、アメリカの対日感情は好転するという望みを抱いていた。[97]

一九三八年三月一八日にアメリカから帰国すると、同年五月一一日に、ニューヨークの日本情報図書館のプロジェクトから外された失意を弾き飛ばすように、「太平洋上の諸問題を研究し、我が国策を科学的客観的なる基礎の上に、樹立せしむるの一助たらんことを目的として」、都内に「太平洋協会」を創設し、同協会の常任理事に就任した。[98] 太平洋協会は、太平洋地域の諸問題を科学的な姿勢で研究する必要性が一層高まっていたにもかかわらず、それを実行する機関がなかったために創設されたものである。[99] これは、それまで同様の研究活動を行っていた日本IPRが機能しなくなっていて、それに代わる機関として設立されたものと思われる。

アメリカ有力新聞に発信する

太平洋協会の創設に奔走した鶴見は、その同じ年の一九三八年六月一〇日から同年一一月二九日にかけての約五ヵ月間、今度は国民使節という使命を担って渡米した。そして、アメリカ到着早々の一九三八年七月一三日に記者会見を開いて、次のように述べた。

日本が中国内地における抗争に際限なく関与することはない。日本の対中政策の限度、すなわち日本の膨張には限界がある。これまでも、日本はソ連に対する防衛と、物資・原材料の獲得だけを目的として満州の権利を主張してきたのであって、満州以外の地域において駐在する権利を固持したことはなく、日本は中国全土を併呑・管理する気はなく、中国が地域的に行っている侵略についても関与しない。しかし、中国・ソ連両国の抗日的な態度に対しては、平和的につき合うことはできない。日本の膨張が一定の段階に達したことの表れとしては、宇垣一成が外相に就任して支那事変の収束に向けた新政策を打ち出したことに象徴される。一方、中国は、支那事変によって日本の内部に議会主義者と反動派との抗争や国内分裂が惹起されることを期待して、第三国の干渉によって日本を刺激しようとしたが、日本はその事態への対応策が整っている。日本は、国内の全勢力を集結し得るほどの強力な第一次近衛内閣が成立したことで、日本の財政的、経済的基盤が磐石となり、日本が中国経済の中枢部である揚子江流域を押えていることから、日本軍に対する中国の抵抗は、アメリカが考えるほど長くは続かないであろう。[100]

以上が鶴見のインタビューの趣旨であった。これは、一代議士の立場での発信ではあったが、『ニューヨーク・タイムズ』は「民政党幹部代議士、鶴見祐輔」の意見として、翌七月一四日に、日本の代表的な意見として掲載した。[101]

鶴見は、日本の膨張の限界を示すことで、アメリカひいては世界各国が日本の対中政策に対して疑心暗鬼になることを避けようと考えたのである。[102]

しかし、日本政府は多数の兵隊を中国に送り込んでいたことから、鶴見個人が膨張の限界を示したところで、その主張がそのままアメリカの大衆に受け入れられる可能性は低かったものと思われる。とはいうものの、対日感情が悪化しているアメリカにおいて、日本の対中政策についてこれほどまで明確に、この時期に発言した日本人がほかにいたとは考えられない。また、ニューヨーク市内の代表的なホテル「ホテル・ピエール」で、記者会見を開き、記者を集めたところに、鶴見のネームバリューが活かされたことは紛れもない事実であろう。

日中戦争が行き詰まりを見せている中で、ヨーロッパも一層の緊迫状態にあった。一九三八年三月にドイツがオーストリアを併合し、さらにドイツはチェコスロヴァキアのズデーデン地方の併合を要求し、同年九月二九日のミュンヘン会談において、その要求を英仏に譲歩させた。それは、英仏が第一次世界大戦での悲惨な結果を避けようとしたからであり、ドイツの鉾先を東方ソ連に向けさせようとしたからであった。鶴見は、ニューヨーク滞在途中の一九三八年一〇月二四日にロンドンに赴いて、ミュンヘン会談後のロンドンの様子を視察した[103]。鶴見は、ミュンヘン会談によって、戦争が回避されたことを評価した。しかし、鶴見は、ロンドン市中で塹壕が掘られ、戦争の準備が進められている光景を目の当たりにした[104]。彼はロンドンで、イギリスの外務省・植民省の役人や、駐英日本大使らと面談し、同年一〇月三〇日にはヨーロッパを発って、一一月上旬に再びニューヨークに戻った[105]。

一九三八年六月から同年一一月の渡米では、鶴見はアメリカにおいては以前のように講演活動を行っておらず、従って一九三七年以降、それ以前のような活発な講演活動を展開していない[106]。一九三七年から一九三八年までの二度の渡米においては、アメリカの旧友に個人的に会って日本の事情を説明し、またアメリカ側の意見を聴取するという活動が精一杯であった[107]。これは換言すれば、そういった活動しかできないほど対日感情が悪化していたことを意味している。

今回の訪米の際に、鶴見は、妻・愛子、長女・和子、長男・俊輔を同伴し、和子をヴァッサー大学に、俊輔をミドルセックス・スクールにそれぞれ入学させた[108]。これは、鶴見が、対日感情は悪化していたものの日米開戦には至らないと究極のところで判断していたからであろう。この辺りの彼の行動については、情勢認識が甘いといわざるを得ない。

一九三八年一一月に帰国した鶴見は、太平洋協会に南洋委員会を設置した[109]。これは南進政策に目を向けて、具体的な行動を取った端緒である。またこの行動は、英米との協調路線を進めながら、同時に南進も可能であると考えていたことを意味している。

鶴見は、太平洋協会の設立趣旨の中で、「いま日本は支那事変で大陸の泥沼に足を踏み込んで、進むに進めず、退くに退けない。しかしこのまま続けていたら日本は大変なことになる。かといって支那から手を退いても、この狭い日本の国土だけでは日本人は生活できない。日本人の眼を大陸から南洋に向け、南方に日本人は平和的に進出すべきだ。殊にニューギニアは原住民も少なく未開発である。これを買収して勤勉な日本人が植民すれば、それのほうが大陸の戦費に比べればはるかに安上がりだ。しかしそれを成功させるためには、何よりもアメリカとの間に話をつける必要がある。自分はアメリカの政界にも知人が多いので、自分の残り半世（ママ）を、日米間の融和とその下における日本の南方発展のために捧げたい」(110)と述べている。太平洋協会の南洋委員会は、政府に協力する形で南洋の経済社会問題の調査を積極的に行うようになった。

自由主義者としての奮闘

第一次世界大戦、排日移民法成立、満州事変、上海事変、日中戦争といった各時期のアメリカ世論の変化や各国の宣伝合戦をみてきた鶴見は、日本がイデオロギーを発信するという点において、各国に比べて非常に遅れを取っていると考えていた。彼は、一九三九年三月に日本国内で行った講演の中で、次のように自分の考えを述べている。

世界の戦争は武力と経済力以外に思想の戦争が、ある場合に於て決定的である事すらあるのであります。この支那事変の結末は武力の戦争としては支那で片がつくでありませうが、経済戦争は支那では片がつかない。第一に日本国内の我々の銃後の経済力が微動もしない程に堅実に維持されなくてはなりません。この日本国内の経済状態が安全になりますためには世界との関係が良くならなければならぬ。その内で一番大事な国は何処かと申せば、どうしてもアメリカと申さなければならぬと思ふのであります。思想の立場から申すと残念乍ら日本は今評判が何処へ行つても悪いのであります。昨日も或る人が冗談に申しましたが『持てる国』『持たざる国』と云ふ事を議論する人がありますが、その他にもう一つある『持てない国』と云ふのがある。どうして日本が持てないのかと云ふと、思想戦争に負けて居るからだと思ふのであります。我々は今『持たざる国』ではない。我々の占領致しました支那の地方を開発致しますならば、日本の持って居ります天然資源と云ふものは寔に大変なものでありまして、恐らくアメリカ、ロシア、イギリスに次いで日本が『持てる国』になるかも知れない。『持たざる国』ではなくなつたけれ共、思想戦の方面で勉強致しませぬと何時まで経つても『持てない国』になる心配があるのであります。この『持てる』『持てない』は何処で勝負が決まるかと云ふと、欧州戦争の時も皆が気にしたのはアメリカの世論であります。[111]

以上には、軍事力と経済力に対してイデオロギーの力を重視する鶴見の考え方が、如実に表れている。

鶴見は一九三九年七月に日本の対中姿勢をアメリカに知らしめるために、国営の日本放送協会によるラジオ放送局から英語演説を行った。[112] その趣旨は、次の通りである。

中国大陸に安定した政府が長期間にわたって存在しないことが、近年、日本の国家生存にも深刻な影響を与え始めた。当初、日本は欧米諸国との協調によってこの状況に対処しようとした。特に一九一九年から一九三〇年にかけて、日本は中国に対して援助と和解を実行することに最善を尽くした。しかし不幸にも、移民問題、高関税、原材料の入手困難という形で、日本は至る所で打撃を受け、また、国内の人口増加という死活問題を抱えながら、アジアに新しい秩序を創造し、恒久平和のための基盤を築かなければならなかった。中国と日本のどちらかが、東アジアにおける新しい秩序を創造するために先頭に立たなければならず、日本はそうする運命を担った。

日本は中国に対して、締結している条約を施行する権利、通商の興味、投資の条件以上のことを期待してはおらず、日中両国家の現実的な生存を継続させるために、安定したアジア地域をいかに創造するかが唯一かつ最大の課題である。この目的のために日本は戦い続ける決断をした。

日中間の紛争が北支において局地化し、短期で終結するであろうという予測に反して、中国の主な部分にまで拡大して二年が経過した。紛争は今や日中両国の国家的、個人的生存の基盤に影響を及ぼしている。しかし紛争の二年間が、戦いを中途半端に止めることはできないと日本に悟らしめた。日本は腐敗した馬小屋を綺麗にしなければならない。さもなくば、日本本国にまで無秩序が拡大することに屈しなければならない。

日中両国民が、同じ到達点を求めているということを認め合った時に、普遍的な基盤上で理解し合えると信じている。その時が来るまで、日本は嵐の中で立ち止まらない。日本は東アジアに安定した平和をもたらし、また長い苦闘を耐え得ると確信しつつ、紛争の三年目に入ろうとしている。(113)

以上のラジオ演説において鶴見は、紛争が日中両国民のためのものであることや、東アジアに安定をもたらすという目的のために戦っていることを強調している。これは、英米の対日感情を意識したものであった。しかし、このラジオ演説が、アメリカの世論を動かすほどの効力を発揮した可能性は低かったと思われる。

鶴見はこの時期に、政治家としてどのような行動を取ったのであろうか。一九三九年三月一一日、衆議院予算委員会において、鶴見は有田八郎（一八八四－一九六五）外相に対して、日独伊防共協定がそれ以上の日独伊三国軍事同盟に進展することに強く反対の意を示した[114]。その理由は、もしこの同盟を結んだら、英米から日本は軍国主義化してファシズムを信奉する国であると判断され、独伊と同様に扱われることとなって、英米との関係がさらに悪化すると危惧したからである。

さらに、鶴見は一九三九年五月から六月にかけて吉田茂（一八七八－一九六七）、町田忠治民政党総裁らを個別に訪問して、日独伊三国軍事同盟を締結しない方向で協議を重ねた[115]。一九三九年八月に、永井柳太郎（一八八一－一九四四）委員長が民政党外交調整委員会において日独伊三国軍事同盟賛成に意見を統括しようとした際には、鶴見は強硬に反対して決をとらせなかった[116]。日独伊三国軍事同盟は、独ソ不可侵条約が成立したことによって、同年八月末に平沼騏一郎（一八六七－一九五二）内閣が倒れたために、棚上げとなった。

以上の鶴見の行動は、世界全体を視野に置いて、特に英米からの視線を念頭に置いて、日本の政治体制が自由主義に基づいていることが対米関係調整の必須条件であると考え、その信念に基づいて政治活動を行ったものであった[117]。

さらに、軍部の政治への介入に強く反対するという鶴見の自由主義者としての行動は続く。一九四〇年一月に、米内光政内閣成立にともない、鶴見は内務政務次官に就任した[118]。米内は、親英米派であった。鶴見の内務政務次官在任は約半年間という短期間ではあったが、何とかして日米開戦だけは避けたいという強い思いから、その方向で日本国内の新聞・雑誌に記事や論文を執筆し続けた。また、米内や永田秀次郎といった陸軍に批判的な人物を鶴見が主宰する太平洋協会に集めて協議を重ね、陸軍の穏健派を助けて、出先きの軍の独断専行を抑えようと努めた。[119]

一九四〇年二月二日に斎藤隆夫（一八七〇－一九四九）の反軍演説によって同氏の衆議院議員除名問題が起こった際に、民政党内では斎藤の除名について懲罰委員会に諮るか否かで議論が分かれ対立した。鶴見は当初、陸軍の介入を許すべきではないと考えて斎藤除名に反対したが、やがて「第一の良策、斎藤氏を辞職せしむるにあり。かくして国論不統一を世界に暴露するを避け得べし。此の問題を提げて軍部と一戦するは未だ時期に非ず」と考え、また民政党と政友会が分裂してしまっては政党全体の力が弱まると判断して、致し方なく斎藤除名に賛成票を投じた。[120]しかしこの行動は、「議員生活中最不快なる日を送る」と日記中で述べている通り、鶴見にとっては非常に不本意な行動であった。[121]その結果、一九四〇年八月には民政党を含む既成政党が解党して大政翼賛会に合流することになり、その時点に至って、斎藤の除名に抗議して議員を辞職するべきであったと非常に後悔した。[122]これを悔いて、一九四〇年から一九四一年にかけて、軍部を抑制するために多数の議員を集めて政党を結成しようと活動し続けたが、成果を挙げ得なかった。[123]この辺り、自由主義者としての鶴見の意志の弱さが露呈している。また、軍国化していく過程において個人の努力がいかに脆弱なものであるかを示してもいる。しかし鶴見のこういった奮闘は、松山事件以降の新渡戸稲造の行動よりも、より積極的かつ実際的に軍部の政治介入に抵抗する行動を取ったとはいえまいか。

一方、鶴見は、この時期、国内において対外向けにはどのような発言や活動を行ったのであろうか。一九三九年一〇月には、鶴見は太平洋協会において「日米太平洋協約案」を作成し、阿部信行（一八七五－一九五三）首相に手渡した。[124] この日米太平洋協約案には、相手国との友好関係を害する恐れのある現行法規を早期に改定すべきであるとして、アメリカ排日移民法と保護関税の改定を促す内容が込められていた。鶴見にとってアメリカ排日移民法と高関税は、ともに一九二〇年代からの長年の懸案のテーマであったが、この時点でそれを再度訴えようとした。

鶴見は、日本の対中政策に対してアメリカは理解を示すものと考えていた。しかし、日本が南進すればするほどアメリカの世論は悪化すると確信していた。[125] この確信は、鶴見の対米講演活動でアメリカ各都市の空気を直に感じた経験からきていた。それは、満州事変時にアメリカの世論は悪化しなかったが、上海事変時には世論がわき返ったのを目の当たりにしていたからである。これは、上海に外国の収益の拠点があったからである。この時も日本の進路が仏領インドシナや蘭領東インドに向かうにしたがって、アメリカの世論は硬化した。日本が南進すればするほど日米摩擦の危険性が高まった。アメリカとしては、錫やゴムはボリビアやブラジルで間に合うので、蘭領東インドで採れる錫やゴムの利権を守るために戦争をするのではなく、英米の防衛線に日本の南進が抵触するから、日米間の緊張が高まるのである。[126] そこで、鶴見は、南進すればするほどアメリカの対日感情が悪化するのは、日本の膨張の限界が分からないから、アメリカの疑心暗鬼が生じると考え、一九四一年二月四日の衆議院議会において、アメリカの理解を得るためには、日本はアメリカに対して膨張・拡張の限界を一層明確に説明すべきである、と外相の松岡洋右に提言した。[127]鶴見は、「日本の金輪際動かざる要求は是である。是が為には、不退転の金剛不壊の力を以て立上るのだと云ふハッキリした限界を御示しになることが、私は日本と全世界の協調を得る所以ではないか[128]」と主張した。大東亜共栄圏が拡がるその膨張の限界を示す必要があると訴えた。

また、日本の政策が具体的に伝わっていないために、さらに日本国内から放送される議論が多種多様であるために、アメリカをはじめ各国は日本に対して疑心暗鬼を生じていると、彼は主張した。鶴見が一九三八年七月一三日に、ニューヨークで『ニューヨーク・タイムズ』に対して、日本の対中政策の限度について語り、その内容が掲載されたのは、先述の通りである。

一方、世界に対して日本の膨張の限界を示した結果、「それで其の具体的な政策に付てアメリカがどうしても肯かないと云ふ時には、今御話のやうに日本民族として一歩も、退くことは出来ませぬ[129]」という決意も示した。しかし、これは詭弁であって、この時でさえ、鶴見は日米開戦の可能性を信じてはいなかった。

以上のように、鶴見が軍事的な南進と日米協調との両立を図ろうとしたことは、非現実的な発想であったのであろうか。一九三四年にフィリピン独立を承認し、植民地を持っていなかったアメリカは、欧米帝国主義国の植民地を守るために日本の南進を阻止することはないという判断が一般的にあった。欧州大戦が勃発してアジアが力の真空状態にあった間に、日本が勢力を拡大しながら対米関係の調整が図れることができれば、日中戦争の自主的解決の可能性はあったと捉える見解は現在でも存在する。[130]

この時期の日米衝突の可能性について、鶴見はどのように考えていたのであろうか。先述の通り、鶴見は中国をめぐって日米が衝突する可能性は低いと考えた。その理由は、経済・通商面から検討した場合、日米関係はこれまで親善が定石であったこと、文化的、人道的面から検討した場合も、スティムソンその他の条約尊重論はいずれも平和のための条約であるので衝突の可能性は低いこと、宗教面すなわち中国におけるアメリカの布教政策という面から考えても衝突の可能性は低いこと、以上の判断によっていた。

しかし、日米衝突の可能性としては、イデオロギー面から考えて、アメリカが中国の民主主義を擁護する義務があると考えて行動した場合や、中国においてアメリカ文化を普及させることが中国民族にとって最善であると考えて行動した場合、政治面や帝国主義の側面から考えて、太平洋において優位な位置を占めるためにアメリカが進出した場合は、日米衝突の可能性が高まると捉えた。[131]

鶴見は、平時においては世論が国論を代表し政治家を動かすが、危急存亡の場合においては、指導者が世論を無視して独裁的権力を発揮して統治することもあり得ると予測した。彼は、F・ローズヴェルト大統領が独裁的な権力を発揮して政策を進めるかどうかに、日米衝突の可能性はかかっているとも考えた。[132]

さらに、日米衝突に影響を与える別の重要な要素としては、ソ連の存在があった。ソ連はドイツと不可侵条約を締結したのでドイツの同盟国であるが、イギリスとも国交を断絶していないので、イギリスにも好意を持っている可能性があった。アメリカは、共産主義革命の一時期を除いて、歴史的にもソ連と一度も利害衝突しておらず摩擦もなかったことから、米ソが結託しないという保障はないと鶴見は考えた[133]。

一九三九年七月二六日に、アメリカが日米通商航海条約の一方的な破棄通告をし、一九四〇年一月二五日にはその効力が発生して日本とアメリカは無条約状態となり、アメリカは日本からの輸入品の関税引き上げや輸出入の禁止ができる立場となった。さらに一九四〇年七月には、アメリカは輸出許可制を実施し、次第に鉄屑や航空用ガソリンといった戦時用品の不許可品目を増加して、日本との貿易を縮小した。それに加えて、アジア地域のアメリカ人に対する引き上げ命令の宣告、一般的な軍拡を装った太平洋艦隊の強化、蒋介石への一億ドル借款の設定というように、アメリカは現実的な対日政策を採った。このような情勢下で、鶴見は、将来的にアメリカの政策が石油輸出禁止や生糸輸入禁止にまで進展することを危惧した[134]。

一九四一年四月以降、イタリアとドイツの攻防が激化したために、イギリスは南太平洋地域の海軍基地の艦隊を引き上げた。イギリス一国では南太平洋地域の覇権を維持することができないために、南太平洋地域におけるイギリス海軍や空軍の基地使用許可をアメリカに委託した。それにより、アラスカ、ハワイ、パナマを結ぶアメリカの防衛線が前進したことによって、アメリカの軍用機は日本統治の南洋地域を通らずにマニラに三日半で到着が可能となり、またアメリカ海軍の艦艇は、オーストラリアと蘭領東インドの間を通ってシンガポール到着が可能となった。こうして英米双方の防衛線が太平洋地域を横断し連関したために、日本の防衛線の南下により英米の防衛線と衝突する可能性が一層高まった。一方、大西洋においても、アメリカ海軍がイギリス商船の護送を行う可能性も生じた[135]。

一九四一年四月七日に松岡はモスクワを訪問し、四月一三日に日ソ中立条約を結んだ。しかし二ヵ月後の六月二二日に、突如、独ソ戦が開始された。それは、鶴見の言葉を借りれば「全世界・事の意外に驚愕す」というもので、日本にとっても不意打ちであった。独ソ戦はソ連を英米側に追いやることになり、また日独伊三国同盟と日ソ中立条約は矛盾することとなった。この事態を鶴見は、「日本の為めにハ天佑と謂ふべし。以て北方の憂を除くべし」と捉え、これを前向きに捉えた。彼は日本の具体的な行動として、「第一　日本は静観し、米国を牽制」、「第二　ソ独戦争　独逸に有利に進展の好機に乗じ、沿海州と北樺太占領、以て後顧の憂いを除く」、「第三　蘭印交渉頓挫につき色々の態面論に囚はるる要なし。此際南進ハ不可之（なり）。北方を鞏（かた）め置かバ南進の時機ハ自らにして来るべし」と考えた。鶴見もこの時期の南進は不可であり、北方を死守しつつ南進の好機が来るまで待つべきであると考えた[136]。

独ソ戦開始直後の一九四一年六月二六日に、鶴見は松岡外相を訪問した。両者とも、日米開戦を回避しようという意思を持っていた。この会談で、独ソ戦が早期に解決するという予想のもとに、アメリカの対ソ援助と米ソの提携を防ぐため、日ソ中立条約を破棄してでも対ソ開戦に踏み切ることについて合意した。それは、対ソ開戦にかえても対米開戦を回避しようとしたのである。鶴見が「（余が、米国が浦塩に飛行機を送る如き形勢と為る時は、日本は先手を打つ要なきやとの質問に対し、）之を為す要ありとの事」と記している通り、彼の質問に対して松岡は同意した。また、松岡「外相が就任以来の努力は、如何にして米国の参戦を阻止し、以て世界のアーマゲドンを防止せんかにありしこと。而してそれを為すの唯一方途は、米国をインティミデートする外なき事を信じ、この為めに日独伊三国同盟を締結したる事。並に従来の発言は常に此の線に沿い、米国参戦の日は日本は即刻参加すと声明して、米国を喰ひとめ来りしこと」と述べるように、アメリカに対する政策で両者の意見が一致した。[137]

一九四一年六月二二日の独ソ開戦以来、連日のように大本営政府連絡会議が開かれた。一九四一年七月二日の御前会議で「情勢の推移に伴ふ帝国国策要綱」が決定された。その内容は、「南方進出の歩を進め又情勢の推移に応じ北方問題を解決す」るという南北併進であった。南方進出の態勢を強化し、「目的達成の為め対英米戦を辞せず」とする一方で、北方に対しては、「密かに対ソ武力的準備を整へ」、独ソ戦が日本に有利になったならば開戦するというものであった。この決定を聞いて鶴見は、「御詔勅まで出て居る今日に於は、一歩も後に引くことは出来ないのでありまして、此の国民的の決心を固めて太平洋、大東亜の問題を完全に乗り切つて行くと云ふだけの決心を吾々は固めて置かなければならぬ」と考えた。[138]

この決定は、すぐに実行に移された。北進については、同年七月七日に、陸軍が「関東軍特殊演習（関特演）」を命じた。陸軍始まって以来の最大規模の動員となり、七〇万人の軍隊、陸軍航空兵力の半分、戦車部隊の大部分が、ソ連国境に配備された。しかし情勢は、鶴見や松岡らの予想通りには進まず、独ソ戦は長期化の様相を呈した。

一方で、対ソ戦に比して、南進が先行した。日本とフランスのヴィシー政府との交渉により、日本軍は七月二五日に南下を始め、七月二八日以降南部仏印に約四万の軍隊を派遣し、サイゴン・カムランの両軍港と周辺八ヵ所に飛行場を設定した。その結果、イギリスの根拠地シンガポールやアメリカ支配下のフィリピンのマニラが、日本軍の空爆圏に入ることになった。アメリカは早速対抗措置を取り、七月二五日には日本人在米資産の凍結、ついで八月一日には、日本に対して発動機燃料・航空機用潤滑油の輸出を禁止、いわゆる対日石油輸出の全面停止を宣言した。イギリスとオランダもこれに倣った。このアメリカの一連の措置に、鶴見は暗然とした[139]。

一九四一年七月一八日に、第三次近衛内閣が発足した。近衛首相は、日米交渉打開のためにF・ローズヴェルト大統領との首脳会談の開催を求めたが、この時のF・ローズヴェルトは、イギリスのチャーチル首相と会談中であった。彼らは、同年八月一四日にファシズムとの闘いを宣言する太平洋憲章を発表した。ハル長官らの消極的姿勢もあって、日米首脳会談は実現しなかった。日本は、同年九月六日の御前会議で、対米戦の準備を一〇月上旬までに完成し、一〇月上旬になお日本の要求が貫徹しない場合にはただちに対米・英・蘭開戦を決意するとする「帝国国策遂行要領」を決定した。

同年一〇月一六日に近衛内閣が辞職した時に、鶴見は、次の内閣は戦争遂行の軍部内閣であろうと予測して、「戦争は防ぎ得ないと感じ」て、日米開戦回避を苦慮の上で断念した。その後は、「日本はあくまでも勝たねばならぬ」と考えるに至った[140]。

以上にみた通り、鶴見は基本的には自由主義による議会政治を行うことを理想としていた。日米開戦に至るまでの期間、彼は一貫して軍部が議会政治に介入することには反対であった。その理由は、戦争遂行内閣のファッショ化した国家は、英米から認められないと考えていたからであった。このことは、鶴見が日本の政治を考える際には、常に外側の英米の目線から日本を眺めていたことを示しており、同時にこの点から鶴見のアメリカの世論への過剰なほどの意識も生じていたといえる。講演活動という鶴見が最も得意とする発信方法が不可能となった時に、彼は英米の目線を意識しながら日本国内の政治体制を整え、議会政治を維持させようとした。

しかしその一方で、英米との協調を図りながら南進を成功させることは可能であると考えた。それを遂行させることが自分の使命であるとまで考えた。鶴見の内奥では自由主義に基づいた政治体制を築くことと海外膨張とは矛盾なく並存していた。この並存を可能たらしめた理由は、自由主義の不在に問題があると考えていたことによっている。[141] 帝国主義それ自体が問題なのではなく、自由主義の欠如に問題があると考えていたからである。従って、軍部による独断政治は問題であるが、自由主義に基づいた議会政治が行われてさえいれば、南進も問題ないという発想であった。その帝国主義と自由主義の並存を具体的に実践していた国家は、かつてのイギリスであった。鶴見の内奥に深く根差していた、青年期にイギリスの政治家の評伝と冒険家の探検記を多数読んだ経験が、日米開戦前後の時期に彼の行動に表れた。鶴見は、パリ不戦条約以降も帝国主義はすでに過去のものであるとは理解していなかった。時代潮流を読み切れていなかったことが、彼の活動における最も大きな傷となっている。

鶴見の一九二〇年代の論理は、当時の国際情勢において、英米との協調を維持することと大陸へ進出することという両立困難な課題を、「経済的進出」という正当化によって解決しようというものであった。それが一九三〇年代になって、中国本土の混乱から満州の経済的権益を守るためには政治的、軍事的進出もやむをえないとする方向へ変化し、やがて南進という形で日米の利益が直接的に衝突するに至って、鶴見の論理は破綻した。

対日感情が極端に悪化した情勢下においては、鶴見が最も得意とした講演活動を行うことは不可能であった。その際でも鶴見は、消極的なやり方ではあるが、個人的接触、日本情報図書館の設立、ラジオによる英語演説といった方法で広報外交を継続しようとした。しかし、結果的には、それらのいずれもが焼け石に水の活動であり、彼の活動の限界であった。

第六章　日本の再生と世界平和をめざして――戦後の活動

再軍備反対と国土防衛

戦後の一九四五（昭和二〇）年一一月一六日に、鶴見祐輔は日本進歩党を結成して幹事長に就任し、松村謙三（一八八三―一九七一）農相を支える形で農地改革を促進しようとした。しかし終戦の年が明けた一九四六年一月四日に、東條内閣による翼賛選挙における立候補（一九四二年）と、翼賛政治会と大日本政治会の役員就任（一九四四年、一九四五年）を理由に公職追放令の指令を受けた(1)。それを受けて、鶴見は公職追放の解除を求める訴願申請書を書き、その中で、「小生は、従来、文章と言論と政治活動とにより、国際協調を主張し、自由主義を宣伝して来たものであり、殊に日米問題の平和的解決のためには三〇余年の人生を捧げ来った者であります」と訴えたが、戦時中に彼が翼賛政治会に属し、戦争遂行内閣の内務政務次官をつとめたことは紛れもない事実であった。一九五〇年一〇月一三日に公職追放解除となるまでの約四年九ヵ月の間、鶴見は活動を封じ込められた形で苦難の時代を過ごした。鶴見が広報外交を再開するのは、公職追放解除以降である。

追放解除後の一九五一（昭和二六）年一月一七日に、鶴見は国土防衛民主主義連盟を結成して、国土防衛を唱え、国民運動を展開した。これは、日本の再軍備反対を訴えかけるものであった。(2)鶴見が再軍備に反対した理由は、二つあった。一つ目については、彼は次のように述べている。

> 私は再軍備といふことには、今日直ちに賛成し兼ねる。私の国土防衛運動は、再軍備運動ではないのである。再軍備といふ文字は、戦前のような軍備を再びつくる、といふ意味を持ってゐる。それは決して日本のために望ましいことではない。（中略）日本が若し英米仏のごとく民主主義が確立した国ならば、どのやうな大軍を作つても、軍人が政治に関与する心配はない。しかし終戦後五年の民主主義訓練では日本の民主主義はまだ本当に強固なものにはなりきつてゐない。故に今日昔のままの上級将校に統率せらるる大軍を再製することは、危険であると私は思ふ。(3)

鶴見は、民主主義が定着していない日本が軍隊を持つことに対して批判的であった。彼は、もし日本が再軍備するのであれば、「今度出来る軍備は民主的な本当の軍備でなければならない」と考えた。(4)

彼は、民主主義が完成した後の、世界平和に基づいた軍備でなければならないと考えたのである。

再軍備反対の理由の二つ目は、「再軍備ということは大変金がかゝります。再軍備にかゝる金は二千億というが五千億かゝる。そうなると増税が今よりもっとひどくなるとすると日本の生活標準は切り下げられる。日本の経済力がこれに堪え得るか」という経済上の理由である(5)。

以上が、鶴見が再軍備反対を唱えた理由であるが、それでは鶴見が主張した国土防衛とはどのようなものであるのか。当時、世界はソ連の陣営とアメリカを中心とする自由国家群の陣営に分かれて対立していたが、鶴見はアメリカがヨーロッパ第一主義を取ることで、日本は捨て子のように共産主義陣営の中に捨てられるのではないかという危惧を抱いた。万が一アメリカが日本を見捨てる方向に動いた場合に、日本が共産圏に入るのを安閑として座視しているのではなく、積極的にこれを防ぐべきであると彼は考えた。しかし、その際に日本は以前のように再び膨大なる軍備をつくるのではないが、第三次世界大戦の勃発を避け、経済的、政治的に完全な自主独立の国となるために、完全に自由な国民となって、心をあわせてこの国土を守るという精神で、自分で自分の国を守らねばならないというのが鶴見の主張であった(6)。彼は、次のように述べている。

私の考へてゐる国土防衛は、外敵が上陸して国内にゲリラを行ひ、乃至(ないし)は村々で暴動を起すやうな場合に、村の人々が自ら守ることのできるやうな防衛態勢を作らんとするものである。そして国際戦争は国連の安全保障に依存せんとするものである。であるから私は『炉辺(ろへん)を守れ』とい

ふことを標語としてゐるのである。(7)

鶴見は日本の再軍備には反対であるが、国土防衛については、「一たび動員令がでれば即ちに九〇万の軍隊がアルプスによれるからドイツは攻められない。だから中立条約によって守られているのではなくて武力によって守られているので、だから中立であっても軍備せねばならん。私は決して単純な平和論者ではない(8)」と述べているように、国民皆兵の国であるスイスを想定し、日本もそのようにあるべきであると考えた。

世界平和への貢献

鶴見は、公職追放解除後に出版した『新英雄待望論』(太平洋出版社、一九五一年)の中で、「私は講和条約が成立して、日本民族が誰に強制もされず、何物に拘束もされない自由独立の立場を回復した時に、その自由なる日本を代表する政府の名において、日本の過去の非行をはっきりと世界に向って謝すべきだと思ふ」と述べ、日本は「原子爆弾の惨劇と日本民族の受けたる精神的衝撃とを、大胆に開陳」して、「原子爆弾戦阻止の大運動の提唱者と為り、更には世界恒久平和樹立の貢献者となることを、その新しい民族目標として把握する」べきであるという自分のスタンスを示した。また、「日本の偉大さはその武力にあらずして、文化にあり、芸術にあり、文化と芸術とを日常生活に実践する日本生活にあることを再確認して、日本文化を世界文化の殿堂に捧ぐべき」であるとした[9]。

鶴見の平和への貢献や「日本の偉大さはその武力にあらず」という姿勢は、その後どのように進展したのか。一九五三年一〇月九日に、鶴見は、衆議院議長の清瀬一郎（一八八四－一九六七）、元毎日新聞特派員の楠山義太郎らとともに起草委員となって、改進党「自衛軍基本法要綱案」を作成した[10]。

さらに、鶴見は一九五四年五月二日には第一九回国会参議院本会議において、各派共同提案の代表として「自衛隊の海外出動をなさざることに関する決議案」の主旨説明を行った[11]。彼は、憲法改正には反対であり、たとえ憲法が改正されなくても、第九条の解釈次第によって自衛隊が海外で戦うようになることを危惧した。鶴見は「日本の自衛隊は、如何なる場合にも海外には出さないのだ、と世界に声明した」のが、この海外派兵禁止動議であると説明した。この海外派兵禁止動議は、一九五四年六月に参議院本会議に提出されて可決された。このような一連の提唱や行動は、鶴見の戦時下における戦争協力の態度に対する自省の表れの一つであったと、鶴見和子が評価している[12]。

これにともなって、鶴見の広報外交は、戦前と戦後で大きな変化を見せた。鶴見は、一九五二（昭和二七）三月から七月にかけて、アメリカとブラジルを旅行した。この旅行は日伯産業振興会による招聘であり、アメリカの政府要人に多く面談していることから、外務省による派遣でもあったと考えられる[13]。これは、彼にとって一四年ぶりの訪米で、公職追放が解除された二年後であった。この渡米時の一九五二年四月二五日に、鶴見はシカゴ大学において一万八〇〇〇人という大聴衆を前に、「日本国内政策の国際的な影響（アジアにおける日本の新しい役割――日本とその問題）」という演題で英語講演を行った[14]。彼がシカゴ大学で講演を行うのは、一九三〇年のハリス講座以来二二年ぶりであり、国際情勢も日本の国際的な位置も激変していた。また彼自身、最近まで公職追放にあったので、この講演は公的に見解を述べる戦後初の機会であった[15]。この講演において、鶴見はサンフランシスコ平和条約の影響下での日本の現状や将来的な展望について、次のように語った。

日本は戦争の痛手から抜け出せずに未だ貧困状態にあって、回復への過渡期にある。戦後日本の状況を、社会・思想、軍事、経済の三つの側面から捉えると、第一に、社会・思想については、日本の社会はまだ不安定で国民が希望を持ち得ないでいる状況である。戦前の日本の社会的秩序の主軸は、天皇崇拝と家族継続の原理の二つであった。しかし、敗戦を経て、アメリカの占領で誕生した新憲法とアメリカの指令によって天皇崇拝と家族継続の原理の二つが突然タブーとなり、完全に社会的混乱状態に陥った。この事態は、降伏と新たなる覚醒によって引き起こされた一状況に過ぎない。占領下の日本に民主主義や自由主義が根づくにはまだ時間がかかる。

第二に、軍事については、日本は戦後完全に武装解除し非軍事化した。この軍事力の真空状況において、ソ連や中国からの攻撃を防御するという面では、心理的にも物質的にも無力の状態である。日本は、国家存亡のために平和を切望する。

第三に、経済については、日本はアメリカの経済的植民地になるかもしれないという不安感を抱いている。サンフランシスコ平和条約締結後の日本の経済的独立は、中国大陸の資源とアジア市場から分離しては不可能であり、日本は中国との貿易を切望している。日本が戦争から学んだことは、近隣諸国と平和的、協力的に共存することなしに、日本が生存していくことは困難であるということである。[16]

以上の講演以外に、一九五二年の渡米時に行った大きな講演としては、一九五二年四月二八日のコロンビア大学クラブにおける講演「新日本」が挙げられる。その内容は、主として国土防衛運動についてであり、大半の日本人は共産主義に反対しているという趣旨であった。これは彼が日本全国を約一年半かけて回って講演活動を行った時に、「日本人の大部分が共産主義に反対である」ことを実感し、それに基づいた発言であった。コロンビア大学クラブにおける講演の聴衆としては、新聞・通信・ラジオの関係者が多かった。この講演の録音は、同年五月三日に全米でラジオ放送された。日本は経済的、政治的に完全に自主独立の国となるために国を守り抜くという「国土防衛運動」に関する彼の主張についても、採録して放送された。[17]

引き続いて、ブラジル各都市一九ヵ所で講演を行った。聴衆の数は小さい町で約六〇〇人、大きな町で約四〇〇〇人という規模であり、各地で盛大な歓迎を受けた。[18]

一九五二年のブラジル旅行時における講演活動の主な趣旨は、国土防衛運動を展開していくつもりであること、日本が現在、社会・思想、軍事、経済の三つの側面において不安定な状況にあること、日本人の大半が共産主義に反対しているので、日本は共産主義化しないこと、日本は自由主義国家の一員として国際協調していく意思があることといった内容であった。

このように、一九五二年のアメリカ・ブラジル旅行時の講演において、鶴見は国際協調を唱えたが、その主張を国際平和への貢献の提唱にまで進展させたのが、次のインドでの講演である。

鶴見は、再軍備反対や、自衛隊の海外派兵反対という流れの延長線上で、一九五三(昭和二八)年一月にインドのニューデリーで開催された、インド・ユネスコ主催の世界平和円卓会議に出席して、世界平和への貢献を訴えかけた。この会議は、ジャワハルラール・ネール(Jawaharlal Nehru:一八八九-一九六四)首相が、世界平和への道は大乗的な東洋の智慧によるべきであるとして、世界一流の思想家を各国から一人ずつ招聘し、マハトマ・ガンジー(Mahatma Gandhi:一八六九-一九四八)の弟子たちとともに、彼の思想を研究することで世界平和に貢献したいという意図で開催された会議であった。[19]具体的には、ガンジーの思想とその運動方法が国際間や国内の緊張状態の緩和にどのような貢献をなし得るかを検討し、世界一流の思想家が国籍や政治的立場を離れて自由に意見交換を行うことで世界平和の糸口をみつけ、その成果を帰国後に講演や著述によって各国民に広く訴えるというものであった。この会議に出席するための経費や旅費は、一切インド政府(文部省)の負担であった。[20]

インド側の出席者は、全員ガンジーの弟子たちで、ラージェンドラ・プラサード(Rajendra Prasad:一八八四-一九六三)大統領、副大統領で世界的哲学者でもあるサルヴパッリー・ラーダークリシュナン(Sarvepalli Radhakrishnan:一八八八-一九七五)、ネール首相、その他の閣僚や議員らであった。そのほかに、ヨーロッパ、アメリカ、アフリカから総勢一八名が参加した。[21]

会議出席前に、鶴見が、「アジアを離れて日本はないと考えるとき、どうしてもネール首相と話し、共に手を取って行かねばならないと信じています。この会議で世界平和の方途、世界平和への日本人の決意や立場を話し合って来たいと思っています[22]」と参加の抱負を語ったように、彼は日本の世界平和への貢献の姿勢を示そうと考えた。鶴見が世界平和円卓会議の際に行った講演は、次のような趣旨であった。

日本は敗戦によって、社会・思想面における価値観の喪失、経済的貧困、武装解除の三つの面で、日本の歴史における初めて直面した危機的な状況である。つまり日本は、社会・思想面、経済面、軍事面で無防備な状態である。特に軍事面においては、強い軍事力を持った後の完全な武装解除を経験して、日本人の大半は強烈な不安感を覚えている。第三次世界大戦が起こらないか、日本は今まさに戦争の脅威に対して不安を抱いている状態であり、日本は強く平和を願っている。

そこで、近い将来においてガンジーの非暴力主義の実行を進展させ、先見の明をもって今にも起こりそうな原子爆弾戦による人類の破局に対して健全な叫びを上げることを提案したい。東西ブロック間の国々は、具体的な理念で団結し合い、さらに起こり得る地球レベルの戦争による人類滅亡に対抗する必要があろう。最も愚かな新たな地球レベルの戦争を食い止める実際的な方法を思いつくことは、ガンジーの記憶と彼の見解の研究に対する賞賛となろう[23]。

この講演で鶴見が行った発信は、インド側の新聞に度々取り上げられた。例えば、『ヒンドスタン・タイムズ』(*Hindustan Times*)(一九五三年一月一〇日付)は、鶴見を反戦の平和主義者として紹介し、国土防衛論や鶴見が主宰する国土防衛民主主義連盟についても紹介した。また、同紙(一九五三年一月一六日付)は、「鶴見が太平洋文化協会の主宰者としてガンジーに学びに来たと述べた」として、鶴見の姿勢を紹介した[24]。さらに、この旅行において鶴見はニューデリー大学から文学博士の称号を授与されるといった成果もあった[25]。

鶴見の広報外交は、アメリカ・ブラジル旅行での、日本の国際協調の姿勢を述べたレベルから、インド世界平和円卓会議では、さらに一方進めた形で、日本からの発信による世界平和への貢献を提唱した。このように、鶴見の広報外交は、第二次世界大戦の敗北を受けて、戦後は他国に学びに来たという姿勢が強調され、また、日本は武力ではなく文化面で世界に貢献し、自国の平和だけでなく世界全体の平和への貢献を提唱するという方向へと変化した。これが、鶴見の広報外交が戦前と戦後で最も大きく変化した点である。

輸入障害を取り除いて、日本の未来をひらく

鶴見が世界平和への貢献を提唱したことは、戦時中に戦争遂行内閣に協力したことに対する変化の表れであった。しかし、他方で日本の国益を念頭に置いていたことも事実である。彼が「我が国経済の発展並に民生の安定のためには、国際的信用を増大し、以って輸出の拡大と移民の増加を図らなければならない[26]」と述べているように、再軍備反対や世界平和への貢献を提唱することで国際的な信用を回復し、輸出の拡大や移民の増加を進展させ、日本の経済の発展や国民生活の安定を図ろうと考えた。その意味で彼の広報外交は、実際的、具体的である。鶴見は一九五八年の時点で、広報外交につ

いて次のように述べている。

日本は従来世界文明国中、国際宣伝啓蒙の運動については、最も稚劣且つ手薄な国であつた。その為めに世界の大国中最も誤解せられたる民族であつた。これを是正するが為めに、一大新運動を起すのでなければ、折角今日、日本が世界より危険なる国としての疑惑を一掃したる際にも拘らず、これを具体的に日本の平和的発展のために使用することを得ない。即ちこの際、世界的P・R運動の国策樹立に乗り出す事は、岸内閣の選挙後の一つとして最も相応しいものである。これを従来四〇年の経験に基き、北米及び南中米に於いて、新情勢に基いて研究、立案せんことが、小生の渡米の目的の一つである。[27]

この中で、「折角今日、日本が世界より危険なる国としての疑惑を一掃したる際にも拘らず」と述べていることから、鶴見は一九五八年の時点で広報外交によって戦時中の日本のイメージをほぼ変化させることができたと考えていた。さらに一層の広報外交によって、輸出拡大と平和的手段による移民の増加を図ることを念頭に置いていた。

どうすれば輸出拡大が図れるのか。アメリカにおける輸出障害についてみた場合に、鶴見は「我が国の輸出障害の因は経済的であると同時に政治的である[28]」と捉えた。日本製品の競争相手となるアメリカの実業家や労働者の数が比較的少数であって、なおかつ低廉良質である日本製品によって利益を得るアメリカ大衆が圧倒的多数であるにもかかわらず、日本製品を排斥する形で立法される場合がある。そういう結果を招く理由の一つは、被害を受ける側のアメリカ人を代表する政治家が有力であり、利益を受ける側のアメリカ人を代表する政治勢力が結集していないからであった。そこで、鶴見は、「日本側において、有力なる米人を動かし、組織的P・R運動によってこれを阻止する」[29]必要があると考えた。

鶴見の戦後の渡航は、一九五二年のアメリカ・ブラジル・ヨーロッパ旅行、一九五三（昭和二八）年のインド旅行、一九五五（昭和三〇）年のアメリカ旅行、一九五八（昭和三三）年のパラグアイ・アメリカ旅行の合計四回である。このうちの三回が渡米であり、政府要人や実業人との面談が毎回頻繁に行われていることから、鶴見は、利益を受ける側のアメリカ人を代表する政治勢力に説いて回り、日本に有益な形で彼らの勢力を結集させることを意図していたものと考えられる。戦後の活動は、アメリカ政府要人や文化人らとの面談が多いのも特徴となっている。

戦後に、鶴見が面談したアメリカ人としては、一九五二年のアメリカ・ブラジル・ヨーロッパ旅行では、無任所大使のフィリップ・C・ジェサップ、連邦上院議員のロバート・A・タフト、フーヴァー前大統領、副大統領のハリー・S・トルーマン、ディーン・G・アチソン国務長官をはじめとする政府要人に、ワシントンでは約三〇名、ニューヨークでは約五〇名に会見した。

一九五五年のアメリカ旅行では、ニューヨークで数名の上院議員や国務省・国防省の事務官ら、アメリカ政府要人に面談した。

一九五八年のパラグアイ・アメリカ旅行では、イェール大学総長のアルフレッド・W・グリスウォールド（Alfred W. Griswold：一九〇六－一九六三）、ダグラス・マッカーサー（Douglas MacArthur：一八八〇－一九六四）元帥、リンドン・B・ジョンソン（Lyndon B. Johnson：一九〇八－一九七三）（後のジョンソン大統領）らが挙げられる。

日系移民の増加を推進する

鶴見が、戦後、広報外交によって移民の増加を推進しようとしたことは先に述べた通りである。しかし、彼が「移民は人口問題を解決しません。これは世界の定説です。日本では今年々一四〇万人の人口が増加していますが、これを年々外国へ出すことは到底不可能です[30]」と述べているように、移民によって日本の人口問題が解決できるとは考えていなかった。この点は、戦前と同様である。しかし、彼は、「日本移民の海外送出は、数十年来国民的の要望であつたが、戦前は各国において日本に対する疑惑反感の深きものあつ[31]」たために達成できなかったが、戦後は可能となったことから、移民が、精神面、経済面、政治面で有効であると考えた[32]。

「今日日本の近接地に移住不可能なるの事実に鑑み、新天地にこれを求むるの急なる」と考えた鶴見が、「その一適地は南米諸国である。殊にブラジルには既に四〇万人の移民の現存せる」場所であると述べているように、移民先の候補地として考えたのは南米諸国であった[33]。

鶴見が南米を候補地として考えた第一の理由は、戦前に鶴見が「南洋へ移民することを言つた当時は誰も耳を傾けなかつた」にもかかわらず、戦中に「日本の軍部は移民問題を刀のつかにかけてやろうとして失敗した」場所が南洋であり、第二次世界大戦後のこの時点で南洋に移民を送り込むことは、「他人の面を叩いておいておれの室がせまいからお前のところへ入れろというようなもので」あるからであった。鶴見は、「移民問題は平和のうちにやればよいのだがこれは急いではいけない」と考えたのである。(34)

第二は、南米が「従来未だかつて反日感情の存せざりし事実に鑑み、日本の力を用うべき天地である」からである。

第三の理由として、一九五八年六月一八日にブラジルで「日本移民上陸五〇年の祭典執行せらるゝがゆえに、現地の日本人と協力して、将来の計を樹つる事は最緊要である」という好機であったからである。鶴見は、「一九五二年約一八日間同国日本移民の間を遊説して広くその実情を調査したるをもつて此の際これを継続して日伯関係の親善化に努力したい」と希望した。(35)

鶴見は移民に関して、日本、ブラジル、在ブラジル日系人の関係がどのようにあるべきと考えたのか。

彼は、「移民とともに重要なるは、二世三世等の在住国日系市民の心を、祖国日本より離反せしめざることである」と考えた。そのためには、英・独・伊の国々が北米に在住する同国人子孫との連絡を常に親密にすることによって、文化的、経済的紐帯を強化することに留意していることを参考として、在外日系人についても国策として取り上げるべきであると主張した。イギリス政府が在米イギリス人の子孫との間にピルグリムス・クラブを作って、ニューヨークやロンドンにおいて、常に盛大な集会を催して、「英米協力の一大鉄鎖としていることは日本の範として取入るべき一政策である」と彼は述べている。[36]

しかし、日本、ブラジル、在ブラジル日系人の関係については、「あくまで政治的であってはならない。あくまで経済文化の面でなければならない」と考えていた。[37]

これについては、立場を変えて考えてみた場合、例えば日本に在住する一〇〇万人のイギリス人が一々イギリス本国の指示に従って行動するとしたら、日本人は怒って追い返すに違いない。従って、「今後の在伯日本人としてはブラジルと日本の文化の交流を考えねばならん。在伯同胞はすくなくとも一〇〇万二〇〇〇万となるから東洋と西洋文化が一緒になつて大きな世界新文化を作るに私は興味を持っている」として、在ブラジル日系人の現地における融合を主張した。いわゆる文化融合を提唱したのである。また、この融合の可能性を研究することは、鶴見が南米に行く目的の一つであった。[38]

南米における鶴見の行動の概略を、以下にみる。鶴見が一九五二(昭和二七)年三月から七月にかけてアメリカとブラジルを旅行したことはすでに述べた通りであるが、この旅行中の五月二九日に、ブラジルのサンパウロにおいて、鶴見を囲む形で現地の名士らと座談会が開催され、この席上で、米ソ間に立つ日本の将来、日本の再軍備、日本における終戦とその後の思想の変遷、日本の人口問題と移民問題、対伯移民の将来性と日本との文化交流、日系二世の教育問題、戦後アメリカにおける日本観や日本人観、日本の伝統的文化と欧米文化との融和、在伯日本人間の戦後における二派に分かれての対立といった内容についての話し合いがなされた[39]。ここで鶴見は、日系移民の中心的人物らに対して、現地における文化的融和を説いた。

さらに六月四日には、鶴見はリオ・デ・ジャネイロでブラジル大統領のジェトゥリオ・D・ヴァルガス（Getulio D. Vargas：一八八二―一九五四）と会見して、日伯の文化交流、移民政策、その他の日伯間の問題について意見交換を行った[40]。そこでは、日系移民の増加推進について語り合い、将来的な可能性について探った。

一九五二年の旅行時に、鶴見はブラジル各地一九ヵ所で講演を行っている。この時、中心的主題として、日本の平和的な国際協調路線を語った[41]。

また、一九五八年八月から一〇月にかけて、鶴見は特派大使としてパラグアイ共和国大統領就任式典への参列を主目的として、外務省からパラグアイとアメリカに派遣された[42]。その際に、彼はパラグアイ、サンパウロ、ロサンゼルス、サンフランシスコの各都市で、在住日系人を対象として講演を行った[43]。その内容は、現在の日本情勢、特に経済面における日本の復興の様子、世界における日本の現在の位置、日本の将来についてであった。鶴見のユーモアを交えながらの講演は、聴衆に「大変な感激を与えた」と現場で実見した赤塚正一が語っている[44]。

以上の二度の南米旅行における主な目的は、（一）南米各地における日本人移住の現状を視察し、将来の移住に関する調査をすること、（二）在住日系人に日本の現在の情勢を知らせること、（三）移住者やその二世三世の日系市民と本国との関係を緊密にする方策を研究すること、(四)南北米における二世三世の日系市民と日本との文化的、経済的な親善関係維持の方途を研究することの四つであった。[45] 鶴見が南米移民について、「私にはまだ判っていないので、これは私の方から皆さんに伺いたい」と述べていることから、彼は南米移民政策を模索・研究している状態であったものと思われる。[46]

移民という側面から考える場合、鶴見の海外膨張に関する思想と行動は、(一)南洋探検記を読み耽った少年期の思想的影響、(二)官界時の新渡戸稲造との欧米旅行時における南洋視察(西インド諸島からパナマ運河の視察)、(三)『東亜英文旅行案内』の取材で南洋出張、(四)私的旅行記としての『南洋遊記』出版と、南洋への膨張を提唱、(五)一九三〇年代における植民地文学の提唱、(六)戦時下の南進政策への協力、(七)戦後の南米移民増加推進といった一連の形で表すことが可能である。それは、日本の人口増加問題についての政策的な側面、学術調査の側面、文学的な側面の三つの側面をあわせ持っていたと考えられる。[47]

以上でみたように、鶴見の戦後の広報外交は、再軍備反対の提唱、世界平和への貢献の提唱、輸入障害の除去、日系移民の増加推進といったことを趣旨として行われた。戦後、鶴見の中で、戦時中に自由主義を貫けずに戦争遂行内閣に協力したことに対する自省や、価値観の変化があったものと思われる。敗戦した日本において様々な点で価値観がくつがえされたことで、鶴見にも大きな変化があった。そのことによって、鶴見の戦後の広報外交は、変化したのである。

その変化のあり方は、単に理念や理想に燃えて戦後の広報外交を行ったのではなく、輸入障害の除去や日系移民の増加推進といった内容が含まれていることから、日本の将来的な展開を見据えた上での、実際的で具体的な目標を持ったものであった。

また、世界平和への貢献の提唱についても、理念上からだけ提唱しているのではなく、世界に向けて日本の信頼を回復し、日本の将来的な活路を拓くための広報外交であった。

終　章

鶴見の活動が現代に語りかけること

広報外交はなぜ必要なのか

近年のイラク戦争の開戦は、アメリカにおいてブラック・プロパガンダが発信されたことが直接的な引き金になったといわれている。泣きじゃくりながら訴えかける一人のイラク人少女のモノローグ映像が、アメリカの世論を動かしたのである。しかしこの映像は、捏造された宣伝であった。こういった虚偽の発信は措くとしても、宣伝であれ広報外交であれ、発信が世論に訴えかけ、一般大衆に心理的な影響を与えることは、時代を超えて普遍的である。

鶴見祐輔は、国際関係における闘争は、軍事戦、経済戦があるが、それらに加えて、思想戦があり、その思想戦の面で日本は遅れをとっていることから、日本の立場を外国に向かってもっと訴えかけていく必要があると主張した。そして、この点は現代の我々が鶴見のような発信者を持っていないことからも明らかなように、決して改善されたとはいえない。

今、日本の外交官たちは、国家間の儀礼行事に奔走することに没頭していて、海外情報の収集や日本についての情報発信が、まったくできていないといっても過言ではないであろう。彼らはパーティ出席が仕事だと思っているという批判を受けても仕方がないほど、海外とのコミュニケーションを図ることがお粗末になっていると苦言を呈したい。

相手国の世論を操作するという面では、現在の日本はまったくお手上げの状態である。昨今の尖閣諸島の問題においても、日本は中国の対日感情の悪化を食い止めるどころか、なす術もなく、ことの成り行きを呆然とみつめているだけであった。我々は今一度、広報外交の重要性を再考する時期にきている。常日頃から対日感情が悪化しないように、海外に向けた発信を行っていることは、必要不可欠であり、対日感情が極端に悪化してからでは手遅れなのである。

ところで、鶴見の基本的な発想は、排日移民法や満州問題における主張に見られるように、膨張的、拡張的であった。鶴見は、自分の活動に対して「交流」「文化交流」「国際交流」といった言葉を使用しておらず、「日本文化輸出」、「宣伝」、「宣布」という言葉を用いて、自らを「publicist（発信者）」と呼んでいるように、自分の活動に対して、交流するというよりも発信するという意識を強く持っていた。(1)

しかし、鶴見の活動が、発信する意識でなされていたものの、例えば講演の中にも「交流」の要素は存在しており、講演者と聴衆、すなわち発信者と受信者との間で一種の交流がなければ成立しないことも事実であり、講演会の後に参加者との意見交換という交流の場が設けられた場合も度々あった。彼の活動は交流の要素が排除されていたわけではないことから、本人の意図にかかわらず結果的に文化交流的な色合いを帯びた。また、彼の発信内容には日本文学をはじめとする日本文化が含まれていたことから、戦前の活動は、現在いうところの文化交流の要素が多分に含まれていた。

ここで考えたいのは、国際関係において、発信という発想を強く持つことの良し悪しである。国際関係において協調し理解し合うということが目的であるならば、交流するという発想がなければ相互理解には至れない。このことから、鶴見の発想は、総合的にみた場合に発信性が強く、交流するという発想が欠けていた。相手を説き伏せようという一方向性の強い姿勢そのものに問題があったとも考えられる。

したがって、現代の我々は、「交流」と「発信」の両方を行う必要があるのではなかろうか。交流については、国際交流基金が行っているが、発信は日本政府のどのセクションがどのような形で行っているのか。外務省は、二〇〇四年の機構改革によって大臣官房の文化交流部と外務報道官組織の海外報道課を統合し、公式英文名称に「パブリック・ディプロマシー」を用いた「広報文化交流部（Punlic Diplomacy Department）」を新設した。広報文化交流部の二〇〇六年度の予算は二八四億円であり、同年の外務省の総予算の約四％である。この予算の大半は国際交流基金への交付金として用いられ、部自体で使う予算はほとんどない。具体的な事業実施は、国際交流基金に任せているのである。日本は、戦後、経済協力や開発援助を重視していて、海外発信ということには消極的なようである。

鶴見が、戦前・戦後の長い期間にわたって各国を飛び回って情報を収集し、海外に向けて発信し、コミュニケーションを図ろうとしたことに現在の我々はもっと思いをはせる必要があるのではないだろうか。発信したり交流したりすることで、国際社会とコミュニケーションを図っていくことなしに、日本は生きていくことはできない。今、そのコミュニケーションがうまく図れているといえるのだろうか。

歴史的な意義はどこにあるのか

鶴見の広報外交の歴史的意義について考えてみたい。彼の行ったことは、現代の我々の眼からみて、どのような意味があるのかということである。

第一に挙げられるのは、鶴見が排日移民法成立に対してアメリカの世論に一石を投じたと評価できる点である。彼はアメリカと日本の認識の相違を明確に説明し、異文化コミュニケーションを図った。このことは、一九二四年八月に鶴見がウィリアムズタウンのウィリアムズ大学で開催された国際政治学協会の講演会で行った講演が評判になったことで、その後アメリカ各地の団体から多数の講演依頼が寄せられたという評価からも明らかである。当時、鶴見の講演をアメリカで実見した松本重治（一八九九―一九八九）も、「恐らく、鶴見さんの生涯中のハイライトの一つであった」と評価している。[2]

松本は、一九三〇年以降、太平洋会議に参加するようになる。

第二に、戦前から戦後にかけて長い期間にわたって広報外交を行った点である。まず、一九二〇年代から一九三〇年代にわたって鶴見に対してアメリカの諸団体から多数の講演依頼が継続的に寄せられた。彼の講演が虚偽の情報であったり、アメリカの大衆の興味をそそらないものであったりした場合は次の講演依頼が来ることはなく、継続的な広報外交の展開はあり得なかった。彼は戦間期には全六回の講演旅行を行った。そのうちで長いものは、一年以上もアメリカに滞在した旅行もあった。さらに、第二次世界大戦後もアメリカをはじめとして数ヵ国において広報外交を展開した。これほど長期間にわたって広報外交を展開した日本人は、彼以外には他に類をみない。

第三は、鶴見が、講演、新聞・雑誌寄稿、ラジオ演説、国際会議出席といった多様な方法で広報外交を行ったこと、そして、その内容が政治・経済・社会・文化といった多様な分野に及んでいたことである。

第四は、鶴見の広報外交は、歴史的に考えて、末松謙澄、金子堅太郎、新渡戸稲造といった日本の広報外交を担った人物の系譜に位置づけられることである。この四人の人物による活動は、明治・大正・昭和、戦後の一連の広報外交の流れを成している。この流れの中において、鶴見の広報外交は、大正期から昭和期までの長期間を占めている。

第五は、鶴見が軍事的、経済的観点以外に、対日感情の分析といった心理的観点から国際関係に焦点を当てた点である。日本の行動が他国民の心理上に与える影響を重視し、そうした側面から対日感情について分析を行ったことは注目に値する。これは、広報外交の根幹と深く関わる姿勢であった。鶴見の分析は、現在の異文化コミュニケーションの分野における先駆的なものであったと評価できる。

第六としては、鶴見が諸外国で行った広報外交の状況を、鶴見自身が日本国内において、学術的な形でなく、大衆にも理解できる形で紹介したことは、歴史的にも評価に値すると考えられる。彼は、アメリカの新聞・雑誌への寄稿や英文書籍の出版といった形で海外向けに発信し、それと並行して海外の実状を日本国内において講演、新聞・雑誌への寄稿、書籍出版という形で発信した。長期間にわたってこれだけ大量の双方向の発信を行った日本人は、彼を措いて他にないものと思われる。

鶴見が遺した講演記録や著書は、英文著書八冊、邦文著書一〇〇余冊、英語講演一〇〇〇回以上、日本語講演は数え切れずというように大量であり、またその内容も、アメリカ、オーストラリア、アジアと広範囲にわたっており、それらの地域の文化・地理・経済・政治などを多面的に分析しているところが特徴的である。

時代の潮流をどうよむのか

それでは、鶴見の活動をふまえた上で、広報外交を行うにあたってはどのようなことに留意すべきなのか。順に検討していきたい。

鶴見は、帝国主義と自由主義が対極の性質のものであることを認識しながらも、その両方を内在させていた。異なる意見を互いに尊重しながら闘わせて議会政治を行う自由主義の側面と、世界中に多数の植民地を保有する帝国主義の側面である。

鶴見の内奥の帝国主義と自由主義は、時期によってその表れ方に変化があった。鶴見の活動において、帝国主義と自由主義のいずれがより強く表出されたかという観点から、その時期を検討すると、次のように変化したと考えられる。(一) 第一次世界大戦以前は、『南洋遊記』で日本の海外膨張を主張して帝国主義、(二) ワシントン体制以降、排日移民法に非を唱えた時期は自由主義、(三) 満州事変以降は、中国への日本の軍事的進出を擁護したことから帝国主義、(四) 第二次世界大戦中は、対敵宣伝を提案したことから帝国主義、(五) 戦後は、戦時中の行動を反省して自由主義、という五つの時期である。

以上のすべての時期に貫徹しているものは、いかにして日本の活路をみいだすのか、そのために自分は何をすればいいのかというテーマである。この帝国主義と自由主義の表出のされ方は、もちろん彼が各時期に行った広報外交のテーマ上に反映された。このように、鶴見の姿勢が時期によって変化したのは、その時々の彼による現実認識に基づいて、その現実に対応しようとしたからである。日本という国が世界の中でどうやって生きていくのか、そのための広報外交であった。

鶴見が、戦前に、帝国主義と自由主義の両方を内在させていたことや、欧米に対しては自由主義の観点で、発展途上国に対しては帝国主義の観点で接するという脱亜入欧的な発想を持っていたことは、時代の流れを見越していたとはいえず、旧弊な考え方を持っていたといわざるを得ない。鶴見は、領土保全や不戦条約に象徴される、第一次世界大戦以降の平和主義・自由主義・国際協調主義といった世界的な潮流が根本のところで理解できていなかったと思われる。もし彼がそれを理解していたならば、満州事変以降、日本の中国進出を擁護する広報外交を行わなかったであろうし、第二次世界大戦中は活動を停止し、沈黙した可能性が高かったであろう。

大正・昭和時代の官僚で経済学者であった北岡寿逸は、投獄されることを覚悟で、一九四四年に、戦争の早期終結のために総理級の人物の署名を天皇に奏上する運動を展開した。その際に、鶴見は北岡から、「投獄覚悟でこの運動に参加しなさい、今投獄されなければ戦後総理大臣にはなれませんよ」[3]と忠告されたが、従わずに最後まで戦争遂行内閣に殉じた結果、戦後公職追放を受けた。このことも、彼が時代の流れを先読みしていなかったことを意味している。鶴見は、戦前、ある意味で時代の流れには乗っていたのかもしれない。しかし、時代の先を見越していたとはいえないであろう。確固としたものを堅持していなかったために自由主義と帝国主義の間をゆれ動いたのである。

広報外交を行うに際しては、世界の潮流をどのように捉えるのか、その分析と研究を行う必要があろう。世界の時代潮流を見極め、その潮流を先読みしていることが大切である。

日本は国際連盟から脱退し、国際関係の中で孤立したことで、時代潮流を読み誤った。鶴見の広報外交も、満州事変以降に日本政府の中国進出を擁護したことで、平和主義・自由主義・国際協調路線といった時代潮流から逸れた方向、すなわち帝国主義・膨張主義の方向へ向かってしまった。そして、戦後、平和主義の方向へ大きく舵を取り直すこととなったのである。

また、広報外交を行うにあたっては、その対象国についても考えなければならない。日本が生き延びるためには、どこに訴えかけていけばよいのか。鶴見の場合、その対象は、第一次世界大戦以降に世界の新興国となったアメリカであった。こうして、彼は戦間期にアメリカで広報外交を展開することになる。アメリカという興隆する国に対して日本への理解を求め、世界の潮流に乗ることが重要であると彼は考えた。鶴見は、アメリカの排日移民法に非を唱えるだけでなく、日本の中国政策についても、中国ではなくアメリカに理解を求めた。

他方、彼は中国においては、政府要人や学者に面談しただけで、大衆を対象とした講演や新聞への寄稿といった活動は行わなかった。日本にとって中国の重要性が高かったにもかかわらず、ナショナリズムが勃興していた中国において広報外交は一切なされなかったのである。北京大学の教授たちに面談し、胡適とも親交を深めていることから、北京大学やその他の中国の大学で講演活動を行う機会を持ち得たはずである。しかし、鶴見はそれを選択していない。その理由の一つには、中国が国家として安定した状態ではなかったことがあった。

中国問題をめぐってアメリカに訴えかけるのならば、何らかの形で中国でも広報外交を展開すべきであったのではないだろうか。

フィリピンや仏領インドシナなどの南洋出張の際も、現地の欧米の政府要人に面談し、視察しただけであり、南洋の大衆との接触はなかった。戦前の彼は、国を問わず講演活動を行ってみるというような自在さや時代を超越した感覚に欠けていた。

このような外国に対する鶴見の意識は、英米は議会制度を機能させている先進国であり、中国は自国内の安定も図れない発展途上国であるという視点からそれぞれの国をみていたことを示している。そして、欧米など先進国に対しては自由主義の面から、中国など発展途上国に対しては帝国主義の面から発想し接した。このことは、彼が脱亜入欧といった第一次世界大戦以前の旧弊な視点で世界を眺めていたことを意味している。

鶴見の広報外交は、対欧米志向であったが、現代の広報外交には全世界を対象とした発信が求められるものと思われる。インターネットの発達や情報伝達のデジタル化によって、情報のやりとりが短時間化、グローバル化したことから、ある地域だけに限って発信しにくくなり、利害関係も世界の特定地域に限られなくなったという現実が、その理由として挙げられる。

広報外交をいつ行うのか

鶴見の広報外交は、どういった時期に受け入れられたのか、あるいは受け入れられなかったのかということを検討してみたい。

鶴見の活動全体は、(一)排日移民法成立に対して非を唱えた時期(一九二〇年代)、(二)日本の対満・対中政策についてアメリカに理解を求めた時期(一九三〇年代前半)、(三)アメリカの対日感情悪化によって講演が困難となり、個人的に接触した時期（一九三〇年代後半～日米開戦）、(四) 戦時下、日本政府に対敵宣伝を提案した時期（一九四一年～一九四五年）、(五) 戦後、アメリカに対して日本の協調姿勢を訴えかけ、アメリカ以外の国でも世界平和への貢献を唱えた時期（一九四五年以降）の五つの時期に大別できる。

このうち、鶴見が広報外交を実際に行ったのは、(一)、(二)、(五) の時期である。それ以外の (三) と (四) の時期は、広報外交を行うことが困難か不可能であった。また、第一章で述べた通り、(四) の時期の活動は、広報外交とは呼べない対敵宣伝活動であった。

受容という面から考えると、(一) の排日移民法成立によってアメリカの世論が日本に対して申しわけないことをしたという心理状態にあった時期に、鶴見の広報外交は最も受け入れられた。つまり、発信という側面から考えると、この時期の広報外交は講演をはじめとする言論によってアメリカに攻め込んでいる形であった。また (二) の満州政策や対中政策についての理解を求めるために活動していた時期は、一九三〇年代を通してほぼ受け入れられていた。

しかし、(三) の時期つまり日本の軍事行動が活発化するにともなって対日感情は悪化し、満州事変以降は、アメリカは強い日本が弱い中国をいじめていると徐々に受けとめるようになって、広報外交は困難となった。上海事変以降は対日感情の極端な悪化により、鶴見は親交のあったアメリカの要人に対して日本の政策を擁護する形で個人的に説いて回るのが精一杯となった。

第二次世界大戦中については、対象国に赴いて講演活動を行うといった広報外交の実行は一切不可能であったことから、鶴見は具体的な広報外交は行っておらず、日本の議会において対米宣伝策を一議員の立場で提案していただけである。日本の情報局に対して直接的に関与して対敵宣伝を指揮するといった行動は取っていない。戦後、平和な時代になって、鶴見は広報外交を再開することができた。

以上から、広報外交は、相手国の心理状態が日本に対して負い目を感じている時か、ニュートラルな状態の時でなければ受け入れられなかったといえる。このことは、講演による広報外交は平時において可能であったことを示している。これは鶴見の活動の個人的な限界というより、講演という方法そのものが内包する時期的な限界が存在していたことを意味している。講演活動に限らず、新聞・雑誌への寄稿、国際会議や学会出席、個人的交流、政府要人との意見交換といった広報外交も、平時から行われる必要があるのである。さらに、鶴見が日米開戦直前に奔走したニューヨーク日本情報図書館の設立についても、平時から実施される必要があった。鶴見が行おうとした時はすでに取りかかるのが遅すぎたのであり、彼が外務省の委託を受けて個人的に動くのではなく、もっと早い時期に日本政府が、フランスやイギリスのように、国家的レベルで取り組むべき事業であった。

広報外交は、発信の対象国が同盟国でない場合は、(一) 平時から、(二) できるだけ多様な形で、(三) 様々な分野において、(四) 継続的に行われることが望ましいと考えられる。日本に限らず、国家間や異文化間においては、平時から誤解が生じないようにその原因を解消し、文化交流を促進させ、相互理解の方向へ導いていく努力を積み重ねることが非常に重要であろう。鶴見の活動をみても分かる通り、他国との関係に極端に誤解が生じたり、内外の変化によって世論が悪化したりしてからでは手遅れである。

また、広報外交を行うにあたっては、対象国の心理分析を行い、対日感情を知る必要があろう。鶴見が排日移民法案の成立についてアメリカで広報外交を行った時期は、アメリカが日本に対して済まないことをしたという心理状態にあり、その心理状態が鶴見の広報外交を受け入れやすくした。その意味で、広報外交が受け入れやすい対日感情の時期や状態についてさらなる分析・研究が必要である。

また、鶴見は広報外交を行うに際して、アメリカの対日感情をアメリカ国内の世論調査によって積極的に分析した。しかし、中国大衆の対日感情を熱心に検討するということを行っておらず、広報外交も行っていない。対日感情については、広報外交の対象国だけでなく、各国の心理分析も必要であり、その分析方法も今日的な課題であろう。

国際関係の心理的な分析については、現在、日本はアメリカの異文化コミュニケーションの方法をアメリカから摂取している状態で、それを超えていない。欧米流の分析をなぞるものでなく、日本独自の分析が求められる。

何を訴えかけるのか

広報外交を行うにあたって考えなければならないことは、我々が日本をどのようにデザインするのか、どういう方向へ持っていくのか、その目標設定である。そして、それに基づいて発信内容を決めなければならない。その際には、国際社会とのバランスの中で日本の国益をどう考えるのかということを考える必要がある。

鶴見の基本的な価値観についてみると、彼の発想はいかに日本の活路を拓くのかという点に常に焦点が当たっていて、日本の国益重視の傾向が非常に強かった。世界の中で日本がどのように生きていけばいいのか、日本を欧米と対等につき合える国家にしたいというのが、彼にとっての最重要事であった。その意味で彼は保守主義者であり、世界全体の発展を視野においた国際主義者ではなかった。従って、彼の広報外交もこの価値観に基づいてなされた。

現代の我々は、国益を重視する保守主義と、世界全体に貢献する国際主義のはざまで、そのバランスをどのように考え、目標を設定すればよいのか。そして、その目標から導き出される広報外交については、日本の国益のために対象国の世論に影響を与えるのが広報外交であるから、もちろん日本の国策にある程度沿っていなければならないが、寄り添い過ぎていても、プロパガンダとみなされて対象国に聴いてもらえないという点が難しいところである。

戦前の鶴見の広報外交は、国策擁護・国威宣揚的要素が非常に強く、日本政府に寄り添う形での発信が多かった。その理由は、鶴見が官界の人間であったこと、退官後も官界とのつながりを持っていたこと、日本政府に密接に関係のある政治家として活動したことに起因している。

ここで、鶴見の広報外交を特徴づけるために、鶴見の戦間期の発信内容について、彼と同時期に一民間人としてアメリカにおいて発信活動を行ったジャーナリストの清沢洌と比較してみたい。官界出身でその関係を濃厚に残しながら個人活動を行った鶴見と、最初から民間の自由人の立場で活動した清沢とは対照的である。

まず、排日移民法成立についてみると、鶴見は、日本が対面を傷つけられた怒りを講演や著述によって発信し、アメリカの世論に一石を投じることで解決することを模索した。鶴見にとって日本が一等国として扱われなかったことは、国益に関わることであった。これに対して清沢は、日本人移民の迫害それ自体に対する怒りを訴えた。清沢は移民問題についてはカリフォルニア州の意見が強く、アメリカ政府を相手に怒りを訴えても解決は不可能であると考えて、日本人移民自身が長期的に融和を図ることが必要であるとした(4)。

次に、満州問題や対中政策については、鶴見は満蒙の権益は日本にとっての生命線であり、これを米英との協調において守ることを主張した。日本の基本的姿勢は経済的関心であるが、中国国内の政治が混乱しているので、場合によっては政治的介入や軍事介入もあり得るとした。これは、米英と協調しながら中国の権益は捨てないで維持するという考え方である。これに対して清沢は、満蒙の権益はそれほど重要ではないと考え、その権益に固執して中国との関係を悪化させて中国市場で不利益を被るのは愚行であるとした。彼は、中国なしでは日本の維持は困難とする過度の中国重視には反対であった。その理由として清沢は、市場としては中国よりアメリカのほうが重要であり、中国の政治は不安定で、排外主義・反帝国主義で動き、そういった傾向は、ナショナリズムとは別物であると考えた。日本の対中政策の目標は米英であるべきで、中国の権益を捨ててでも米英と協調すべきであると

彼は主張した。(5)

以上のように同時代にそれぞれの方法で発信に携わった二人ではあったが、対極的な考え方をしていた。双方とも日本の国益を重視していることに相違はないものの、鶴見の考え方のほうがより日本政府に寄り添っており、その意味においても彼は保守主義者であった。

しかし、鶴見の広報外交は、すべて政府の意向に沿っていたのではなく、鶴見独自の意見を加味した部分もあり、その意味で彼の広報外交は、彼自身のオリジナリティを含んだものであった。オリジナリティのない単なる日本政府のスポークスマンであったならば、政府が背後で主導している宣伝とみなされてしまい、個人のパーソナリティを重視するアメリカで受け入れられることはなかった。戦間期の鶴見の対米講演は、鶴見個人の名前を表示して有料で行われた。公平性・真実性のない虚偽のプロパガンダであったならば、すぐに依頼が打ち切られたと考えられる。

広報外交の発信内容を決めるにあたっては、国益とのすり合わせも、重要なプロセスである。ある国が別の国に広報外交によって、あるテーマを訴えかける場合に、そのテーマについて両国の利害が一致している場合は、その広報外交は受容されやすく、場合によっては広報外交を行う必要はないと考えてよかろう。逆に、そのテーマをめぐって両国の国益が一致していない場合に広報外交を行う必要があるが、それが受容されるかどうかは、その不一致の度合いにもよると考えられる。その意味において、テーマを決めてそれに基づいて訴えかける内容は、最も重要である。

テーマをめぐって、両国間の利害の誤差をどの程度まで埋めていくのか、そのすり合わせが一つの課題となるであろう。これは、受容されるかどうかの見極めとして必要なプロセスである。受け入れられるのが難しいと想定される場合は、再度、内容や広報戦略を検討する必要があろう。

鶴見の場合、彼の広報外交で最も受け入れられたのは、排日移民法について非を唱えるというテーマであった。この問題の場合、移民問題をめぐって必ずしも国益が一致していたとはいえないが、アメリカはカリフォルニア州の労働力不足の時期は日本人移民という労働力の供給を受け入れ、問題が発生すると追い出すというやり方に対して、日本の本音をぶつける訴えが効力を発揮したのである。アメリカが国内問題として処理したことに対して、日本が苦情をいってくることが理解できないと主張するアメリカに対して、紳士協定を遵守していた日本に対して、一方的に法律で締め出してプライドを傷つけたとして、問題を提起した。移民問題をめぐる両国間の認識のギャップを埋めて、異文化間コミュニケーションを図ったのである。

発信内容については、特定の時期に発信すべき内容と、日本について全般的に紹介する経常的な内容の二通りが考えられる。鶴見の場合、排日移民法に非を唱えるような特定の時期的な内容と、日本文学、都市と農村の労働運動、日本の思想潮流、自由主義の台頭、日米関係の歴史といった経常的な内容の両面から行われた。対日感情が悪化する前の平静の状態から、日本に関する全般的な内容を経常的に行っている必要があろう。

どのような方法で発信し、どう評価するのか

鶴見のアメリカ講演活動の特徴としては、(一)その対象が学者・政治家・報道関係者のような知識層だけではなく、一般大衆・婦人会・学生・宗教団体・日系人など多層にわたっていたこと、(二)講演という方法の特性を認識して、聴衆・地域・対日感情によって臨機応変にテーマをアレンジして行ったこと、(三)新聞掲載を意識した講演を行った場合もあったこと、(四)一般講演会・立会討論会・公開討論会・テーブルスピーチといった形式に対応した多様な講演形態であったこと、(五)講演をはじめとする発信の内容が、政治・外交・経済・教育・文化・芸術といった多分野にわたっていたことが挙げられる。以上から、広報外交の対象・形式・内容を多様にすることが大切であると考えられる。

戦前の宣伝には、(一)欺瞞電報や虚偽の写真による宣伝、(二)無料で無記名の講演による宣伝、(三)有料で有記名の講演による宣伝といったバリエーションが存在した。いずれも宣伝ではあるものの、大別すると無料か有料か、無記名か有記名か、つまり宣伝の情報源が明示されているか否かで分類することができる。鶴見自身は、無料かつ無記名の宣伝を行うことには否定的であった。有料で正々堂々と名前を出して講演活動を行うべきであり、そうでなければ広報外交としての効力はなく、対象国の世論に影響を与えることはできないと彼は考えた。その背景には、第一次世界大戦時にドイツがアメ

リカにおいて、無料の講演活動による宣伝を展開したために、アメリカでは無料の講演というものが敬遠されるようになったという事情があったからである。

それゆえ、鶴見が戦間期にアメリカで行った広報外交は、アメリカの信用ある財団のマネージメントによって、有料で鶴見の個人名を堂々と標榜して行う講演活動であった。このことは、講演の情報が虚偽であったり、講演内容が聴衆にとって興味深くないものであったりした場合には、依頼が寄せられなくなる可能性が高かったことを意味する。それは、お呼びがかからなければ開催できないという、厳しい性質のものであった。

現代において、鶴見のように有料の講演活動ができるのかどうか、そうでないとすれば、プロパガンダではないものをどのようなマネージメントによって行うのかを考える必要がある。

鶴見の広報外交において、その中核ともいえるアメリカ講演活動は、本書中に数値で示したように、一九二〇年代から一九三〇年代にかけて継続して相当回数行われたことから、アメリカにおいてかなり受容されたと評価できる。この講演回数と期間は、日本人講演者の中では、ほかに類をみないものであった。鶴見の講演は、アメリカ人の観点で捉えた場合でも客観性があったし、アメリカの大衆が遠方から講演会場に赴いて、有料で聴くに耐え得るものであったことを意味している。

戦後の一九五二年五月三日に、鶴見はアメリカの講演協会から翌一九五三年から講演活動を再開してほしいという依頼を受けている。アメリカの講演協会は、鶴見に対するアメリカ国内での講演の依頼が戦前より多いと目算して、鶴見の講演料を戦前より大幅に高値で依頼してきた(6)。このことは、鶴見の講演が戦前も戦後も有料の価値を有し、アメリカ大衆に訴えかける価値があったことを意味している。鶴見の広報外交は、戦前も戦後もアメリカでは通用するものであった。

発信にあたっては、その回数を多くして、継続的に行う必要があろう。広報外交というものは、どれだけの講演を行ったからすぐにどれだけの成果が表れるという性質のものではなく、地道にこつこつと継続的に行う必要があるのである。

鶴見は、一政治家として政治の中枢部を動かしたり、中枢部に基盤を構築して日本政府として組織的にことに取り組んだりといった方法を選択しなかった。そのために、鶴見の海外活動は、自費による活動か日本政府やそれに類する諸団体からの依頼派遣という形での個人的活動に終始していた。従って、このことによる限界がおのずと存在した。

しかし他方で、組織として広報外交を行うということは、外国の政府が背景に存在する宣伝であるとみなされる可能性が非常に高くなるので、実際に組織的な広報外交を行うことは難しかったと思われる。

また、鶴見の広報外交には、一個人が行うことができる地理的な範囲としての限界があった。アメリカ全四八州は、それぞれ意見が異なるという地域性を有していたために、鶴見はアメリカのできるだけ多くの都市を講演して回る必要があった。従って、交通機関が限定されていた時代に、彼が一人でアメリカという広範囲な地域を移動して回るには、体力的、時間的、物理的な限界があった。この意味において、彼の講演活動は一個人の移動可能な範囲に限られていた。こうした問題を、広報外交を組織的に行う場合にどのように考えるかが、課題として提示されている。鶴見が一人でアメリカ各地を回っていたときに、イギリスは五〇人もの活動家を送り込んでいたと彼は記している。イギリスは、当時それだけの人材を確保して広報外交を展開していたのである。

広報外交の方法については、講演、テレビ、新聞・雑誌への寄稿、ラジオ演説、映画、インターネット、留学生制度、文化交流、情報図書館の設置といった方法のどれをどの程度行うのかという課題がある。

鶴見が行った広報外交のうちで、講演という方法は、受容者数においては新聞・雑誌・ラジオに及ばないが、感動の深さにおいてはそのいずれにも優るという特性がある。この点は、今日再評価されるべきであろう。インターネットやテレビというメディアが当たり前となった現代でも、演劇や音楽会と同様に、聴衆に直接的に意見を訴えかける講演という方法は有効であり、逆にデジタルの時代であるからこそ、アナログの真価が再認識されるべきであろう。そこに、講演者のパーソナリティを聴衆に向かって直接的に発揮する講演という方法の可能性がある。

鶴見は、留学生制度の実施とその充実の必要性について、彼自身の著書や議会において度々提言した。それは、日本に留学した外国人が帰国後に自国民に対して日本について語ってもらうことは、発信の一つの形として非常に有効であると考えたからである。留学生制度は現在も多様な形で実施されているが、これを広報外交という観点から捉えて、その実施方法や効果について再検討することは、我々の今日的課題であろう。

鶴見は、講演以外にも、アメリカの新聞や雑誌への寄稿、アメリカにおける英文著書の出版、国際会議や国際学会への出席、個人的交流、政府要人との意見交換、外国の政府要人に依頼しての声明発表、ラジオ演説というように多様な方法で広報外交を行った。

このうち、アメリカにおける英文著書の出版については、鶴見が国際関係における文学の影響力を重視していたことによっている。彼は、アメリカにおいて自作の小説『母』を英訳出版したり、講演内容に日本文学を加えたりした。鶴見は、他国と接触するに際して、法律・経済・社会といった面からだけではなく、文学（自著の英語版を出版）や芸術（歌舞伎のコーディネート）といった文化面からも接触すること、つまり日本人の国民性・生活習慣・生活文化などの人間的側面を他国に知らしめることで、日本に対する理解が一層深まり、親日感情が高まる一助となると考えた。海外における日本文学の翻訳・出版や、日本人による英文著作の出版については、現在でも広報外交の有効な一手段であろう。

鶴見は、戦前に太平洋会議をはじめとする国際会議において意見発表や講演による発信を行った。さらに、太平洋会議においては、意見発表や講演だけでなく、事務局委員としてプログラム作成や日程調整など、会議の調整・運営活動を行い、そのことによって日本に有利な方向へ会議を進展させた。こういった国際会議における発信と調整・運営活動、つまり会議の表舞台に立った活動と裏の事務局としての活動の双方は、ともに重視すべきである。

また、戦前、交通の便がまだ現在ほど便利ではなかった時代にあって、国際会議や国際学会への出席回数も多く、戦前に開催された太平洋会議の六回すべてに出席するといった継続性も彼の活動の特徴として挙げられる。出席回数の多さは、国際的な場で顔を売るという意味で非常に大切であろう。彼は様々な国際会議や学会に多数出席して、外国人の知識人層との交流を図ったことから、同じメンバーと顔を合わせる機会が多くなり、気心が通じていた。そのために意見を発表しやすく、意思疎通が図りやすかったし、アドバイスや外国の情報を得やすかった。これは、多様な活動の蓄積による相乗効果であった。近年の日本は、首相が短期間で替わるために他国の政府要人と気心が通じるといったレベルに達するまでに至らない。

鶴見のように海外において行った広報外交の実状を、日本国内において新聞・雑誌への寄稿や著書出版によって大衆に知らしめるという、双方向の発信を行うことは重要であり、そういったことが今日どの程度なされているのであろうか。この辺りにも、鶴見の活動の今日的な意義がみいだせる。

最後に、目標を設定して行った広報外交の成果をどのような方法で測るのかということは、今日の大きな課題であろう。本書中で指摘したように、鶴見の広報外交の成果をその講演回数・実施地域・実施期間などによって測ることは、ある程度可能である。また、排日移民法の廃止については、日本の中国への軍事的進出がなかったならば、鶴見をはじめとする日本IPR会員の活動によって一九三〇年代に廃止されていた可能性が高かったことが示されている。

現在、組織的な広報外交については、外務省、NHK、文化庁のほかに、外務省の管轄下にある独立行政法人国際交流基金が文化交流という側面から行っている。しかし、国際交流基金は、発信した文化の普及度（受容度）を測定することはできないとして、文化交流の目標の設定とその成果の評価方法が明確なものとなっていない。文化庁や国際交流基金の上層部は、基本的には、文化は測れないと述べている。目標の設定についても、大ざっぱにいえば、担当部署の個人的な勘に頼っているのが現状である。この点については、ブリティッシュ・カウンシルの場合、文化交流の活動成果の評価方法はより明確であるものの、それとても完全な水準であるとはいえない。こういった点をどう改善していくのかが、今後の大きな課題の一つであろう。

評価方法については、発信の回数・期間などの数値的な側面から測るとともに、目にみえる形での成果があったかどうかという側面から評価することも検討されるべきであろう。例えば、川がきれいになったかどうかを測る場合に、水に含まれる要素の化学的な数値だけでなく、実際に川に魚が泳いでいるかどうかを目でみて測るのである。

近年、村上春樹（一九四九－）の小説は、洋の東西を問わず世界中で読まれている。その売れ行きの部数は数値で示すことができる。他方で、たとえばスペイン、オーストラリア、香港などを旅行し、主要都市や地方都市の書店をのぞいてみると、村上の本が世界の作家の本に混ざって、平積みで店頭を飾っているのを目にする。書店の非常によい場所に置かれているということは、村上の本がその国で確実に受容されていることを物語っている。一目瞭然でそれを感じることができる。発信されたものが受信されているということが、目でみてわかるのである。

また、これまで三島由紀夫（一九二五－一九七〇）、川端康成（一八九九－一九七二）、夏目漱石、谷崎潤一郎（一八八六－一九六五）ら日本の作家の本が、日本書籍コーナーのような特設書棚に置かれていることをみることはあっても、村上春樹のように海外の作家の中に混ざって置かれていることは、ほとんどなかったのではなかろうか。このことも村上の本の受容の度合いを示していよう。

鶴見は、生の日本人の姿を小説によって世界に知らしめることが重要であると述べて、自作『母』を英訳出版した。村上春樹は、二〇〇三年四月に行われた雑誌『文學界』のインタビューに応じて、「文章的に言えばたしかに、僕の文章は日本的な文章ではないですね。たとえば川端とか三島みたいに日本語と情緒的に結びついているというか絡み合っているという部分は僕の文章にはないです。ある意味では中立的なものを目指しています。にもかかわらずそこに残る、ある意味残らざるを得ない日本人的なものというか日本的なものに興味があるんです」と述べている。日本的ではない文章によって、しかし「日本的なもの」を表現しているといえる。意識的か無意識的かは別として、村上の本がある種の日本文化発信になっていて、それが世界中で受容されていることは紛れもない事実であろう。

人を育てることの重要性

広報外交を行う人材を育成することは、大きな課題である。ここには、国際会議で活躍する人材の育成も含まれる。

戦前、鶴見が一人でアメリカ講演旅行を行っていた時に、イギリスからは五〇人余の著名な講演者が渡米して講演活動を展開していた。鶴見は、発信者の動員数という点でも、日本が他国に劣っていることに非常に焦りを感じた。講演活動を展開するに当たっては、無料の宣伝との差異をつけるために、有料で講演を行い、また講演者名を示して情報源を明らかにする必要があったことは本書中で述べた通りである。これは、講演という方法が個人のパーソナリティに深く関わる発信方法であり、鶴見という日本を代表する知識人として個人名で行う必要があったからである。しかし、当時の日本には、鶴見と同じレベルの講演の能力を持つ人材が多くはいなかった。講演という手法は個人のパーソナリティに深く関わる発信方法であることから、たとえ著名であっても英語力や講演能力をそなえている必要があり、著名人だから講演者としてふさわしいとは限らなかった。人材不足による限界があったのである。

組織的に広報外交を展開する場合は、まず人材育成が課題となるが、その際に、語学力、講演の技能、講演内容の三つの習熟は必須であり、さらに、国際的に通用するパーソナリティが要求される。それがどのようなものであるのか、どのように習得できるのかは今日的な課題であろう。

戦前から戦後を通じて、鶴見が面談した海外の政府要人・報道関係者・経済関係者・文化人・学術関係者の顔ぶれを検討すると、彼がいかに多くの世界的な人物に面談し意見交換したかに驚かされる。その意味で、現代の広報外交や国際会議の場でもっとも求められているのは、国際的な場で通用するコミュニケーション能力の高い人材である。鶴見の活動は、現代に国際人として通用する人物像やその人材育成についても示唆を与えている。

鶴見の青年期は、日本全国的に青年間でわき起こった流行として講演があった。彼は将来政治家になりたいという思いから講演力を身につけ、同時に日本を世界で第一級の国家にしたいという思いから英語を学んだ。このことは、時代潮流の中から生まれた偶然であったかもしれない。しかし、その後、新渡戸稲造が鶴見に広報外交の現場を体験させることで自分の後継者として育て、後藤新平が海外出張の機会を与えることで、一人の発信者の才能を開花させたことは間違いのない事実である。

今、日本は、鶴見のような発信力のある人物が偶発的に登場するのを待つのではなく、率先して海外で通用する発信力のある人物を養成する時期に来ている。

日本は、アメリカだけでなく、中国やその他の国々に対して、対象とする国ごとに、発信する人材を育成する必要があろう。発信の能力に長けた人材の育成は、現在、最も手薄であり、急務である。例えば、世界的なレベルでの反捕鯨運動の高揚や、日中間の海域問題、それにともなう対日感情の悪化などが生じている現在、世界の公式の場において明確に日本の意見を主張し、また相手を納得させることのできる人材が求められていることは、明かである。

また、鶴見が国際会議において発揮した調整・運営の能力は、現代でも必要とされている。調整・運営の能力は単なる事務能力ではなく、単なる語学力でもない。それは国際会議における発信力であり、コミュニケーション能力であろう。国際会議で活躍できる人材の育成は、今日的課題の一つである。

鶴見に講演依頼が多く寄せられた理由は、一つには日本を代表して意見を述べる人物が少数であったという点が挙げられる。しかし一九二八年一二月の鶴見によるウィルソン大統領の追悼演説がラジオで全米に放送され、それを聴いた人々から彼に多くの講演依頼が寄せられた事実を考慮すると、日本の立場をアメリカで主張するということ以前に、彼は日本を離れて通用するパーソナリティと国際性を持っていた。広報外交であれ文化交流であれ、それを実施する「人」が重要なのである。鶴見の活動は、戦前期に、日本が国際的に通用する人的な資源をほとんど持たなかったことも物語っている。今日、果たしてそういった状況が改善されているといえようか。

鶴見のパーソナリティのどのようなところが、国際的に通用するものであったのであろうか。家庭内だけでなく、戦後に鶴見の主催する太平洋協会にも約一年半関わった、鶴見の次女・章子（あやこ）（一九二八－）の夫である法学者の内山尚三（一九二〇－二〇〇二）は、鶴見が「理想主義者であった（中略）人間として純粋すぎ」るほどであった、「私は父の政治の腐敗を憂える情熱に圧倒され、父が七九歳に近い老人とは思えなかった」と述べている。(7) 鶴見が純粋すぎるほどの理想主義者であったことと、老いてなお情熱的であったことは、人種や国籍を超えて人を惹きつけ親しみを抱かせた一つの要素になっていたのではなかろうか。

あとがき

パブリック・ディプロマシーは、その発信内容が重要である。鶴見祐輔がいうように内容がよくて、正々堂々としていて正しく、相手の心に強く響くものでなければならない。魅力のある発信内容は人の心を動かす。発信のテクニックも大切だが、発信の中身も重要である。鶴見が行った排日移民法に非を唱えた発信内容は、アメリカの大衆の心にしっかりと届いた。

一方、パブリック・ディプロマシーというものは、国益を考え、それに関わる情報を扱い、大衆に向かって発信する作業なので、時代の潮流に敏感でなければならない。時代に寄り添っていなければならない。時代からずれた思想を頑迷に固守していては、情報を扱うことができない。時代感覚や柔軟性が必要である。鶴見はその意味で柔軟性を持って、時流に乗っていたといえよう。戦間期の日本は、国内の人口問題を抱え、その解決策として満州の権益を活用して活路を拓く大陸政策を取ろうとした。そのほうが、それらの権益を放棄することよりもよりリアリティがあったのである。石橋湛山(一八八四－一九七三)のように大多数に背を向けてでも貫徹させようとする思想の一徹さや、超時代的な先見性は、残念ながら鶴見の活動にはみいだせない。

時流に乗ることの柔軟性は大切であるが、思想の一貫性も大切である。その反対に頑なに過ぎると情報発信はできないだろう。そのあたりの兼ね合いの難しさが、鶴見の活動を俯瞰した時に一つの課題として浮かび上がる。

鶴見の活動をたどっていて感じるのは、日本という国を思うその思いの強さである。鶴見は、日本が何とかして活路をみいだすことを願い、日本人が世界で活躍することを切望した。そのために自分が何とかしようとした。この点は、一貫していた。

鶴見は、新渡戸稲造から国際連盟の事務次長を引き継がないかと打診された際に、そのポスト就任を断った。日本国内での政治活動に主眼を置いていたからである。新渡戸が亡くなったあと、鶴見は「もし新渡戸先生が国際連盟の事務次長の仕事を引き受けていなかったら、もっと日本で業績を残されたのに」と惜しんでさえいる。彼は、どこまでも日本を中心に考えていた。日本あっての世界であった。

ところで、日本は一九八〇年代に、政府の指示によって日本の各自治体が国際交流協会を設立し（それも、各地域に県と市で二つずつ設立し）、国際化を進展させようとした。このような国際化の形は世界でも異例であった。

その後、一九九五年頃を境に、インターネットが急速に普及し、個人がパソコンを持つようになり、グローバル化が一気に進展した。インターネットが発達した現在、ある活動を行うにあたって、国家単位ではなく、国家の枠を超え、国籍を超えて活動することが可能であり、実際それが進んでいる。国家や自治体単位で国際交流を図らなくとも、個人が国家を超えて活動することが非常に容易になった。

地方自治体が国際交流会館や国際交流センターといった拠点において行っていた活動は、質を変えることを余儀なくされた。様々な国際交流団体もその活動の質を変え、場合によってはその団体の使命を終えた。

砕けていえば、いま何か国際活動を行うにあたって、必ずしも日本人同士が組んでやる必要はない。国家や居住地を超えて、その分野で気の合う者同士が組んで活動すればよいのである。そういった活動を行う場合に、国益という発想が個人にとって対立するものとなるのか、相補関係となるものなのか。国家という枠組みが足手まといとなるのか。国と個人がどう向かい合うのか。そのあたりが、課題として存在するであろう。鶴見の場合も、一九三七年にニューヨーク日本情報図書館を設立しようとした際、積極的な発信は不可とする鶴見に対して、外務省が反対し、彼はプロジェクトから外された。個人と国家の間で齟齬を生じたのである。

鶴見の活動は、講演、新聞・雑誌寄稿、立合演説、ラジオ演説、テーブルスピーチ、自著の翻訳出版、留学生制度の提唱、国際会議・国際学会への出席、海外動物の寄贈、歌舞伎公演のコーディネート、外国政府要人を通しての声明発表の依頼など、非常に多様であった。それらを一人の人間が行った。うまくいったものもあれば、失敗したものもあった。発信内容が正しいと思われるものもあれば、間違っていると思われるものもある。彼の活動は、現在いうところの国際交流、文化交流、パブリック・ディプロマシーといったものが豊かに混ざり合って、まるで見本市のようであり、現代に持ち越された課題の宝庫でもある。

一九二〇年代、三〇年代、一人の日本人がアメリカ各地を巡って講演を行った。彼は訪ねた先々で、「先日イギリスの誰それという著名人が来て、講演を行った」ということを耳にした。イギリスは、多様な分野の専門家五〇名余をアメリカに送り込んで、講演活動を展開していた。日本からは鶴見ただ一人が活動しているだけであった。彼は、日本がパブリック・ディプロマシーにおいて遅れをとっていることに歯ぎしりしたい思いであった。彼は、たった一人でカバンを提げて、夜汽車に揺られなるのだろうか。

がらアメリカの街から街へと巡る孤独な闘士であった。……いま、我々はそのような闘士を持ってい

本書を執筆するにあたって、鶴見俊輔先生が、「ある人物のことを書く時に、その親戚・縁者が口を挟むと書きにくいものです。私らは何もいいませんから、好きなように書いてください」といってくださったこと、そして長く見守ってくださったことに厚く感謝申し上げる次第である。

鶴見の研究にあたっては、次の方々のご支援・ご指導を受けた。ここに記して、厚く感謝を申し上げたい。山岡道男先生（早稲田大学大学院教授）、片桐庸夫先生（群馬県立女子大学教授）、後藤乾一先生（早稲田大学大学院教授）、篠原初枝先生（早稲田大学大学院教授）、故・大城ジョージ先生（桜美林大学教授）、川村陶子先生（成蹊大学文学部准教授）、山内晴子先生（玉川聖学院高等部英語科講師）。

出版の機会を与えてくださった藤原良雄氏（藤原書店社長）、編集面でお世話になった刈屋琢氏（藤原書店編集部）、長きにわたって励まし続けてくださった嘉村裕三氏（電通プロモーション事業局次長）、戸田拓哉氏（国際交流基金日米センター）にも厚くお礼申し上げたい。

二〇一一年四月

上品和馬

参考文献

鶴見の著書

『鶴見祐輔関係文書』国会図書館・憲政資料室所蔵
鶴見祐輔『南洋遊記』大日本雄弁会講談社、一九一七年
鶴見祐輔『欧米名士の印象』実業之日本社、一九二一年
鶴見祐輔『米国々民性と日米関係の将来』岩波書店、一九二二年
鶴見祐輔『偶像破壊期の支那』鉄道時報局、一九二三年
鶴見祐輔『鶴見祐輔氏大講演集』大日本雄弁会、一九二四年
鶴見祐輔『思想・山水・人物』大日本雄弁会、一九二四年
鶴見祐輔『壇上・紙上・街上の人』大日本雄弁会講談社、一九二六年
鶴見祐輔『北米遊説記』大日本雄弁会、一九二七年
鶴見祐輔、澤田謙訳『現代日本論』大日本雄弁会講談社、一九二七年
鶴見祐輔『中道を歩む心』大日本雄弁会講談社、一九二七年
鶴見祐輔『英雄待望論』大日本雄弁会講談社、一九二八年
鶴見祐輔『太平洋時代と新自由主義外交の基調』新自由主義協会、一九二九年
鶴見祐輔『日本と世界』アルス、一九二九年
鶴見祐輔『自由人の旅日記』日本評論社、一九三〇年
鶴見祐輔『現代米国論』日本評論社、一九三一年
鶴見祐輔『欧米大陸遊記』大日本雄弁会講談社、一九三三年
鶴見祐輔『膨張の日本――新英雄論』大日本雄弁会講談社、一九三五年
鶴見祐輔『読書三昧』大日本雄弁会講談社、一九三六年
鶴見祐輔『豪州人の支那事変観』日本外交協会、一九三七年
鶴見祐輔ほか『参戦とアメリカ――都新聞社主催座談会記録』富国日本協会、一九四一年
鶴見祐輔『新雄弁道』大日本雄弁会講談社、一九四一

年
鶴見祐輔、沢田謙共著『太平洋上の日米問題』太平洋協会編、青年書房、一九四一年
鶴見祐輔『鶴見祐輔選集』潮文閣、一九四二年
鶴見祐輔『成城だより』第一巻〜第八巻、太平洋出版社、一九四八〜一九五〇年
鶴見祐輔『新英雄待望論』太平洋出版社、一九五一年
鶴見祐輔『自由日本への道』日本経済道徳協会、一九五六年。
鶴見祐輔『若き日のともし灯』実業之日本社、一九六〇年
鶴見祐輔『鶴見祐輔人物論選集』ダイヤモンド社、一九六八年
Yusuke Tsurumi, "The Liberal Movement in Japan", *Sir Valentine Chirol, Yusuke Tsurumi and Sir James Arthur Salter, The Reawakening of The Orient and Other Addresses*, The Yale University Press, 1925.
Yusuke Tsurumi, "The Origin and Growth of the Labor Movement in Japan", *Sir Valentine Chirol, Yusuke Tsurumi and Sir James Arthur Salter, The Reawakening of The Orient and Other Addresses*, The Yale University Press, New Haven, 1925.
Yusuke Tsurumi, *Present Day Japan*, Columbia University Press, New York, 1926.
Yusuke Tsurumi, *Contemporary Japan*, The Japan Times, Tokyo, 1927.
Yusuke Tsurumi, *Le Conflit Sino-Japonais*, Recueil Sirey, Paris, 1932.
Yusuke Tsurumi, "Japan-To-Day and To-Morrow", *International Affairs*, Royal Institute of International Affairs, Nov.-Dec., 1936.

鶴見に関する著述

澤柳政太郎編『太平洋の諸問題』太平洋問題調査会、一九二六年
井上準之助編『太平洋問題』太平洋問題調査会、一九二七年
松田雪堂「古い型の新自由主義」『我観』、一九二七年六月
XYZ（河合栄治郎）「鶴見祐輔論」『経済往来』第二巻第八号、日本評論社、一九二七年八月
吉田甲子太郎「鶴見祐輔伝」『雄弁』大日本雄弁会講談社、一九二七年九月
新渡戸稲造編『太平洋問題』太平洋問題調査会、一九

三〇年
那須皓編『上海に於ける太平洋会議』岩波書店、一九三二年
沢田謙「鶴見祐輔」沢田謙ほか『現代人物伝シリーズ』第一集、銀河出版、一九六三年三月
清沢洌『暗黒日記（一九四二—一九四五）』山本義彦編、岩波書店、一九六〇年
内政史研究会『川西実三氏談話速記録』内政史研究会、一九六四年
栗田確也編『出版人の遺文 講談社 野間清治』栗田書店、一九六八年
社会思想会編『河合栄治郎全集』社会思想社、一九六九年
新渡戸稲造全集委員会編『新渡戸稲造全集』教文館、一九六九年
北岡寿逸編『友情の人鶴見祐輔先生』鎌倉印刷、一九七五年
戦前期官僚制研究会編『戦前期日本官僚制の制度・組織・人事』東京大学出版会、一九八一年
藤野正「昭和初期の『自由主義者』——鶴見祐輔を中心として」日本歴史学会編『日本歴史』、吉川弘文館、一九八二年一二月
中見眞理「太平洋問題調査会と日本の知識人」『思想』七二八号、岩波書店、一九八五年二月
那須皓先生追想集編集委員会編『那須皓先生——遺文と追想』農村更正協会、一九八五年
佐々木篁『アメリカの新渡戸稲造』熊谷印刷出版部、一九八五年
北岡伸一『清沢洌』中央公論新社、一九八七年
鶴見和子『鶴見和子曼荼羅 Ⅶ』藤原書店、一九九八年
鈴木麻雄「鶴見祐輔の対米観——移民問題を中心として」『法学政治学論究』慶応大学大学院法学科、一九九〇年九月
ジョージ・オオシロ『新渡戸稲造——国際主義の開拓者』中央大学出版部、一九九二年
宇垣一成文書研究会編『宇垣一成関係文書』芙蓉書房出版、一九九五年
鶴見和子『女書生』はる書房、一九九七年
鶴見俊輔『期待と回想』（上下）晶文社、一九九七年
松井慎一郎「鶴見祐輔と河合栄治郎——交友三十三年」早稲田大学大学院『文学研究科紀要』第四四号、早稲田大学大学院文学研究科、一九九九年二月
鶴見俊輔「『私は殺した』から始まる哲学——戦争責

任をめぐって」『真宗』真宗大谷派（東本願寺）、二〇〇三年四月
鶴見俊輔ほか『日米交換船』新潮社、二〇〇六年

国際関係に関する著述

David Singer, "Internation Influence : A Formal Model," *American Political Science Review*, June., 1963.
瀬川善信「一九二四年米国移民法と日本外交」日本国際政治学会編『日本外交史の諸問題Ⅰ』有斐閣、一九六四年七月
ルイ・ドロー、三保元訳『国際文化交流』白水社、一九六五年
ジェームズ・A・C・ブラウン、茅野健訳『説得の技術――宣伝から洗脳まで』講談社、一九六六年
福田茂夫『アメリカの対日参戦――大概政策決定の研究』ミネルヴァ書房、一九六七年
日本国際政治学会編『日本外交史の諸問題Ⅲ』有斐閣、一九六八年一〇月
細谷千博ほか編『日米関係史――開戦に至る一〇年（一九三一－四一年）』東京大学出版会、一九七二年
細谷千博『両大戦間の日本外交』岩波書店、一九八八年
松本重治『国際関係の中の日米関係』中央公論社、一九九二年
細谷千博『日本外交の軌跡』日本放送出版協会、一九九三年
麻田貞雄『両大戦間の日米関係』東京大学出版会、一九九三年
細谷千博編『日米関係通史』東京大学出版会、一九九五年
大杉一雄『日中十五年戦争史』中央公論社、一九九六年
松村正義『国際交流史――近現代の日本』地人館、一九九六年
山岡道男『「太平洋問題調査会」研究』龍渓書舎、一九九七年
三輪公忠編『日米危機の起源と排日移民法』論創社、一九九七年
由井正臣『大日本帝国の時代』岩波書店、二〇〇〇年
蓑原俊洋『排日移民法と日米関係』岩波書店、二〇〇二年
井上寿一『日本外交史講義』岩波書店、二〇〇三年
片桐庸夫『太平洋問題調査会の研究』慶應義塾大学出版会、二〇〇三年

片桐庸夫ほか『アジア太平洋戦争の意義』三和書籍、二〇〇五年

宣伝・広報外交に関する著述

ラムリー、大江専一訳『世界列強のプロパガンダ戦』実業之日本社、一九三四年
ヘルベルト・スクールラ、石橋長英訳『第三戦線――宣伝戦の基調』富山房、一九四一年
ゲッベルス、高野瀏訳『宣伝の偉力』青磁社、一九四一年
戸沢鉄彦『宣伝概論』中央公論社、一九四二年
平井政夫ほか『宣伝戦』ダイヤモンド社、一九四三年
戸沢鉄彦『宣伝戦の史実と理論』中央公論社、一九四四年
森崎善一『宣伝の政策』国民教育社、一九五〇年
遠藤健一『宣伝の科学』東洋経済新報社、一九五九年
池田徳真『プロパガンダ戦史』中央公論社、一九八一年
牛場信彦『外交の瞬間――私の履歴書』日本経済新聞社、一九八四年
斉藤洋『現代国際情報宣伝法の研究』新有堂、一九九〇年
津金沢聡広ほか編『内閣情報部情報宣伝研究資料』柏書房、一九九四年
大谷正『近代日本の対外宣伝』研文出版、一九九四年
ヴィリー・ミュンツェンベルク、星乃治彦訳『武器としての宣伝』柏書房、一九九五年
クマール・ルペシンゲ、辰巳雅世子訳『予防外交――「紛争の時代」の新たなる指針』ダイヤモンド社、一九九八年
津金沢聡広ほか編『戦時期日本のメディア・イベント』世界思想社、一九九八年
堂之脇光朗『予防外交入門』日本国際フォーラム、一九九九年
有山輝雄「満州事変期の対米宣伝活動」東京経済大学大学院コミュニケーション学研究科編『日本の国際情報発信』芙蓉書房出版、二〇〇四年
里見脩『日本の対外情報発信の現状と改革（東京財団研究報告書二〇〇四－一〇）』東京財団研究推進部、二〇〇四年
里見脩『姿なき敵――プロパガンダの研究』イプシロン出版企画、二〇〇五年
エドワード・バーネイズ『プロパガンダ教本』成甲書房、二〇〇七年

金子将史、北野充編『パブリック・ディプロマシー——「世論の時代」の時代の外交戦略』ＰＨＰ研究所、二〇〇七年

太平洋会議の英文議事録・回想録

Institute, *Institute of Pacific Relations, Honolulu Session, June 30-July 14, 1925, History, Organizations, Proceedings, Discussions and Addressee*, Honolulu, Hawaii, 1925.

J. B. Condliffe (ed.), *Problems of the Pacific; Proceedings of the Second Conference of the Institute of Pacific Relations, Honolulu, Hawaii, July, 15 to 29, 1927*, The University of Chicago Press, Illinois, 1928.

J. B. Condkiffe (ed.), *Problems of the Pacific 1929; Proceedings of the Third Conference of the Institute of Pacific Relations, Nara and Kyoto, Japan, October 23 to Nobember 9, 1929*, The University of Chicago Press, Illinois, 1930.

Bruno Lasker (ed.), *Problems of the Pacific 1931; Proceedings of the Fourth Conference of the Institute of Pacific Relations, Hongchow and Shanghai, China, October 21 to November 2, 1931*, The University of Chicago Press, Illinois, 1932.

Bruno Lasker & W. L. Holland (eds.), *Problems of the Pacific 1933 : Economic Conflict and Control; Proceedings of the Fifth Conference of the Institute of Pacific Relations, Banff, Canada, 14-26 August, 1933*, Oxford University, London, 1934.

W. L. Holland & Kate L. Mitchell (eds.), *Problems of the Pacific 1936—Aims and Pesults of Social and Economic Policies in the Pacific Countries; Proceedings of the Sixth Conference of the Institute of Pacific Relations, Yosemite National Park, California, 15-29 August, 1936*, Oxford University Press, London, 1937.

Paul F. Hooper, *Remembering the Institute of Pacific Relations: The Memoris of William L. Holland*, Ryukei Shosha, Tokyo, 1995.

鶴見祐輔 年譜（1885-1973）

年号	鶴見祐輔関連事項	一般事項
一八八五（明治18）	（0歳）一月、群馬県多賀郡新町に生まれる。	
一八九一（明治24）	（6歳）四月、新町町立尋常小学校入学。	
一八九四（明治27）	（9歳）	日清戦争、開始。
一八九五（明治28）	（10歳）	三国干渉。仏独露の三国が日本に対して、下関条約で日本への割譲が決定された遼東半島を清へ返還するように勧告。
一八九八（明治31）	（13歳）四月、岡山県立岡山中学校入学。	
一九〇三（明治36）	（18歳）四月、第一高等学校英法科入学。	
一九〇四（明治37）	（19歳）	日露戦争、開始。
一九〇五（明治38）	（20歳）	日露講和。日本は遼東半島と樺太南部を取得。
一九〇六（明治39）	（21歳）九月、東京帝国大学法科大学政治科入学。	

一九〇七（明治40）	（22歳）	二月～一九〇八年六月、日米の紳士協定の締結。
一九一〇（明治43）	（25歳）一一月、高等文官試験合格。拓務属官として内閣拓殖局朝鮮課に勤務。	
一九一一（明治44）	（26歳）三月～五月、中国旅行。北里柴三郎博士に同行し、満州・奉天における国際ペスト会議に出席。八月、内閣拓殖局から鉄道院に転じ、鉄道書記となる。八月～一九一二年七月、米国旅行。米国カーネギー平和財団の招きにより第一回日米交換教授・新渡戸稲造に随い、初の米国旅行。	日米新通商航海条約締結。同時に日本は紳士協定の遵守を宣言した。
一九一二（大正元）	（27歳）七月～九月、欧州各国旅行。	
一九一三（大正2）	（28歳）六月～八月、ロシア・モスクワにおける万国鉄道会議に日本代表として出席。	日系移民の土地取得禁止のカリフォルニア法成立。
一九一四（大正3）	（29歳）	第一次世界大戦開始。
一九一五（大正4）	（30歳）九月～一九一六年二月、南洋視察旅行。『東亜英文旅行案内』編纂材料収集のため。	
一九一七（大正6）	（32歳）この年、『南洋遊記』出版。	アメリカ参戦。石井・ランシング協定。ロシア革命で帝政崩壊。
一九一八（大正7）	（33歳）九月～一九二一年五月。米国・欧州旅行。九月、米国（ニューヨーク、ワシントン）訪問。鉄道材料買入れのため。	シベリア出兵（撤兵は一九二二年）。米騒動。第一次世界大戦終結。
一九一九（大正8）	（34歳）一月～五月、米国滞在。六月～九月、後藤新平に同行し、欧州旅行。戦後欧州視察。九月～一二月、米国滞在。ニューヨーク。一二月～一九二〇年一〇月、欧州旅行。一一月～一九二一年五月、米国滞在。	一月、パリ講和会議。六月、ベルサイユ条約。中国で五四運動。朝鮮で三一独立運動。

一九二〇（大正9）	（35歳）	一月、ベルサイユ条約発効。同時に国際連盟が成立。戦後恐慌。
一九二一（大正10）	（36歳）この年、『欧米名士の印象』出版。五月の帰国後、日本各地を巡り欧米事情について約二〇〇回の講演を行う。	一一月〜一九二二年二月、ワシントン会議。原敬首相刺殺。中国共産党結成。
一九二二（大正11）	（37歳）四月〜七月、中国旅行。鉄道省運輸局総務課長として、支那・沿海州出張を命じられる。北京、上海等へ。この年、『米国の国民性と日米関係の将来』、『偶像破壊期の支那』出版。	九ヵ国条約、海軍軍縮条約。
一九二三（大正12）	（38歳）三月〜五月、鉄道省運輸局総務課長として、青島鉄道会議に出席のため、中国へ出張。孫文に会見する。この年、『三都物語』出版。	関東大震災。
一九二四（大正13）	（39歳）二月、鉄道省監察官を退官する（在官一四年）。五月、岡山県第七区より参議院議員に立候補し、落選。七月〜一九二五年一一月、米国講演旅行（第一回）。ウィリアムズタウンの国際政治学協会およびコロンビア大学の招聘に応じて講演のため。排日移民法実施後の日本事情を講演して、多大の感銘を与える。米国、カナダ、ハワイにおいて、約一年半で約一五〇回の講演活動を行う。この年、『鶴見祐輔大講演集』、『思想・山水・人物』出版。	四月、埴原正直が「重大なる結果」書簡をヒューズへ送付。五月、排日移民法通過。七月から排日移民法施行。中国の国共合作成立。
一九二五（大正14）	（40歳）二月、カナダで講演し、再びアメリカへ戻る。七月、第一回太平洋会議（ホノルル）に出席し、再びアメリカに戻る。	普通選挙法と治安維持法を制定。イギリスが金本位制に復帰。
一九二六（大正15）	（41歳）四月〜一九二七年二月、普通選挙のために日本全国を遊説する。岡山第七区衆議院補欠選挙に推薦されるが、落選。この年、『壇上・紙上・街上の人』、『Present Day Japan』出版。	中国革命軍の北伐開始。

一九二七（昭和2）	（42歳）四月〜六月、満鉄の求めにより、南北中国を旅行。蒋介石と会見する。六月〜八月、第二回太平洋会議（ホノルル）に出席。九月、岡山選挙区を遊説。一一月〜一九二八年二月、米国講演旅行（第二回）。ニューヨークでウイルソン追悼演説を行い、多大の感銘を与える。この年、『北米遊説記』、『現代日本論』、『中道を歩む心』、『Contemporary Japan』出版。	金融恐慌。第一次山東出兵。蒋介石がクーデター。南京政府樹立。
一九二八（昭和3）	（43歳）一月、ボストンのブラウン大学で講演。ニューヨーク中央公会堂で、中国の謝徳治と立会演説を行う。二月、岡山第一区衆議院議員に立候補し、当選。明政会を発足。九月〜一二月、米国講演旅行（第三回）。この年、『英雄待望論』出版。	第一次普通選挙。張作林爆殺。アメリカは絶頂の好景気。
一九二九（昭和4）	（44歳）一〇月、第三回太平洋会議（京都）に出席。この年、『母』、『最期の舞踏』出版。	一〇月、ニューヨーク株暴落（世界大恐慌の開始）。
一九三〇（昭和5）	（45歳）二月、岡山第一区衆議院議員に立候補し、落選。五月〜一九三一年九月、米国講演旅行（第四回）。五月、シカゴ大学のハリス講座で連続三講演。一〇月〜一一月、ニュージャージー等で講演。一二月、カナダで講演。この年、『自由人の旅日記』出版。	ロンドン海軍軍縮会議。金輸出解禁（金本位制復帰）。
一九三一（昭和6）	（46歳）一月、シカゴ、アイオワ州、ミズーリ州、テキサスを遊説。カナダを経て、九月に帰国。一〇月〜一一月、中国旅行。第四回太平洋会議（上海）に出席。この年、『ナポレオン』出版。	満州事変。日満議定書を取り交わし、満州国を承認。イギリスと日本が金本位制再停止。
一九三二（昭和7）	（47歳）一月〜一九三三年一月、米国講演旅行（第五回）。一月〜六月、米国旅行。二月、英文『母』出版記念会に出席。三月、サンフランシスコへ。四月、フィラデルフィアで講演。（一九三二年四月〜一九三三年三月、新渡戸渡米）六月〜一一月、ヨーロッパ旅行。七月、パリのソルボンヌ大学における国際連盟協会総会で、満州問題について講演。一一月、一旦米国へ戻って、一九三三年一月に帰国。この年、『子』、『The Mother（母）』出版。	一月、米国務長官スティムソン「満州における日本の行動を承認しない」と声明。一月、第一次上海事変が勃発。三月、満州国建国宣言。五月、五・一五事件。F・ローズヴェルト大統領当選。アメリカは不景気のどん底。一〇月、国連のリットン調査団の報告。

一九三三（昭和8）	（48歳）七月〜八月、カナダ旅行。第五回太平洋会議（バンフ）に出席。九月、新渡戸稲造死去。この年、『欧米大陸遊記』出版。	三月、日独が国際連盟脱退を通告（発効は一九三五年）。五月、日中軍事停戦協定（塘沽停戦協定）の締結により満州事変終了。
一九三四（昭和9）	（49歳）この年、『死よりも強し』出版。	中国共産党が長征を開始。スターリンによる粛正の開始。
一九三五（昭和10）	（50歳）一〇月〜一九三六年一月、米国講演旅行（第六回）。アイオワ州デモインのパブリック・フォーラムにおける講演のため。一二月、ホワイトハウスでF・ローズヴェルト大統領に会見。この年、『膨張の日本』、『ビスマーク』、『バイロン』出版、『後藤新平』脱稿。	帝国議会が美濃部達吉の天皇機関説を排撃。イタリアがエチオピア侵略。
一九三六（昭和11）	（51歳）二月、岩手第二区より衆議院議員に立候補、当選。立憲民主党に入党。七月〜一二月、米国旅行。八月、第六回太平洋会議（ヨセミテ）に出席。一〇月、ロンドン国際ペンクラブ総会に出席。その後、ニューヨーク、ロンドン、パリ、ベルリンを回って菊五郎の海外公演をコーディネートする。一一月、モスクワに着き、シベリアを経て帰国。この年、『読書三昧』、『ヂスレリー』出版。	二月、二・二六事件。一一月、日独防共協定。一二月、西安事件。
一九三七（昭和12）	（52歳）一月、宇垣内閣擁立に参画するが、陸軍の反対により成立せず。四月、岩手第二区より衆議院議員に立候補し、当選。七月〜一〇月、オーストラリア旅行。国際新教育会議出席のため。メルボルン大学よりLLDの学位を授与される。一〇月、帰国し、オーストラリアの鳥（エミュー）を上野動物園に寄贈する。一二月〜一九三八年三月、米国旅行。ニューヨークに日本情報図書館（日本文化会館）設立のため。（開館は一九三八年一一月）。カウンシル・オブ・フォーリン・リレーションズで講演。	日独伊三国防共協定。七月、盧溝橋事件。八月、第二次上海事変が勃発し、日中全面戦争開始。一二月、南京事件。

一九三八（昭和13）	（53歳）五月、太平洋協会を創設し、常任理事に就任する。六月～一一月、米国旅行。国民使節として訪米にあたり、家族を同伴し、長男・長女を米国大学に入学させる。一〇月～一一月、ロンドンへ。チャタム・ハウスで講演。一一月、再びニューヨークに戻り、ワシントン、ロサンゼルス、サンフランシスコを経て、帰国。一一月、太平洋協会に南洋委員会を設置する。	国家総動員法制定、近衛内閣の東亜新秩序声明。ミュンヘン会議。
一九三九（昭和14）	（54歳）	ノモンハン事件。九月、第二次世界大戦開始。独ソがポーランド分割。英仏が独に宣戦。
一九四〇（昭和15）	（55歳）一月、米内内閣成立にともない、内務政務次官に就任。七月、内務政務次官を辞任。	日独伊三国同盟。一〇月、大政翼賛会発足。
一九四一（昭和16）	（56歳）この年、『新雄弁道』、『心の窓は開く』出版。	八月、対日石油輸出全面禁止。一二月、日本が英米に宣戦布告。真珠湾攻撃。
一九四二（昭和17）	（57歳）五月、岩手第二区より衆議院議員に立候補し、当選。	四月、翼賛選挙。
一九四四（昭和19）	（59歳）一二月、日本政府に朝鮮・台湾在住政治処遇調査会が設置され、衆議院代表委員となる。	
一九四五（昭和20）	（60歳）八月、終戦とともに太平洋協会を解散する。一一月、日本進歩党を結成し、幹事長に就任。松村農相を助け、農地改革を促進する。	八月、終戦。
一九四六（昭和21）	（61歳）公職追放令に指定される。	新憲法制定。
一九四八（昭和23）	（63歳）この年～一九五〇年、『成城だより』、『友』、『弟』、『愛』出版。	極東軍事裁判判決。
一九四九（昭和24）	（64歳）太平洋協会に代わるものとして太平洋文化協会を組織し、副会長に就任する。	中華人民共和国建国宣言。

一九五〇（昭和25）	（65歳）一〇月、公職追放を解除される。この年、『新英雄待望論』出版。	朝鮮戦争開始。警察予備隊創設。
一九五一（昭和26）	（66歳）一月、幣原衆議院議長、佐藤参議院議長らとともに国土防衛民主主義連盟を結成。三月、民主党より東京都知事に立候補の交渉を受けるが、受諾せず。九月、旧民政党系の旧友会により新政クラブを結成。	対日平和条約・日米安保条約調印。
一九五二（昭和27）	（67歳）二月、改進党結成にあたり顧問となる。このとき総裁候となる。三月〜七月、一四年ぶりで訪米し、米国要路の人物に会見する。タフト、アチソン、F・ローズヴェルト夫人、パール・バック、トーマス・マンら。五月、元大統領ハーバート・フーヴァーに会見する。六月、リオ・デ・ジャネイロにて、ブラジル大統領ジェトゥリオ・ヴァルガスに会見する。六月、ニューヨークに戻る。ロンドンほかヨーロッパを周遊して、七月に帰国。一〇月、岩手第二区より参議院議員に立候補し、落選。	日本独立（占領の終結）。
一九五三（昭和28）	（68歳）一月、インド首相ネールの招きによりニュー・デリーのガンジー平和思想研究会主催の世界平和円卓会議に出席する。二月、改進党第四回全国大会に際し、大会議長に就任。四月、参議院議員全国区に立候補し、当選。五月、改進党第五回大会で、党勢拡大委員に指名される。七月、太平洋文化協会を太平洋協会に戻し、会長に就任する。一〇月、改進党「自衛軍基本法案綱案」を、起草委員となって作成する。	
一九五四（昭和29）	（69歳）三月、改進党選挙制度調査特別委員会委員長に就任。五月、第一九回国会参議院本会議で「自衛隊の海外出動をなさざることに関する決議案」の主旨説明を行う。一二月、厚生大臣に就任。	
一九五五（昭和30）	（70歳）三月、厚生大臣を辞任する。六月〜八月、訪米する。ニューヨーク外交審議会その他諸大学において講演する。七月、民主党外交調査特別委員会副委員長に選任される。一一月、自由民主党顧問に就任。	

一九五六（昭和31）	（71歳）一一月、自由民主党参議院内総務に就任。この年、『自由日本への道』、『明日への出発』出版。	日ソ国交回復。日本が国際連合に加盟。
一九五七（昭和32）	（72歳）二月、自由民主党総務就任。	
一九五八（昭和33）	（73歳）三月、自由民主党役員改選により、相談役に就任。八月、パラグアイ大統領ストロエスネル氏の就任式に参列する。イェール大学総長グリスウォールド博士を訪問。九月、ニューヨークにマッカーサー元帥を訪問する。一〇月、帰国。この年、『種田虎雄伝』出版。	
一九五九（昭和34）	（74歳）六月、参議院通常選挙岩手地方区から立候補するも落選。一一月、脳軟化症のため病床の人となる。以後、一四年間自宅療養の生活を送る。	
一九七三（昭和48）	（88歳）一一月、逝去。	

(40) 同前。
(41)『鶴見文書』1658 番。
(42)『鶴見文書』1668 番(外務省儀第 984 号)。
(43) 赤塚正一「恩師・鶴見祐輔先生」北岡寿逸編『友情の人鶴見祐輔先生』鎌倉印刷、1975 年、213 頁。
(44) 同前。
(45)『鶴見文書』1671 番(ブラジル移民 50 年祭 3 列及び米国南米諸国訪問に関する希望要旨)。
(46)『鶴見文書』1661 番。
(47)『鶴見文書』2212 番(「植民地文芸の提唱」『拓殖公論』1927 年 7 月)。『鶴見文書』2204 番(「満州は恵まれたる芸術都」『新天地』1927 年 4 月)。

終章

(1) 鶴見祐輔『北米遊説記』大日本雄弁会、1927 年、267-271 頁。鶴見祐輔『英雄待望論』大日本雄弁会講談社、1928 年、353-354 頁。J. B. Condkiffe (ed.), *Problems of the Pacific 1929; Proceedings of the Third Conference of the Institute of Pacific Relations, Nara and Kyoto, Japan, October 23 to November 9, 1929*, The University of Chicago Press, Illinois, 1930, p.627.
(2) 松本重治「先人の足跡を憶う」北岡寿逸編『友情の人鶴見祐輔先生』鎌倉印刷、1975 年、124 頁。
(3) 北岡寿逸編『友情の人鶴見祐輔先生』鎌倉印刷、1975 年、68 頁。
(4) 北岡伸一『清沢洌』中央公論新社、1987 年、20-22 頁。
(5) 同前。
(6)『鶴見文書』1658 番(アメリカ・ブラジル旅行通信　鶴見祐輔　第 1 信(1952 年 5 月 2 日)- 第 8 信(1952 年 6 月 23 日))。
(7) 内山尚三「純粋に生きた一生」北岡寿逸編『友情の人鶴見祐輔先生』鎌倉印刷、1975 年、318-320 頁。

（9）前掲、鶴見『新英雄待望論』165-166 頁、91 頁。
（10）前掲、北岡『友情の人鶴見祐輔先生』402 頁。
（11）同前。
（12）鶴見和子「自分と意見のちがう子どもを育てた父親への感謝」北岡寿逸編『友情の人鶴見祐輔先生』鎌倉印刷、1975 年、350 頁。
（13）『鶴見文書』1661 番（鶴見訪伯関係新聞記事）。
（14）『鶴見文書』2071 番（講演原稿「The International implications of Japanese domestic policy」1952 年 4 月 25 日）。『鶴見文書』1658 番（アメリカ・ブラジル旅行通信　鶴見祐輔　第 1 信（1952 年 5 月 2 日）- 第 8 信（1952 年 6 月 23 日））。
（15）『鶴見文書』1658 番。
（16）『鶴見文書』2071 番。
（17）『鶴見文書』1658 番。
（18）『鶴見文書』1658 番。
（19）『鶴見文書』3277 番（『東京新聞』1952 年 12 月 26 日付）。鶴見祐輔「偉大なる生涯尾崎行雄先生の思い出」『実業之日本』実業之日本社、1954 年 11 月。
（20）『鶴見文書』3277 番。
（21）鶴見祐輔「課外読書の尊さ」『実業之日本』実業之日本社、1956 年 3 月。前掲、鶴見「偉大なる生涯尾崎行雄先生の思い出」。
（22）『鶴見文書』3277 番。
（23）『鶴見文書』1738 番（ガンディーセミナー鶴見祐輔講演記録）。
（24）『鶴見文書』1753 番（ガンディーセミナー関係新聞切抜）。
（25）前掲、山本「鶴見先生年表」401 頁。
（26）『鶴見文書』1667 番（「南北米派遣移動大使に関する件」1958 年 5 月）。
（27）同前。
（28）同前。
（29）同前。
（30）『鶴見文書』1661 番（「ブラジル中外新聞」1952 年）。
（31）『鶴見文書』1667 番。
（32）『鶴見文書』1661 番。
（33）『鶴見文書』1667 番。
（34）『鶴見文書』1661 番。
（35）『鶴見文書』1667 番。
（36）同前。
（37）『鶴見文書』1661 番。
（38）同前。
（39）同前。

(125)『鶴見文書』2368番（「我が太平洋政策の根本義」10-11頁）。『帝国議会会議録（衆議院議会1941年2月4日）』衆議院事務局、1941年。
(126) 鶴見祐輔「参戦一歩手前のアメリカ」太平洋協会編『太平洋上の日米問題』青年書房、1941年、66-69頁。
(127)『鶴見文書』2368番（19頁）。前掲、『帝国議会会議録（衆議院議会1941年2月4日）』。
(128) 同前。
(129) 同前。
(130) 井上寿一『日本外交史講義』岩波書店、2003年、103頁。
(131) 鶴見祐輔「太平洋を巡る政治外交関係」太平洋協会編『太平洋問題の再検討』朝日新聞社、1941年5月、205-218頁。
(132) 前掲、鶴見「参戦一歩手前のアメリカ」49-51頁。危急存亡の場合には、指導者が独裁的権力を発揮するという考え方は、評論家のウォルター•リップマンの言説を踏まえている。
(133) 同前書、69-71頁。
(134) 同前書、15-18頁。
(135)『鶴見文書』2394番（「世界の情勢と日米関係」1941年）。
(136)『鶴見文書』3784番（日記、昭和16年6月22日付）。
(137) 藤野正「昭和初期の『自由主義者』——鶴見祐輔を中心として」日本歴史学会編『日本歴史』吉川弘文館、1982年12月、72頁。『鶴見文書』521番（「松岡外相会見メモ」1941年6月26日）。
(138)『鶴見文書』2394番。
(139) 前掲、関「太平洋協会時代の鶴見さん」205頁。
(140) 同前。
(141) 鶴見祐輔『思想・山水・人物』大日本雄弁会、1924年、276頁。

第六章

(1) 山本梅治「鶴見先生年表」北岡寿逸編『友情の人鶴見祐輔先生』鎌倉印刷、1975年、393頁。
(2) 北岡寿逸編『友情の人鶴見祐輔先生』鎌倉印刷、1975年、398頁。『鶴見文書』1661番。
(3) 鶴見祐輔『新英雄待望論』太平洋出版社、1951年、85-86頁。
(4)『鶴見文書』1661番（「ブラジル中外新聞」1952年）。
(5) 同前。
(6)『鶴見文書』1914番（講演集校正刷：炉辺を守れ、講和を前にして　昭和26年）、74頁、50頁、41頁、75頁。
(7) 前掲、鶴見『新英雄待望論』85-86頁。
(8)『鶴見文書』1661番。

「鶴見先生年表」387 頁。
(99) 太平洋協会『現代アメリカの分析』序 2 頁。
(100)『鶴見文書』2097 番（紐育タイムス紙所蔵鶴見祐輔氏談）。
(101) 同前。
(102)『鶴見文書』2368 番（「我が太平洋政策の根本義」19 頁）。『帝国議会会議録（衆議院議会 1941 年 2 月 4 日）』衆議院事務局、1941 年。
(103)『鶴見文書』3818 番（手帳）、1874 番（放送原稿「最近の国際状勢を顧みて」）。
(104)『鶴見文書』1874 番（放送原稿「最近の国際状勢を顧みて」）。
(105)『鶴見文書』3818 番、1874 番。
(106)『鶴見文書』2067 番（講演草稿）によると、この旅行中に講演を行った可能性については、資料として、1938 年 9 月 9 日にニューヨーク市内のホテル・ピエールで行った講演「Japan in the Pacific Drama（草稿）」があるのみである。
(107) 前掲、鶴見「米国の支那事変観と其の苦悩」7-8 頁。
(108)『鶴見文書』3541 番（海外旅行及滞在一覧）。
(109) 前掲、山本「鶴見先生年表」388 頁。
(110) 関嘉彦「太平洋協会時代の鶴見さん」北岡寿逸編『友情の人鶴見祐輔先生』鎌倉印刷、1975 年、202 頁。
(111)『鶴見文書』1882 番（「最近英・米に於ける対日世論の動向」1939 年 3 月）。
(112)『鶴見文書』2068 番（対米ラジオ放送原稿、1939 年）。
(113) 同前。
(114)『帝国議会会議録』（第 22 回衆議院予算委員会 1939 年 3 月 11 日）衆議院事務局、1939 年。
(115)『鶴見文書』3781 番、3782 番（日記、昭和 14 年 5 月 15 日、18 日、19 日付）。
(116)『鶴見文書』3781 番、3782 番（日記、昭和 14 年 8 月 11 日付）。
(117)『鶴見文書』1882 番。
(118) 前掲、山本「鶴見先生年表」389 頁。
(119) 前掲、関「太平洋協会時代の鶴見さん」204-205 頁。
(120)『鶴見文書』3783 番（日記、昭和 15 年 2 月 27 日、28 日、3 月 7 日付）、516 番（「米内首相との会談」1940 年 2 月 28 日）。
(121)『鶴見文書』3783 番（日記、昭和 15 年 2 月 27 日、28 日付）。
(122)『鶴見文書』3783 番（日記、昭和 15 年 10 月 21 日付）。
(123)『鶴見文書』3784 番（日記、昭和 16 年 1 月 1 日、1 月 10 日、1 月 11 日、1 月 18 日、1 月 30 日、4 月 26 日、8 月 5 日付）。
(124)『鶴見文書』773 番（「日米太平洋協約案」1939 年）。

(69) 同前。
(70) 前掲、鶴見「米国の支那事変観と其の苦悩」17頁。
(71) 同前書、17-18頁。『鶴見文書』2362番。
(72) 前掲、鶴見「米国の支那事変観と其の苦悩」19-20頁。
(73) 同前書、21頁。
(74) 同前書、22-23頁。
(75) 同前書、24-34頁。
(76)『鶴見文書』2362番、1875番。
(77)『鶴見文書』2362番。
(78)『鶴見文書』1567番(「米国紐育ニ日本情報図書館設立ニ関スル件」)。
(79)『鶴見文書』1873番(講演速記「最近の米国に於ける排日感情」)、3541番(海外旅行及滞在一覧)、3778番(日記)、3779番(日記)、3818番(手帳)。
(80)『鶴見文書』2394番(「世界の情勢と日米関係」)。
(81)『鶴見文書』1875番。鶴見祐輔「米国の対日感情を語る」『実業之日本』実業之日本社、1939年12月、14頁。
(82)『鶴見文書』2394番(「世界の情勢と日米関係」)。
(83)『鶴見文書』1875番、1882番(「最近英・米における対日世論の動向」1939年、17頁)。
(84)『鶴見文書』3541番(海外旅行及滞在一覧)、3543番(著作・講演・海外渡航一覧表)。
(85)『鶴見文書』1573番(在米館附武官宛極秘親展電報)。
(86)『鶴見文書』1567番(「米国紐育ニ日本情報図書館設立ニ関スル件」)。
(87) 同前。
(88) 同前。
(89) 同前。
(90)『鶴見文書』776番(「対米宣伝政策ノ対象」年月不詳)。
(91)『鶴見文書』1667番(「南北米派遣移動大使に関する件」1958年5月)、3778番(日記)、3779番(日記、昭和12年10月8日付)。
(92) 芝崎厚士『近代日本と国際文化交流』有信堂、1999年、140頁、157頁。
(93)『鶴見文書』1667番。
(94)『鶴見文書』1875番。
(95)『鶴見文書』2362番。
(96)『鶴見文書』3778番(日記)、3779番(日記、昭和12年10月29日付、昭和13年9月26日付、10月7日付)、1590番(「綿花の件報告電文草稿」1938年)。
(97)『鶴見文書』2362番。
(98) 太平洋協会篇『現代アメリカの分析』生活社、1941年、序2頁。山本

(37) 同前。
(38) 前掲、鶴見『豪州人の支那事変観』43 頁。
(39) 同前書、43-44 頁。
(40) 同前書、53-56 頁。
(41) 同前書、50-51 頁。
(42) 同前書、51-53 頁。
(43) 同前書、54 頁。
(44) 同前書、46-47 頁、54-56 頁。
(45) 同前書、48-49 頁。
(46) 同前書、42-45 頁。
(47) 同前書、46 頁。
(48) 同前書、49-50 頁。
(49)『鶴見文書』3778 番(日記)。
(50) 鶴見『日本と世界』アルス、1929 年、24 頁。
(51) 前掲、鶴見「太平洋時代と日豪関係」17-18 頁。
(52) 同前。
(53)『鶴見文書』3778 番(日記、1937 年 10 月 8 日付)。
(54)『鶴見文書』1875 番(講演速記「支那事変と米国の動向」1938 年)。
(55)『鶴見文書』2394 番(「世界の情勢と日米関係」1941 年)。
(56)『鶴見文書』1873 番。前掲、山本「鶴見先生年表」387 頁。
(57)『鶴見文書』1875 番。
(58)『鶴見文書』2362 番(「米国は支那事変に干渉するか」『太平洋』太平洋協会、1938 年 12 月)、鶴見祐輔「米国の対日感情を語る」『実業之日本』実業之日本社、1939 年 12 月、14 頁。
(59) パネー号事件は、日本政府が即時に謝罪賠償したことで一応の解決をみた。
(60) 鶴見祐輔「米国の支那事変観と其の苦悩」日本外交協会調査局編『日本外交協会講演集』日本外交協会、1939 年、11-13 頁。
(61)『鶴見文書』2362 番。
(62) 前掲、鶴見「米国の支那事変観と其の苦悩」13-15 頁。
(63)『鶴見文書』2362 番。前掲、鶴見「米国の支那事変観と其の苦悩」18-19 頁。
(64)『鶴見文書』2362 番。
(65)『鶴見文書』1875 番、2362 番。
(66)『鶴見文書』2394 番。
(67)『鶴見文書』1875 番。前掲、鶴見「米国の支那事変観と其の苦悩」20-21 頁。
(68)『鶴見文書』1875 番。

(14) 同前書、48-51頁。
(15) 同前書、54-58頁。
(16) 同前書、1-3頁。
(17) 前掲、『宇垣一成関係文書』294頁。『鶴見文書』3773番(日記、1932年10月23日付)。
(18)『鶴見文書』32番(「首相及び外相に対する質問演説」)。
(19) 山本梅治「鶴見先生年譜」北岡寿逸編『友情の人鶴見祐輔先生』鎌倉印刷、1975年、386頁。
(20)『鶴見文書』3778番(日記、昭和12年6月7日付)。『鶴見文書』204番(鶴見祐輔「民政党改造私案」)。
(21)『鶴見文書』204番。
(22) 同前。
(23)『鶴見文書』3778番(日記、昭和12年11月5日付)。『鶴見文書』3778番(日記、昭和12年11月9日付)。
(24)『鶴見文書』3775番(日記、昭和9年6月14日付)。
(25)『鶴見文書』3778番(日記)。
(26)『鶴見文書』3260番(鶴見祐輔関係新聞記事切抜帳)。
(27) 同前。
(28) 鶴見祐輔『豪州人の支那事変観』日本外交協会、1937年、3頁。
(29) この訪豪旅行時に、日中間の情勢は、1937(昭和12)年7月7日に盧溝橋事件が勃発し、7月11日に近衛文麿内閣が対中方針を発表し、天津に2個師団の増派を決定、7月20日には盧溝橋付近で衝突再燃、7月25日に鉄道駅での日中軍衝突した郎坊駅事件、7月26日には北京広安門において日本軍が中国軍から銃撃を受けた広安門事件、7月29日には中国の冀東防共自治政府保安隊が日本人を虐殺した通州事件、さらに天津駐留日本軍が中国軍に攻撃開始、8月に入って、中ソ不可侵条約締結、中国共産党八路軍結成、8月13日に第2次上海事変、8月14日に渡洋爆撃開始、9月には日本海軍が中国大陸沿岸を封鎖して第2次国共合作、9月14日には日本軍が北京・天津方面から南進を開始、以上のように日中戦争が泥沼化していった。
(30) 前掲、鶴見『豪州人の支那事変観』17頁、42頁。
(31) 同前書、18頁。
(32) 同前書、25頁。鶴見祐輔「太平洋時代と日豪関係」『雄弁』大日本雄弁会講談社、1938年2月、24頁。
(33) 前掲、鶴見「太平洋時代と日豪関係」17-18頁。
(34) 前掲、鶴見『豪州人の支那事変観』14-22頁。
(35)『鶴見文書』1631番(オーストラリア旅行中の講演メモ)。
(36) 同前。

November-December, 1936.
(80)『鶴見文書』1218 番（太平洋問題調査会第 4 回大会報告会記録）。
(81) 前掲、鶴見「ヨセミテ会議の価値」159-161 頁。
(82) 前掲、鶴見「太平洋会議の論戦」52 頁。
(83) 前掲、澤柳『太平洋の諸問題』9-11 頁、42 頁。Institute, *op.cit.*, p.27.
(84) 前掲、鶴見『中道を歩む心』460-461 頁。
(85) 前掲、鶴見「鶴見祐輔氏座談会」226-227 頁。
(86) 前掲、鶴見『中道を歩む心』471-474 頁、490-491 頁。
(87) 前掲、鶴見『中道を歩む心』461 頁。
(88) 前掲、井上『太平洋問題』43-45 頁。
(89) 前掲、澤柳『太平洋の諸問題』9-11 頁。前掲、鶴見『壇上・紙上・街上の人』382-384 頁。
(90) 前掲、新渡戸『太平洋問題』79 頁。
(91) 前掲、鶴見『欧米大陸遊記』129 頁。
(92) 同前書、173 頁。
(93) 前掲、鶴見「歴史が個人の魂に投げる光」28 頁。
(94) 前掲、那須『上海に於ける太平洋会議』45-46 頁。
(95)『鶴見文書』1218 番（太平洋問題調査会第 4 回大会報告会記録）。鶴見祐輔「プログラム委員会の配慮」那須皓編『上海に於ける太平洋会議』太平洋問題調査会、岩波書店、1932 年 4 月、45-46 頁。

第五章

(1)『東京朝日新聞』1936 年 10 月 16 日付。
(2) 宇垣一成文書研究会『宇垣一成関係文書』芙蓉書房出版、1995 年、295 頁。鶴見祐輔『成城だより』第 8 巻、太平洋出版社、1950 年、116-131 頁。この歌舞伎の海外公演は、戦前は実施されなかった。しかし、鶴見が戦後に再度コーディネートした。
(3)『鶴見文書』1872 番（「戦雲をはらむ欧羅巴」3-4 頁）。
(4) 同前書、3 頁。『鶴見文書』3777 番（日記）。
(5) 前掲、『宇垣一成関係文書』295 頁。
(6)『鶴見文書』1872 番（30-39 頁）。
(7) 同前書、30-39 頁。
(8) 同前書、39-54 頁。
(9)『鶴見文書』38 番（「佐藤尚武外務大臣に対する緊急質問原稿」17 頁）。
(10)『鶴見文書』1872 番（39-54 頁）。
(11)『鶴見文書』38 番（「佐藤尚武外務大臣に対する緊急質問原稿」15-18 頁）。
(12) 同前書、51 頁、59 頁。
(13) 同前書、48-51 頁。

29, 1927, The University of Chicago Press, Illinois, 1928. Paul F. Hooper, *Remembering the Institute of Pacific Relations: The Memoris of William L. Holland,* Ryukei Shosha, Tokyo, 1995.

前掲、井上『太平洋問題』。

前掲、鶴見『自由人の旅日記』。

前掲、鶴見『中道を歩む心』。

■第 3 回京都会議

鶴見祐輔「歴史が個人の魂に投げる光」『実業之日本』実業之日本社、1955 年 10 月。

鶴見祐輔『欧米大陸遊記』大日本雄弁会講談社、1933 年。

前掲、新渡戸『太平洋問題』。

J. B. Condkiffe (ed.), *Problems of the Pacific 1929; Proceedings of the Third Conference of the Institute of Pacific Relations, Nara and Kyoto, Japan, October 23 to Nobember 9, 1929,* The University of Chicago Press, Illinois, 1930.

■第 4 回上海会議

Bruno Lasker (ed.), *Problems of the Pacific 1931; Proceedings of the Fourth Conference of the Institute of Pacific Relations, Hongchow and Shanghai, China, October 21 to November 2, 1931,* The University of Chicago Press, Illinois, 1932.

『鶴見文書』1210 番（演説原稿「China' s Foreign Relations」）。

前掲、那須『上海に於ける太平洋会議』。

■第 5 回バンフ会議

Paul F. Hooper, *Remembering the Institute of Pacific Relations: The Memoris of William L. Holland,* Ryukei Shosha, Tokyo, 1995.

Bruno Lasker & W. L. Holland (eds.), *Problems of the Pacific 1933: Economic Conflict and Control; Proceedings of the Fifth Conference of the Institute of Pacific Relations, Banff, Canada, 14-26 August, 1933,* Oxford University, London, 1934.

■第 6 回ヨセミテ会議

W. L. Holland & Kate L. Mitchell (eds.), *Problems of the Pacific 1936—Aims and Pesults of Social and Economic Policies in the Pacific Countries; Proceedings of the Sixth Conference of the Institute of Pacific Relations, Yosemite National Park, California, 15-29 August, 1936,* Oxford University Press, London, 1937.

国際協会太平洋問題調査部編『第 6 回太平洋会議報告』日本国際協会、1937 年 6 月。

『鶴見文書』1335 番（講演要旨　Recent Japanese Expasion and its Future）。

Yusuke Tsurumi, Japan To-Day and To-morrow, *International Affaires,*

（69）田村幸策「太平洋平和機関問題」社団法人日本国際協会編『太平洋問題――第6回太平洋会議報告』日本国際協会、1937年24頁。

（70）前掲、片桐『太平洋問題調査会の研究』309頁。日本IPRは、組織として脆弱化したことによって、1935（昭和10）年12月1日に、日本国際協会と合併し、日本国際協会の一部局である太平洋問題調査部となった。日本国際協会の前身は国際連盟協会であり、資金面で政府に依存するところが大きく、構成員には外務省出身や元政府高官が多かったことから、日本IPRは、独自の調査や研究遂行の能力を弱め、外務省との関係が以前に増して緊密となり、資料の提供、派遣メンバーの人選、太平洋会議での主張内容といった様々な面で、外務省の指示を仰ぐようになった。国際的に孤立を深めた日本は、官民一体化した形で国益擁護の姿勢を強めていった。

（71）『鶴見文書』1872番（「戦雲をはらむ欧羅巴」13-15頁）。

（72）同前書、21-24頁。

（73）『鶴見文書』1335番（講演要旨「Recent Japanese Expansion and its Future」）。

（74）『鶴見文書』1872番（「戦雲をはらむ欧羅巴」25頁-30頁）。ウィグラムの実兄のロード・ピレーは、ジョージ5世（George Frederick Ernest Albert）の秘書官を25年間つとめており、英国王室はロード・ピレーを通じて政治家と交渉させるほどの人物であった。つまり、ウィグラムと討議した内容は、兄ロード・ピレーを通じて英国王室に届くことを意味した。アレキサンダーは、英国王室代表として、ウィグラムを相談役に任命した。

（75）『鶴見文書』1872番（「戦雲をはらむ欧羅巴」25-27頁）。

（76）同前書、19-21頁。

（77）鶴見「ヨセミテ会議の価値」日本国際協会太平洋問題調査部編『第6回太平洋会議報告』日本国際協会、1937年6月、161頁。

（78）同前書、164頁。

（79）表「太平洋会議における発信活動」と「太平洋会議における調整・運営活動」は、以下の資料によって作成した。

■第1回ホノルル会議

前掲、鶴見『壇上・紙上・街上の人』。

前掲、澤柳『太平洋の諸問題』。

Institute, *Institute of Pacific Relations, Honolulu Session, June 30-July 14, 1925, History, Organizations, Proceedings, Discussions and Addressee,* Honolulu, Hawaii, 1925.

■第2回ホノルル会議

J. B. Condliffe (ed.), *Problems of the Pacific; Proceedings of the Second Conference of the Institute of Pacific Relations, Honolulu, Hawaii, July, 15 to*

(39) 前掲、新渡戸『太平洋問題』16頁、74-79頁。
(40)『鶴見文書』1218番（「太平洋問題調査会第4回大会上海会議報告記録」6頁）。
(41) 鶴見祐輔『日本と世界』アルス、1929年、98頁。
(42) 那須皓編『上海に於ける太平洋会議』岩波書店、1932年、3-5頁。『鶴見文書』1218番（太平洋問題調査会第4回大会報告会記録）。
(43) 前掲、片桐『太平洋問題調査会の研究』183-184頁。
(44) 同前書、186-187頁。
(45) 前掲、那須『上海に於ける太平洋会議』9頁。
(46) 同前書、14、41頁。
(47) 同前書、42頁。
(48) 片桐庸夫他『アジア太平洋戦争の意義』三和書籍、2005年、57-59頁。
(49) 同前書、59頁。
(50)『鶴見文書』1210番（第4回太平洋会議演説原稿「China's Foreign Relation」）。
(51) 鶴見祐輔「米国の現状及びその対日思潮解剖」『改造』改造社、1933年2月、87頁。
(52) 同前書、84-85頁。
(53) 鶴見祐輔「太平洋会議の論戦」『中央公論』第551号、1933年11月、51頁。
(54) 鶴見祐輔「太平洋問題と帝国の将来」『太平洋問題と大東亜経済の建設』川崎商工会議所、1942年、16-26頁。前掲、片桐『アジア太平洋戦争の意義』60頁。
(55) 前掲、片桐『アジア太平洋戦争の意義』65頁。
(56) 同前書、66頁。
(57) 同前書、61頁。
(58) 前掲、鶴見「太平洋会議の論戦」53頁。
(59) 同前書、53-54頁。
(60) 同前書、54-55頁。
(61) 同前書、55-56頁。
(62) 同前書、56頁。
(63) 同前書、56-57頁。
(64) 同前書、57-58頁。
(65) 同前書、58頁。
(66)『鶴見文書』3774番（日記　1933年）。
(67)『鶴見文書』1872番（「戦雲をはらむ欧羅巴」）。
(68) 前掲、片桐『太平洋問題調査会の研究』308-309頁。前掲、片桐『アジア太平洋戦争の意義』68-69頁。

したこと、(2) 伊藤博文 (1841-1909) とロシア政府要人との会談を企図したが、この会談は伊藤がハルピンで暗殺されたために実現しなかったこと、(3) 伊藤の遺志は1912年に桂と後藤によって引き継がれ、2人はペテルブルグに向かったが明治天皇崩御によって中断を余儀なくされたこと、(4) 後藤が東京市長就任時代の1923年 (大正12年)、ロシアとの国交正常化の契機を作るために、いわゆる「後藤ヨッフェ会談」を伊豆の熱海で行ったことが挙げられる。

(21) J. B. Condliffe (ed.), *op. cit.*, pp..498-502.

(22) 前掲、井上『太平洋問題』221-222頁。

(23) 同前書、226-227頁。

(24) 同前書、55頁。

(25) 前掲、鶴見『中道を歩む心』446頁。

(26) 鶴見祐輔「鶴見祐輔氏座談会」『雄弁』大日本雄弁会講談社、1927年10月、226-227頁。

(27) 前掲、鶴見『中道を歩む心』446頁。

(28) 鶴見祐輔『英雄待望論』大日本雄弁会講談社、1928年、330-331頁。

(29) 同前書、348-350頁。

(30) 新渡戸稲造編『太平洋問題』太平洋問題調査会、1930年、337頁。

(31) 同前書、164頁、183頁。鶴見祐輔『欧米大陸遊記』大日本雄弁会講談社、1933年、135頁。

(32) 前掲、新渡戸『太平洋問題』246頁。

(33) 前掲、片桐『太平洋問題調査会の研究』162頁。

(34) 同前書、172頁。

(35) 前掲、新渡戸『太平洋問題』73-74頁。

(36) 同前書、73頁。

(37) ここでいう各国IPR会員は、順に、アメリカIPRのウィリアム・H・キルパトリック (William H. Kilpatrick)、ジェームズ・T・ショットウェル (James T. Shotwell)、議長のエドワード・C・カーター (Edward C. Carter)、書記のチャールズ・F・ルーミス (Charles F. Loomis)、イギリスIPRのアーノルド・J・トインビー (Arnold J. Toynbee)、オーストラリアIPRのF・W・エグレストン (F. W. Eggleston)、ニュージーランドIPRのW・B・マチェソン (W. B. Matheson) であった。

(38) 前掲の新渡戸『太平洋問題』(16頁、76-77頁) によると、順に、(1) 機械文明と古典 (伝統) 的文化、(2) 人口食糧問題、(3) 中国の工業化、(4) 太平洋上の通信問題、(5) 満州問題、(6) 中国の不平等条約の問題、すなわち治外法権と関税自主権の問題、(7) 太平洋上の外交問題、(8) 中国の財政問題、(9) 本会議の成績の9問題が選択され、議事日程が作成された。

(5) 前掲、鶴見『中道を歩む心』446 頁。
(6) 同前書、445 頁。
(7) 片桐庸夫『太平洋問題調査会の研究』慶應義塾大学出版会、2003 年、72-73 頁。
(8) 北岡寿逸編『友情の人鶴見祐輔先生』鎌倉印刷、1975 年、370 頁。鶴見祐輔「新渡戸稲造先生」社会思想研究会編『わが師を語る——近代日本文化の一側面』社会思想研究会出版部、1951 年 4 月、143 頁。
(9) 衆議院事務局『予算委員会議録　第 11 回』内閣印刷局、1945 年 3 月 23 日。
(10) 前掲、北岡『友情の人鶴見祐輔先生』370-371 頁。
(11) 鶴見祐輔『自由人の旅日記』日本評論社、1930 年、393 頁。
(12) 前掲、鶴見『中道を歩む心』446 頁。
(13) 井上準之助編『太平洋問題』太平洋問題調査会、1927 年、51 頁。
(14) 同前書、52-53 頁、162-163 頁。
(15) 前掲、片桐『太平洋問題調査会の研究』110-111 頁。
(16) 前掲、井上『太平洋問題』55 頁。
(17) 前掲、井上『太平洋問題』221-222 頁。J. B. Condliffe (ed.), *Problems of the Pacific; Proceedings of the Second Conference of the Institute of Pacific Relations, Honolulu, Hawaii, July, 15 to 29, 1927*, The University of Chicago Press, Illinois, 1928, p.605. 前掲、鶴見『中道を歩む心』495-499 頁。
(18) 当時、中国には日本人約 1 万 8000 人が散在し、13 万人が満州に在住していた。満州には、100 万人の朝鮮人も在住していた。当時の中国に関する日本の既得権益については、21 ヵ条のうちの 4 ヵ条が存在するのみで、残りは廃止か完了済みであった。具体的には、4 ヵ条のうちの 3 つが満州関係（関東半島と南満州鉄道の租借権、土地の所有と租借に関する権利、満州における居住・旅行・貿易に関する権利）で、1 つが揚子江の鉄鉱山（漢冶萍公司の日中合弁事業）である。
(19) 例えば、1927 年の南京事件と 1913 年に南京で起こった同様の事件を比較してみると、1927 年に南軍が南京に進軍し、中国人数名が日本人の居住や領事館に対して略奪や暴行を行った。このニュースが広報された時、それまで満州におけるこのような事件勃発の可能性を否定してきた日本政府は、微妙な立場に立たされた。しかし、幣原は不干渉主義の政策を固守した。幣原のこの対応は、日本のほぼすべての新聞によって支持された。この反応は、日本国民が政府により強固な対中政策を要求して、政治集会・暴動・外国大使館高官の暗殺が起こった第 2 次南京事件（1913 年）の時の反応とは対照的であった。
(20) 具体的には、(1) 日本の対露政策として、後藤が北満州に勢力を確保していたロシアとの関係修復を図るために満鉄のレールをロシアから輸入

Montreal 1930 年 12 月 8 日)、1435 番（Programe The People's Forum of Montreal 1930 年 12 月)、1436 番（Lectures The New Century Club Sess 1930-1931)、1439 番（Program Dallas Open Forum 1931 年 1 月 18 日)、1441 番（New Jersey State Coference on the Cause and Cure of War 1931 年 4 月)、3479 番、3711 番（農商務省　工務局事務取扱申付候事　明治 17 年 4 月 7 日)、3712 番（農商務省　新町紡績所在勤申付候事　明治 17 年 4 月 7 日)、3771 番（日記　1930 年)、3772 番（日記　1931 年)、3777 番（日記　1936 年)。

＊鶴見は「10 月から 11 月にかけてはニューヨークの近所を話して歩いた。ことに対岸のニュージャージー州の町々からの依頼が多かった」と記述しているので、1930 年 10 月から 11 月の期間に 20 回の講演実施を想定し、合計に加算した。

■第 5 回講演旅行

前掲、鶴見『欧米大陸遊記』。前掲、鶴見「満州問題に対する欧米各国の世論」。鶴見祐輔「世界の旅より帰りて祖国日本の将来を想う」『雄弁』大日本雄弁会講談社、1933 年 3 月。『時事新聞』1933 年 1 月 4 日。『鶴見文書』3479 番、3773 番（日記　1932 年)、3774 番（日記　1933 年)、3811 番（手帳　1932 年)。

■第 6 回講演旅行

『鶴見文書』1444 番（Some Suggestions for Forum Leaders Des Moines Public Schools 1935 年 9 月)、2057 番（Lecture Ⅰ - Ⅳ（連続講演配布資料　at Des Moines Public Forums）1935 年 11 月 -12 月)、2058 番（Ⅱ Japanese National Traits（講演資料及び草稿）1935 年 11 月 -12 月)、2059 番（Ⅴ Japan, Russia and America（講演資料草稿）1935 年 11 月 -12 月)、2060 番（Ⅵ The Future of the Pacific（講演資料草稿）1935 年 11 月 -12 月)、2362 番（講演原稿 1935 年 11 月 -12 月)、3479 番、3776 番（日記　1935 年)、3777 番（日記　1936 年)。

(171) 前掲、鶴見『北米遊説記』208-209 頁。

(172) 前掲、鈴木「鶴見祐輔の対米観——移民問題を中心として」213-214 頁。

第四章

(1) 鶴見祐輔『中道を歩む心』大日本雄弁会講談社、1927 年、444-445 頁

(2) 鶴見祐輔『壇上・紙上・街上の人』大日本雄弁会講談社、1926 年、382-384 頁。

(3) 澤柳政太郎編『太平洋の諸問題』太平洋問題調査会、1926 年、218-231 頁。

(4)『鶴見文書』1046 番（布哇に於ける Institute of Pacific Relations に出席せる結果について)。

（168）同前書、271-274 頁。

（169）前掲、鶴見『北米遊説記』74-75 頁、258-259 頁。前掲、鶴見「満州問題に対する欧米各国の世論」47-48 頁。

（170）表「鶴見の戦前期の講演活動」の講演回数は、以下の資料によって算出・推定した。

■第 1 回講演旅行

『鶴見文書』1395 番（List of 46 Lectures and Speeches given in America in 1924）。前掲、鶴見「単身米国を遊説して」。前掲、鶴見「米国の近勢」。前掲、鶴見『北米遊説記』。＊最右欄は、前掲、鶴見「米国の近勢」による。

■第 2 回講演旅行

『鶴見文書』1411 番（Forum Meeting Departments of Political Science and Sociology 1927 年 11 月 30 日）、1412 番（Luncheon Discussions-Japan in Manchuria Foreign Policy Association 1927 年 12 月 17 日）、3805 番（手帳　1927-1928 年）、3806 番（手帳　1928 年）、3259 番（スクラップブック（新聞切抜、講演案内等）昭和 2-4 年）、3260 番（鶴見祐輔関係新聞記事切抜帳　昭和 2-12 年）。鶴見祐輔「北米横断飛行の思い出」『雄弁』大日本雄弁会講談社、1928 年 5 月。前掲、鶴見『自由人の旅日記』。松村正義『国際交流史——近現代の日本』地人館、1996 年。＊最右欄は、『日米新聞』（1927 年 11 月 18 日）と『時事新聞』（1927 年 10 月 24 日）による。

■第 3 回講演旅行

『鶴見文書』2265 番（政治・小説・旅行「国民新聞」昭和 4 年 6 月）、1415 番（Portland City Club Bulletin 1928 年 10 月 5 日）、1416 番（Meetings San Francisco Center of California League of Women Voters 1928 年 10 月）、1417 番（Convocation University of Minnesota 1928 年 11 月 1 日）、1418 番（Program Dallas Open Forum 1928 年 11 月 4 日）、1419 番（Speakers and Subjects Dallas Open Forum 1928 年 11 月 4 日 -1929 年 3 月 21 日）、1421 番（Hear Yusuke Tsurumi The Peoples Institute 1928 年 11 月 21 日）、3479 番（旅券　大正 4- 昭和 13 年）、3806 番（手帳　1928 年）。前掲、鶴見「最近米国より帰りて」。＊最右欄は、前掲、鶴見「最近米国より帰りて」による。

■第 4 回講演旅行

前掲、鶴見『欧米大陸遊記』。『鶴見文書』1430 番（Program for General Conference the Internal and External Problems of Russia Institute of Politics 1930 年 8 月 1 日 -2 日）、1432 番（Program for Meetings World Alliance for International Friendship through the Churches 1930 年 11 月 10 日 -12 日）、1433 番（Program for the year 1930-1931 The Get-Together Club 1930 年 11 月 17 日）、1434 番（Meeting of the Canadian Club of

（140）『鶴見文書』3479 番（旅券）、3777 番（日記）。『鶴見文書』3541 番（海外旅行及滞在一覧）と 3543 番（著作・講演・海外渡航一覧表）によると、この旅行は自費による渡米であった。
（141）『鶴見文書』1445 番（Schedule of Meetings, November 4 to December 14, 1935, Des Moines Public Forums）。
（142）『鶴見文書』3776 番（日記）。
（143）同前。
（144）『鶴見文書』2362 番（「米国は支那事変に干渉するか」）。
（145）同前。
（146）『鶴見文書』2394 番（「世界の情勢と日米関係」79-80 頁）。
（147）鶴見祐輔『読書三昧』大日本雄弁会講談社、1936 年、433-436 頁。
（148）鶴見祐輔『膨張の日本』大日本雄弁会講談社、1935 年、10-11 頁。
（149）鶴見祐輔「太平洋上に於ける英米露と日本」『雄弁』大日本雄弁会講談社、1935 年 8 月、42 頁。
（150）鶴見祐輔『新雄弁道』大日本雄弁会講談社、1941 年、235 頁。
（151）前掲、鶴見『北米遊説記』279 頁。
（152）前掲、鶴見『新雄弁道』235 頁。
（153）前掲、鶴見『北米遊説記』268 頁。
（154）前掲、鶴見『新雄弁道』247 頁。
（155）前掲、鶴見『欧米大陸遊記』153-154 頁。
（156）前掲、鶴見『新雄弁道』19 頁。
（157）前掲、鶴見『欧米大陸遊記』206-207 頁。
（158）鶴見祐輔「米国の支那事変観と其の苦悩」日本外交協会調査局編『日本外交協会講演集』日本外交協会、1939 年、7-8 頁。
（159）『鶴見文書』2344 番（「世界の情勢と日米関係」79-80 頁）。
（160）前掲、鶴見「満州問題に対する欧米各国の世論」47 頁。
（161）同前書、49 頁。
（162）順に、（1）鶴見祐輔「米国の聴衆と日本の聴衆」『法律春秋』1927 年 2 月。（2）前掲、鶴見『北米遊説記』275-276 頁。（3）前掲、鶴見『北米遊説記』277 頁。（4）前掲、鶴見『北米遊説記』277-278 頁。（5）前掲、鶴見『北米遊説記』275-279 頁。
（163）前掲、鶴見「単身米国を遊説して」55 頁。前掲、鶴見「米国の近勢」15 頁。
（164）鶴見祐輔「此頃のアメリカ」掲載紙不詳、1928 年 2 月 5 日。前掲、鶴見『北米遊説記』208-209 頁。
（165）前掲、鶴見『北米遊説記』162 頁。
（166）同前書、162-163 頁。
（167）同前書、204-206 頁。

一般討論会（昼）で3回講演しただけであった。
(111) 前掲、鶴見『欧米大陸遊記』136頁。
(112) 同前書、135-136頁。
(113) 同前書、153-154頁。
(114) 同前書、154頁。
(115) 同前書、164-168頁。
(116) 同前書、168頁。
(117) 同前書、173頁。
(118) 同前。
(119)『鶴見文書』3771番。
(120) 前掲、鶴見『欧米大陸遊記』174頁。『時事新聞』1933年1月4日付。
(121) 前掲の鶴見『欧米大陸遊記』(204頁）と、鶴見祐輔「満州問題に対する欧米各国の世論」(『東洋』東洋協会、1933年3月、44頁）によると、例えば『ニューヨーク・タイムズ』の上海通信員が打った電文は、「日本軍は例のごとく機械のごとき正確さをもって上陸し、水兵達は決断を面に表しつつ、少し前屈みの姿勢をもって所定の部署に就きつつあり」と報じており、日本軍は満州事変を片付けた時と同様の手際で上海も鎮圧するであろうという、驚嘆と諦念が入り混じった論調であった。
(122) 前傾、鶴見「満州問題に対する欧米各国の世論」45頁。
(123) 前掲、鶴見「米国の現状及びその対日思潮解剖」87-88頁。前掲、鶴見「満州問題に対する欧米各国の世論」44-46頁。
(124) 前掲、鶴見『欧米大陸遊記』174頁。『時事新聞』1933年1月4日付。
(125) 前掲、鶴見『欧米大陸遊記』185-199頁。
(126) 前掲、鶴見「満州問題に対する欧米各国の世論」44頁。
(127) 同前。
(128) 前掲、鶴見「米国の現状及びその対日思潮解剖」87頁。
(129) 同前書、88頁。
(130) 同前。
(131) 前掲、オオシロ『新渡戸稲造』212-220頁。
(132) 前掲、鶴見『欧米大陸遊記』338-340頁。
(133) 前掲、鶴見「満州問題に対する欧米各国の世論」50-51頁。
(134)『鶴見文書』3773番（日記)。
(135) 前掲、鶴見『欧米大陸遊記』673-675頁、770頁、679頁。
(136) 前掲、鶴見「米国の現状及びその対日思潮解剖」92頁。
(137) 前掲、鶴見『欧米大陸遊記』768頁。『時事新聞』1933年1月4日付。
(138) 前掲、鶴見「米国の現状及びその対日思潮解剖」87-88頁。
(139) 山本梅治「鶴見先生年譜」北岡寿逸編『友情の人鶴見祐輔先生』鎌倉印刷、1975年、383頁。

（88）鶴見祐輔「北米横断旅行の想い出」『雄弁』大日本雄弁会講談社、1928年5月、53頁。
（89）『時事新聞』1927年10月24日付。『日米新聞』1927年11月18日付。
（90）鶴見祐輔「政治・小説・旅行」『国民新聞』1929年6月。『鶴見文書』3806番（手帳）。
（91）鶴見祐輔「最近米国より帰りて」『実業之日本』実業之日本社、1929年1月、28頁。
（92）『鶴見文書』1988番（講演メモ）、1989番（講演メモ）、1991番（講演メモ）、1992番（講演メモ）。
（93）鶴見祐輔『新自由主義』第2巻第1号、新自由主義協会、1929年1月、52-56頁。
（94）『鶴見文書』2244番（「我が日本の目標は太平洋の平和に在り」）。
（95）鶴見祐輔「最近米国より帰りて」『実業之日本』実業之日本社、1929年1月、29頁。
（96）鶴見祐輔「米国の現状及びその対日思想解剖」『改造』改造社、1933年2月、86頁。
（97）『鶴見文書』3771番（日記）。
（98）前掲、鶴見『欧米大陸遊記』108頁。ハリス講座は、シカゴの銀行家アルバート・W・ハリス（Albert W. Harris）の没後、その相続人たちが父を偲んで創設したものである。ハリスが国際問題に興味を持っていたことと、シカゴ大学に協力していたことから、同大学における国際問題の研究に遺産の一部を役立てたいと考えた。
（99）前掲、鶴見『欧米大陸遊記』106-107頁。
（100）同前。
（101）鶴見は第2期においてアメリカが日本に対して疑惑・反感を表わした例としては、（1）エドワード・H・ハリマン（Edward H. Harriman）の満州鉄道買収計画、（2）フィランダー・C・ノックス（Philander C. Knox）の満州鉄道中立の提議、（3）山東問題に関するアメリカの反対、（4）アメリカ海軍政策、（5）排日移民法の成立を挙げている。
（102）前掲、鶴見『欧米大陸遊記』102-103頁。
（103）同前書、109-110頁。
（104）同前書、110頁。
（105）同前。
（106）同前書、111頁。
（107）同前書、106頁、111頁。
（108）前掲、鶴見「米国の現状及びその対日思想解剖」86頁。
（109）前掲、鶴見『欧米大陸遊記』106頁、111頁。
（110）同前書、134-135頁。1924年時には、鶴見は公開講演会（夜）で4回、斡旋するもの、(2) 営業として講演者を紹介斡旋するもの、(3) 著名な講演者の専属秘書として斡旋するものの3種類があった。鶴見が委託したカーネギーの国際政治協会は、(1) の一例であり、アメリカの諸大学に対して世界各国の学者の講演を紹介・斡旋している団体であった。講演斡旋団体は、講演者の写真・略歴・演題を印刷したパンフレットを2、3万枚印刷して、講演の時期（10月頃から翌年3月末頃まで）の半年から1年前に、各地のクラブ・学会・地方団体に送付して調整した。大規模な場合はスタッフを派遣して詳細を交渉し、細密な日程を作成し、講演者は斡旋団体が作成した日程に従って順序よく各地を講演して回るという段取りであった。

(79) 前掲、鶴見「単身米国を遊説して」49頁。通常アメリカにおける講演の季節は、10月から翌年3月末までの半年間であった。野外活動が休止時期となるこの季節に、アメリカ各地の大学、学会、クラブ、婦人会というような様々な団体が講演会を開催した。

(80) 前掲、鶴見「米国の近勢」14頁。前掲、鶴見「単身米国を遊説して」49頁。

(81) 前掲、鶴見「米国の近勢」15頁。

(82) 前掲、鶴見『北米遊説記』(3頁) と『鶴見文書』1395番（List of 46 Lectures and Speeches given in America in 1924）によると、第1回講演旅行中に、アメリカの雑誌から依頼を受けて鶴見が執筆した論文は、以下の通りである。(1)「若き日本は何を考えているか」(“What is Young Japan thinking about?”)『ジ・アウトルック』(*The Outlook*)、1924年9月24日。(2)「日本の困難と希望」(“The Difficulties and Hopes of Japan”)『フォーリン・アフェアーズ』(*Foreign Affairs*)、1924年12月15日。(3)「太平洋の平和」(“Peace in the Pacific”)『アワ・ワールド』(*Our World*)、1924年12月。(4)「日本とアメリカ」(“Japan and America”)(5論文)『ザ・サタデー・イブニング・ポスト』(*The Saturday Evening Post*)、1924年〜1925年2月7日。

(83) 鶴見祐輔『中道を歩む心』大日本雄弁会講談社、1927年、444-445頁。

(84) 前掲、鶴見「米国の近勢」14頁。

(85) 前掲、鶴見『現代日本論』60-61頁。鶴見は、1924（大正13）年には「ワシントン会議の精神を遵守し、門戸開放政策に従って、『共存共栄』の政策を曲げないことを、かたく決意した」（前掲、鶴見『現代日本論』61頁）、1928（昭和3）年には、「日本の満州に対する要求は、根本において経済的である」（鶴見祐輔『英雄待望論』大日本雄弁会講談社、1928年、348頁）と述べている。

(86) 前掲、鶴見『英雄待望論』349頁、341頁。

(87) 鶴見祐輔『自由人の旅日記』日本評論社、1930年、393-394頁。『鶴見文書』3260番（鶴見祐輔関係新聞記事切抜帳）。

（44）鶴見祐輔「太平洋を巡る政治外交関係」『太平洋問題の再検討』朝日新聞社、1941 年、180-182 頁。
（45）前掲、鶴見『北米遊説記』67-73 頁。
（46）同前。
（47）同前。
（48）同前。
（49）同前書、50 頁。
（50）同前書、351 頁。
（51）同前書、351 頁。
（52）同前書、67-73 頁。
（53）前掲、鶴見「単身米国を遊説して」61 頁。
（54）前掲、鶴見「米国の近勢」18 頁。
（55）同前。
（56）前掲、鶴見『現代日本論』198 頁。
（57）前掲、鶴見『北米遊説記』350 頁。
（58）このアメリカ人は、海軍拡張論者のロジャース提督という人物であった。
（59）前掲、鶴見『北米遊説記』350 頁。
（60）前掲、鶴見『現代日本論』5 頁。
（61）前掲、鶴見『北米遊説記』82-83 頁。
（62）同前書、82-83 頁。
（63）同前書、84-86 頁。
（64）同前。
（65）同前書、87-89 頁。
（66）同前書、82-83 頁。
（67）同前書、89 頁。
（68）同前。
（69）同前書、90-91 頁。
（70）同前書、91-92 頁。
（71）前掲、鶴見「単身米国を遊説して」49-50 頁。
（72）前掲、鶴見『北米遊説記』161-166 頁。
（73）同前書、97 頁。
（74）同前書、96 頁。前掲の鶴見『北米遊説記』（136 頁）によると、鶴見の講義は、1924 年 10 月 7 日、8 日、9 日、14 日、16 日、22 日の 6 日間、合計 6 回であった。
（75）前掲、鶴見『現代日本論』130-182 頁。
（76）同前書、336 頁。
（77）前掲、鶴見『北米遊説記』99-103 頁。
（78）同前書、102-106 頁。この講演斡旋団体には、（1）公益的に無代価で

(21) 前掲の蓑原『排日移民法と日米関係』によると、排日移民法が成立した理由は、以下の通りである。ティーポット・ドーム疑獄事件で、ハーディング前政権全体が汚職まみれであったことが露見すると、ハーディング前大統領から政権を引き継いだクーリッジ大統領も大きな責任を負うことになり、共和党議員全体が選挙で大敗北を喫してしまう。従って、上院での戦いに勝つためには、共和党議員が一丸となって民主党議員に立ち向かう必要があり、西部諸州選出の共和党議員の協力は必要不可欠であった。西部諸州議員たちがその協力との引き替えに、「排日条項」の挿入を要求した。
(22)『鶴見文書』1661番(「ブラジル中外新聞」1952年)。
(23) 鶴見祐輔『北米遊説記』大日本雄弁会、1927年、32-33頁。
(24) 同前書、35頁。
(25) 同前書、序の2頁。
(26) 鶴見祐輔「単身米国を遊説して」『雄弁』大日本雄弁会講談社、1926年2月、60-61頁。
(27) 前掲、鶴見『北米遊説記』66-67頁。
(28) 同前書、67頁。
(29) 前掲、鶴見『北米遊説記』54頁。前掲、鶴見『北米遊説記』(64頁)によると、鶴見は4講演以外にも円卓会議に3度出席した。(1) カリフォルニア州問題(8月26日)、(2) 日本の人口問題(日本の移民政策)(8月28日)、(3) 日露外交(日本の対ロシア政策)(8月29日)であった。
(30) 前掲、鶴見「単身米国を遊説して」58頁。前掲、鶴見『北米遊説記』50頁。
(31) 前掲、鶴見『北米遊説記』51-54頁。
(32) 同前書、53-54頁。
(33) 同前書、54頁。
(34) 同前書、50頁。
(35) 鶴見祐輔、澤田謙訳『現代日本論』大日本雄弁会講談社、1927年、183頁。鶴見は、「この自由主義運動は、中流階級の興起によつて力づけられ、各方面に現はれたが、特に対支那朝鮮政策が公正となり、また普通選挙法案が声明されたことに、よく現はれてゐる」と説明している。
(36) 前掲、鶴見『現代日本論』183-184頁。
(37) 同前書、184頁。
(38) 前掲、鶴見『北米遊説記』67頁。
(39) 同前書、68-69頁。
(40) 同前書、69-73頁。
(41) 同前書、73-74頁。
(42) 前掲、鶴見『現代日本論』183-188頁。
(43) 前掲、鶴見『北米遊説記』51-52頁。

（106）同前。
（107）前掲、鶴見『英雄待望論』290 頁。
（108）同前書、287 頁。
（109）同前書、294-295 頁。

第三章

（1）北岡寿逸編『友情の人鶴見祐輔先生』鎌倉印刷、1975 年、368 頁。
（2）麻田貞雄『両大戦間の日米関係』（東京大学出版会、1993 年、308 頁）によると、排日移民法成立の日本側の心理的な衝撃のほどは、「忘れられぬ米禍の日」、「三国干渉にも劣らぬ新困難」、「日本国民に対する最大の冒涜にして損傷」といった形で新聞各紙の見出しにも表れた。蓑原俊洋『排日移民法と日米関係』（岩波書店、2002 年、239-240 頁）によると、日本の映画会社は、アメリカ映画の買い入れ・借り入れ・上映を一切行わないという決議を採択した。抗議のための割腹自殺を図った者まで現われた。
（3）前掲、麻田『両大戦間の日米関係』308 頁。
（4）木村昌人『渋沢栄一――民間経済外交の創始者』中央公論社、1991 年、163-167 頁。
（5）ジョージ・オオシロ『新渡戸稲造――国際主義の開拓者』中央大学出版部、1992 年、217 頁。
（6）鶴見祐輔『欧米大陸遊記』大日本雄弁会講談社、1933 年、185-199 頁。
（7）鶴見祐輔『太平洋時代と新自由主義外交の基調』新自由主義協会、1929 年、60-68 頁。
（8）前掲、鶴見『欧米大陸遊記』185-199 頁。
（9）同前。
（10）前掲、鶴見『欧米大陸遊記』185-199 頁。
（11）鶴見祐輔「人口問題の解決策」『経済往来』経済往来社、1926 年 7 月、19-20 頁。
（12）前掲、鶴見『欧米大陸遊記』185-199 頁。
（13）『鶴見文書』2202 番（鶴見祐輔「太平洋上の風雲」『拓殖公論』4 号、1927 年 4 月）。
（14）前掲、鶴見「人口問題の解決策」19 頁。
（15）前掲、鶴見『太平洋時代と新自由主義外交の基調』60-68 頁。
（16）鶴見祐輔「米国の近勢」『外交時報』1926 年 3 月、16-17 頁。
（17）鈴木麻雄「鶴見祐輔の対米観――移民問題を中心として」『法学政治学論究』慶應義塾大学大学院法学科、1990 年 9 月、199 頁。
（18）『鶴見文書』1661 番（「ブラジル中外新聞」1952 年）。
（19）前掲、鈴木「鶴見祐輔の対米観――移民問題を中心として」199 頁。
（20）『鶴見文書』2447 番（鶴見祐輔「米国排日法の淵源」『日本春秋』）。

（72）同前書、170-172 頁、194-200 頁。
（73）同前書、189-190 頁。
（74）同前書、190-192 頁。
（75）同前書、202 頁。
（76）同前書、193 頁、200-202 頁。
（77）同前書、202-204 頁。
（78）鶴見祐輔『北米遊説記』大日本雄弁会、1927 年、481-482 頁。
（79）前掲、鶴見「猶太人獨逸人排斥の原因を論じて世界に於ける排日感情の台頭に及ぶ」204 頁。
（80）同前。
（81）前掲、鶴見「急変し易き米国の国民性」83-84 頁。
（82）鶴見祐輔『日本と世界』アルス、1929 年、222-223 頁。
（83）鶴見祐輔『中道を歩む心』大日本雄弁会講談社、1927 年、19-20 頁、28 頁。
（84）同前書、27-28 頁。
（85）同前書、25-28 頁。
（86）同前書、19-20 頁。
（87）鶴見祐輔『英雄待望論』大日本雄弁会講談社、1928 年、295-296 頁。
（88）鶴見祐輔「新自由主義の立場より」『改造』改造社、1928 年、28 頁。
（89）同前。
（90）同前。
（91）前掲、鶴見『中道を歩む心』28 頁。
（92）同前書、25 頁。
（93）同前。
（94）藤野正「昭和初期の『自由主義者』――鶴見祐輔を中心として」日本歴史学会編『日本歴史』吉川弘文館、1982 年 12 月、66 頁。
（95）前掲、鶴見「新自由主義の立場より」26 頁。
（96）同前書、25 頁。
（97）川崎修、杉田敦編『現代政治理論』有斐閣、2006 年、67 頁。
（98）前掲、鶴見「新自由主義の立場より」26 頁。
（99）前掲、鶴見『思想・山水・人物』279 頁。
（100）前掲、鶴見『中道を歩む心』25 頁。
（101）前掲、鶴見「新自由主義の立場より」25-26 頁。
（102）河合栄治郎「自由主義の再検討」『河合栄治郎全集』第 11 巻、社会思想社、1967-1969 年、314 頁。
（103）清沢洌『暗黒日記』岩波書店、1960 年、55 頁。
（104）前掲、鶴見『思想・山水・人物』277-278 頁。
（105）前掲、鶴見「新自由主義の立場より」26 頁。

雄弁会、1924 年、83-84 頁。
(49) 鶴見祐輔「米国の支那事変観と其の苦悩」日本外交協会調査局編『日本外交協会講演集』日本外交協会、1939 年、2 頁。
(50) 鶴見祐輔「米国の近勢」『外交時報』1926 年 3 月、14-15 頁。
(51) 正村公宏『世界史のなかの日本近現代史』東洋経済新報社、1996 年、182 頁。
(52) 前掲、北岡『友情の人鶴見祐輔先生』154 頁。
(53) 鶴見祐輔「ウィルソン論」『中央公論』中央公論社、1917 年 3 月、92-100 頁。
(54) 前掲、鶴見「急変し易き米国の国民性」84-85 頁。
(55) 鶴見祐輔「ウィルソンの生涯を憶う」『鶴見祐輔氏大講演集』大日本雄弁会、1924 年、316-319 頁。
(56) 前掲、鶴見「急変し易き米国の国民性」84-85 頁。
(57) 前掲、鶴見「ウィルソンの生涯を憶う」324 頁。
(58) 前掲、鶴見「急変し易き米国の国民性」85-90 頁。
(59) 前掲、鶴見「ウィルソンの生涯を憶う」327-328 頁。鶴見祐輔「痛ましき偉人の胸臆」(『鶴見祐輔氏大講演集』大日本雄弁会、1924 年、10 頁)によると、国際連盟の条項の中に領土保全という第 10 条を加え、またモンロー主義を容認し、英仏米の軍国主義の攻守同盟締結を承認するという後退した形を、ウィルソンは認めざるを得なかった。
(60) 前掲、鶴見「急変し易き米国の国民性」95-96 頁。
(61) 同前書、97-101 頁。
(62) 同前書、102 頁。
(63) 同前書、102 頁。
(64) 鶴見祐輔『現代米国論』日本評論社、1931 年、280-281 頁。
(65) 前掲、鶴見「急変し易き米国の国民性」112-115 頁。
(66) 同前書、111-112 頁。
(67) 同前書、104-106 頁。
(68) 鶴見祐輔『米国々民性と日米関係の将来』(岩波書店、1922 年) において、鶴見は、アメリカ国民の長所と短所を分析している。長所については、①楽観的性格、②熱情(主観的な人生観、確信、盲信)、③道徳的基調(女性問題で非難されると政治生命が危機に陥る)、④実行的性格、⑤親切にして物吝みせず、⑥誠実を挙げる。短所については、①獲得欲の旺盛、②国盲、③粗暴、④瞑想欠如乃至無反省、⑤おせっかいを挙げている。
(69) 鶴見祐輔「猶太人獨逸人排斥の原因を論じて世界に於ける排日感情の台頭に及ぶ」『鶴見祐輔氏大講演集』大日本雄弁会、1924 年、194 頁。
(70) 同前書、170-182 頁。
(71) 同前書、170-172 頁、183-187 頁。

（22）鶴見祐輔『南洋遊記』大日本雄弁会講談社、1917年、27頁。鶴見文書2123番（帝国鉄道協会会報第17巻第2号抜粋「南洋と日本民族」）。鶴見文書1757番（南洋視察旅行日程表）。
（23）鶴見祐輔『成城だより』第7巻、太平洋出版社、1949年、215-218頁。
（24）鶴見祐輔『自由日本への道』日本経済道徳協会、1956年、3頁。
（25）同前書、3-4頁。
（26）前掲、鶴見『南洋遊記』331-333頁。
（27）前掲、鶴見『南洋遊記』331-333頁。
（28）同前書、644-645頁。
（29）同前書、643-647頁。
（30）『鶴見文書』2123番（帝国鉄道協会会報第17巻第2号抜粋「南洋と日本民族」）。
（31）同前。
（32）例えば、フランスのアントワーヌ・カバトン（Antoine Cabaton）の『ジャワ論』、イギリスのハロルド・マクミラン（Harold Macmillan）の『蘭領インド論』、アメリカのカルヴィン・J・クーリッジ（Calvin. J. Coolidge）の『フィリピン論』が挙げられる。
（33）前掲、鶴見『南洋遊記』648頁。
（34）同前書、650頁。
（35）同前書、649頁。
（36）『鶴見文書』2506番（「南洋遊記書評」）。前掲、鶴見『南洋遊記』末尾2頁。
（37）前掲、北岡『友情の人鶴見祐輔先生』362頁。
（38）その内容は、第1巻「朝鮮・満州」、第2巻「西部日本」、第3巻「東部日本」、第4巻「支那」、第5巻「南洋（仏印、フィリピン、蘭印、海峡植民地）」で、各巻約500頁というものであった。
（39）鶴見祐輔『思想・山水・人物』大日本雄弁会、1924年、274頁。
（40）鶴見祐輔「猶太人獨逸人排斥の原因を論じて世界に於ける排日感情の台頭に及ぶ」『鶴見祐輔氏大講演集』大日本雄弁会、1924年、192頁。
（41）鶴見祐輔、澤田謙訳『現代日本論』大日本雄弁会講談社、1927年、31頁。
（42）前掲、鶴見『現代日本論』31-32頁。
（43）同前書、33頁、55頁、58頁。
（44）前掲、鶴見『南洋遊記』650-652頁。
（45）同前書、652頁。
（46）同前書、653頁。
（47）前掲、北岡『友情の人鶴見祐輔先生』154頁。
（48）鶴見祐輔「急変し易き米国の国民性」『鶴見祐輔氏大講演集』大日本

戸先生」『新渡戸稲造全集』別巻、教文館、1936年、207頁)。1911(明治44)年8月14日付で鉄道院総裁の後藤から鶴見に出された出張命令をみると、「米国出張ニ付テハ左記事項詳細調査スベシ。一、鉄道ノ行政及経済ニ関スル事項、一、鉄道管理組織ニ関スル事項」(『鶴見文書』3381番、3382番)とあることから、表向きは鉄道院の一員としての出張という形を取った。

(8) 山本梅治「鶴見先生年譜」北岡寿逸編『友情の人鶴見祐輔先生』鎌倉印刷、1975年。

(9) 前掲、鶴見「日米交換教授時代の新渡戸先生」207-208頁。

(10) 新渡戸稲造「太平洋に平和を」新渡戸稲造全集委員会編『新渡戸稲造全集』第17巻、教文館、1985年。

(11) 前掲、鶴見「日米交換教授時代の新渡戸先生」208-209頁。

(12) この講演と他大学での講演内容は、『日本国民:その国土、人民、生活——合衆国との関係を特に考慮して』(*The Japanese Nation: its Land, its People, and its Life: with Special Consideration to its Relation with the United States*、パトナム書店)として、翌1912年に出版された。

(13) 前掲、鶴見「日米交換教授時代の新渡戸先生」209頁。

(14)『新渡戸稲造全集』別巻、教文館、1936年、210-211頁。

(15) 前掲、鶴見「日米交換教授時代の新渡戸先生」211頁。

(16) 前掲、鶴見「日米交換教授時代の新渡戸先生」211-212頁。

(17) 前掲、『新渡戸稲造全集』別巻、213-216頁。鶴見文書3767番(日記(英文)1912年)。

(18) 前掲、鶴見「日米交換教授時代の新渡戸先生」209-212頁。

(19) 前掲、北岡『友情の人鶴見祐輔先生』361頁。『鶴見文書』3389番(鉄道院　第8回西伯利亜経由国際旅客交通ニ関スル会議ニ委員トシテ出席ヲ命ス　大正2年5月30日)、3390番(内閣　露国へ出張被仰付　大正2年5月30日)、3541番(海外旅行及滞在一覧)、3543番(著作・講演・海外渡航一覧表(英文))。鶴見祐輔「千岳萬峯風雨声」(『雄弁』大日本雄弁会、1914年1月、28頁)によると、この出張時の同行者は、鉄道院から鶴見が1名、朝鮮鉄道から2名、満州鉄道から1名、鉄道員の留学生1名の合計5名であった。このうち、日本代表委員は3名であった。

(20) 前掲、鶴見「千岳萬峯風雨声」25-49頁。この出張の帰路は、モスクワから、サンクトペテススブルク(ロシア)、ケーニスベルク(カリーニングラード)、ベルリン(ドイツ)、ロンドン、オランダ、ハンブルグ、コペンハーゲン、ヘルシンゲル(デンマーク)、スウェーデン、フィンランドを経て、ペテルスブルクからシベリア鉄道で1913年8月に帰国という経路を取った。

(21) 前掲、鶴見「千岳萬峯風雨声」25-49頁。

(90) 北岡寿逸「鶴見祐輔さんの思い出」北岡寿逸編『友情の人鶴見祐輔先生』鎌倉印刷、1975 年、67 頁。
(91)『鶴見文書』1667 番（「南北米派遣移動大使に関する件」1958 年 5 月）。
(92) 鶴見祐輔『新英雄待望論』太平洋出版社、1951 年、81-82 頁。
(93)『鶴見文書』1658 番（「アメリカ・ブラジル通信」1952 年 5 月 -7 月）。
(94)『鶴見文書』2078 番（放送原稿、1955 年 6 月 1 日）。
(95) 鶴見祐輔「米国より帰りて若き世代に」『実業之日本』実業之日本社、1955 年 9 月。
(96)『鶴見文書』1668 番（外務省儀第 984 号）。赤塚正一「恩師・鶴見祐輔先生」北岡寿逸編『友情の人鶴見祐輔先生』鎌倉印刷、1975 年、213 頁。
(97) 前掲、北岡「鶴見祐輔さんの思い出」65-67 頁。

第二章

(1)『鶴見文書』3618 番（鶴見君の結婚問題）。
(2) 北岡伸一『後藤新平』中公新書、1988 年、242-243 頁。後藤の役職についてみると、1908（明治 41）年 7 月に第 2 次桂太郎内閣が成立し、後藤は逓信大臣に就任し、1911（明治 44）年 8 月までつとめた。1908 年 12 月には鉄道院総裁を兼務し、1911 年 8 月までつとめ、1910（明治 43）年 6 月には拓殖局副総裁を兼務し、1911（明治 44）年 5 月までつとめた。1912 年 12 月に第 3 次桂太郎内閣が成立すると同時に、後藤は逓信大臣、鉄道院総裁、拓殖局総裁の 3 役職を兼務した。1916 年 10 月に寺内正毅内閣が成立した時には、内務大臣と鉄道院総裁を兼務した。1918 年 4 月には、外務大臣に就任し、1920 年 12 月から 1923 年 4 月まで東京市長に就任した。1923 年 9 月に第 2 次山本権兵衛内閣が成立すると、内務大臣となり、関西大震災を復興させるべく帝都復興院総裁をつとめた。
(3)『鶴見文書』3378 番（鉄道院　任鉄道院書記）。
(4) 秦郁彦・戦前官僚制度研究会編『戦前期日本官僚制の制度・組織・人事』東京大学出版会、1981 年、156 頁。
(5) 北岡寿逸編『友情の人鶴見祐輔先生』鎌倉印刷、1975 年、359 頁。
(6) 前掲、北岡『後藤新平』25-26 頁。
(7)『鶴見文書』3381 番（鉄道院　米国へ出張ヲ命ス）。鶴見の出張が決まった経緯は、以下の通りである。1911（明治 44）年に、アメリカの民間人の主唱によってカーネギー平和財団から日米交換教授が提案され（佐藤全弘『新渡戸稲造の信仰と理想』教文館、1985 年、254 頁）、首相・桂太郎（1848-1913）と外相・小村寿太郎（1855-1911）が検討した結果、第 1 回の講演者として新渡戸が推挙され、8 月に渡米する運びとなった。この時に新渡戸が希望して桂に交渉し、鉄道院勤務であった鶴見が同院からの出張命令を貰う形で新渡戸に同行した（鶴見祐輔「日米交換教授時代の新渡

(62)『鶴見文書』778 番（「対敵宣伝機関創設案」1942 年 1 月）。
(63) 前掲、衆議院事務局『予算委員会議録　第 3 回』1944 年 9 月 9 日。
(64) 里見脩『日本の対外情報発信の現状と改革（東京財団研究報告書 2004-10)』東京財団研究推進部、2004 年。
(65) 前掲、衆議院事務局『予算委員会議録　第 3 回』1944 年 9 月 9 日。
(66) 前掲、里見『日本の対外情報発信の現状と改革（東京財団研究報告書 2004-10)』。
(67)『鶴見文書』2388 番（鶴見祐輔「思想戦の本質を論ず」『太平洋』太平洋協会、1942 年 12 月）。
(68)『鶴見文書』778 番。前掲、衆議院事務局『予算委員会議録　第 3 回』1942 年 1 月 23 日。
(69)『鶴見文書』777 番（「対英米戦争政戦両略論」1941 年 12 月 10 日）。
(70)『鶴見文書』3785 番（日記、昭和 17 年 6 月 19 日付）。
(71)『鶴見文書』778 番。
(72)『鶴見文書』778 番。前掲、衆議院事務局『予算委員会議録　第 3 回』1942 年 1 月 23 日。
(73)『鶴見文書』777 番。
(74) 前掲、衆議院事務局『予算委員会議録　第 3 回』1942 年 1 月 23 日。
(75) 同前。
(76) 衆議院事務局『予算委員会議録　第 6 回』内閣印刷局、1943 年 2 月 2 日。
(77) 前掲、関「太平洋協会時代の鶴見さん」206 頁。
(78)『鶴見文書』2388 番（鶴見祐輔「思想戦の本質を論ず」『太平洋』太平洋協会、1942 年 12 月）。
(79)『鶴見文書』777 番。
(80)『鶴見文書』2387 番（「米国の根本的弱点」『太平洋』昭和 17 年 11 月）。
(81) 井上寿一『日本外交史講義』岩波書店、2003 年、106-107 頁。
(82)『鶴見文書』2375 番（鶴見祐輔「大東亜の建設」『太平洋』昭和 17 年 3 月）。
(83)『鶴見文書』2410 番（鶴見祐輔「戦争目的の具現」『中部日本新聞』昭和 18 年 10 月 10 日付）。
(84)『鶴見文書』788 番（「草稿　第 4　対外宣伝の目標」1944 年 7 月 20 日）。
(85)『鶴見文書』2392 番（『時局月報』「各国の指導者と戦争目的」）。
(86)『鶴見文書』38 番（「佐藤尚武外務大臣に対する質問原稿」7-8 頁）。
(87)『鶴見文書』784 番（「対米宣伝方針私見」1943 年 8 月 16 日）。
(88)『鶴見文書』777 番、778 番、784 番（「対米宣伝方針私見」1943 年 8 月 16 日）。
(89)『鶴見文書』784 番、788 番、789 番（「メモ　新内閣の使命と其声明の目標」1944 年 7 月）。

近代4』中央公論新社、1999年、26頁。
(34) 前掲、野間『出版人の遺文』2-4頁。
(35) 鶴見祐輔「ポーツマス条約の記憶」『青年雄弁集』大日本雄弁会、1913年、1-24頁。
(36) 前掲、野間『出版人の遺文』4頁。
(37) 前掲、鶴見『中道を歩む心』248-257頁。
(38) 前掲、鶴見『成城だより』第7巻、197-198頁。
(39) 鶴見祐輔『北米遊説記』大日本雄弁会、1927年、序の2頁。
(40) 山岡道男『「太平洋問題調査会」研究』龍渓書舎、1997年。片桐庸夫『太平洋問題調査会の研究』慶應義塾大学出版会、2003年。
(41) 鶴見祐輔『欧米大陸遊記』大日本雄弁会講談社、1933年、135-136頁。
(42) 同前書、185-199頁。
(43) 関嘉彦「太平洋協会時代の鶴見さん」北岡寿逸編『友情の人鶴見祐輔先生』鎌倉印刷、1975年、202頁。
(44) 同前書、204-205頁。
(45)『鶴見文書』3541番(海外旅行及滞在一覧)、3412番(内閣　支那へ出張被仰付)、3413番(鉄道院　支那へ出張ニ付支度料金三百円支給ス)、3414番(鉄道院　支那へ出張ニ付臨時現金出納官吏ヲ命ス)。山本梅治「鶴見先生年譜」北岡寿逸『友情の人鶴見祐輔先生』鎌倉印刷、1975年。鶴見祐輔『自由人の旅日記』日本評論社、1930年、393頁。
(46) 鶴見祐輔『偶像破壊期の支那』鉄道時報局、1923年、4頁。
(47) 同前書、183-187頁。
(48) 同前書、229-230頁。
(49) 同前書、244頁。
(50) 同前書、208頁。
(51) 同前書、209頁。
(52) 鶴見祐輔『壇上・紙上・街上の人』大日本雄弁会講談社、1926年、448-452頁。
(53) 前掲、鶴見『中道を歩む心』435頁。
(54) 同前書、436頁。
(55) 同前書、436-438頁。
(56) 同前書、423-424頁。
(57) 前掲、鶴見『偶像破壊期の支那』46-49頁。
(58) 同前書、256-257頁。
(59) 衆議院事務局『予算委員会議録　第3回』内閣印刷局、1942年1月23日。
(60)『鶴見文書』419番(「時局メモ　勝利獲得」)。
(61)『鶴見文書』2392番(『時局月報』)。

前掲、鶴見『成城だより』第2巻、第7巻。
(6) 鶴見祐輔『読書三昧』大日本雄弁会講談社、1936年。鶴見祐輔「少年は大人の父である」『実業之日本』実業之日本社、1955年6月。
(7) 前掲、鶴見『成城だより』第7巻、196頁。
(8) 同前書、190頁、208頁。
(9) 鶴見祐輔『中道を歩む心』大日本雄弁会講談社、1927年、358頁。
(10) XYZ(河合栄治郎)「鶴見祐輔論」『経済往来』第2巻第8号、日本評論社、1927年8月。鶴見祐輔「名士半生の雄弁」『雄弁』大日本雄弁会、1914年12月。前掲、鶴見『読書三昧』。
(11) 前掲、鶴見『中道を歩む心』358頁。前掲、鶴見「名士半生の雄弁」98頁。
(12) 前掲、鶴見「忘れ得ぬ人々」22頁。前掲、鶴見『中道を歩む心』239頁。
(13) 前掲、鶴見『成城だより』第7巻、164-165頁。前掲、鶴見「名士半生の雄弁」98頁。
(14) 鶴見祐輔『成城だより』第5巻、太平洋出版社、1949年、157頁。
(15) 鶴見俊輔「『私は殺した』から始まる哲学——戦争責任をめぐって」『真宗』真宗大谷派(東本願寺)、2003年4月、5頁。鶴見俊輔『日米交換船』新潮社、2006年、50頁。
(16) 前掲、鶴見『成城だより』第7巻、190頁。
(17) 前掲、XYZ「鶴見祐輔論」2-3頁。
(18) 前掲、鶴見『成城だより』第5巻、161-162頁。
(19) 同前。
(20) 鶴見祐輔『自由日本への道』日本経済道徳協会、1956年、180-183頁。
(21) 前掲、鶴見『成城だより』第7巻、208頁。
(22) 前掲、鶴見『成城だより』第5巻、239-240頁。
(23) 前掲、XYZ「鶴見祐輔論」5頁。
(24) 前掲、鶴見『成城だより』第5巻、152頁。
(25) 前掲、XYZ「鶴見祐輔論」5頁。
(26) 前掲、鶴見『成城だより』第7巻、161-162頁。
(27) 鶴見祐輔「新渡戸稲造先生」社会思想研究会編『わが師を語る——近代日本文化の一側面』社会思想研究会出版部、1951年4月、137頁。
(28) 鶴見祐輔『思想山水人物』大日本雄弁会、1924年、188頁。
(29) 前掲、鶴見「忘れ得ぬ人々」23頁。
(30) 沢田謙「鶴見祐輔」沢田謙他『現代人物伝シリーズ』第1集、銀河出版、1963年3月、141頁。
(31) 前掲、鶴見『成城だより』第5巻、239頁。
(32) 同前書、240頁。
(33) 野間清治『出版人の遺文』講談社、1968年、1-2頁。有馬学『日本の

注

国立国会図書館憲政資料室所蔵『鶴見祐輔関係文書（書類の部）』は『鶴見文書』と略記する。

序章

（1）『鶴見文書』3365番（履歴書）。
（2）藤野正「昭和初期の『自由主義者』——鶴見祐輔を中心として」日本歴史学会編『日本歴史』吉川弘文館、1982年12月。鈴木麻雄「鶴見祐輔の対米観——移民問題を中心として」『法学政治学論究』慶應義塾大学大学院法学科、1990年9月。内山尚三「純粋に生きた一生」北岡寿逸編『友情の人鶴見祐輔先生』鎌倉印刷、1975年、319頁。
（3）鶴見和子「自分と意見のちがう子どもを育てた父親への感謝」北岡寿逸編『友情の人鶴見祐輔先生』鎌倉印刷、1975年、350-351頁。
（4）『鶴見文書』2239番（鶴見祐輔「国際人と文人と政治家」）。
（5）松村正義『国際交流史——近現代の日本』地人館、1996年、9-12頁。有山輝雄「満州事変期の対米宣伝活動」東京経済大学大学院コミュニケーション学研究科編『日本の国際情報発信』芙蓉書房出版、2004年、130頁。
（6）『鶴見文書』2201番（鶴見祐輔「昭和時代の国民的標的」『実業之日本』1927年4月、35頁）。
（7）鶴見祐輔『北米遊説記』大日本雄弁会、1927年、267頁。
（8）鶴見祐輔『欧米大陸遊記』大日本雄弁会講談社、1933年、223-224頁。
（9）鶴見祐輔「単身米国を遊説して」『雄弁』大日本雄弁会講談社、1926年2月、56頁。
（10）鶴見祐輔『英雄待望論』大日本雄弁会講談社、1928年、353-354頁。
（11）『鶴見文書』2165番（鶴見祐輔「人口問題の解決策」『経済往来』1926年7月号）。

第一章

（1）『鶴見文書』3622番（鶴見祐輔伝記資料）。
（2）『鶴見文書』3622番、3756番（鶴見良憲履歴書）。
（3）鶴見祐輔『成城だより』第1巻、第2巻、第7巻、太平洋出版社、1948年-49年。『鶴見文書』3752番（感謝状　日本赤十字社）、3753番（感謝状　日本赤十字社）、3755番（感謝状　岡山県知事）。
（4）『鶴見文書』3623番（鶴見家関係古文書）。
（5）鶴見祐輔「忘れ得ぬ人々」『実業之日本』実業之日本社、1958年7月。

ま 行

や 行

ら 行

わ 行

た 行

な 行

は 行

主要人名索引

あ行

か行

さ行

著者紹介

上品和馬（うえしな・かずま）

1957年京都市生まれ。早稲田大学「太平洋問題調査会」研究所客員研究員。専門分野は、国際関係学、国際交流、外交史。早稲田大学大学院アジア太平洋研究科博士後期課程修了。2010年、博士号取得（国際関係）。（財）京都市国際交流協会、（財）国際文化交流推進協会、（独）国際交流基金において、多様な国際交流事業の企画・運営に携わる。
主要論文・評論に、「鶴見祐輔の『宣伝』活動」（『渋沢研究』第15号、2002年）、「鶴見祐輔の中国論」（『アジア文化研究』第10号、2003年）、「戦前期太平洋会議における鶴見祐輔の活動――発信と調整・運営の視点から」（『アジア太平洋研究科論集』第8号、2006年）、「日米間に咲いた花、鶴見祐輔」（『環』Vol.8、2002年）、"Tsuguharu Fujita"（*The East*, Vol.41, No.6, 2006年）、"History Told through The Institute of Pacific Relations"（*The East*, Vol.42, No.1, 2006年）、"Madame Sadayakko"（*The East*, Vol.42, No.3, 2006年）などがある。

広報外交の先駆者・鶴見祐輔 1885–1973

2011年5月30日　初版第1刷発行 ©

著　者　上品和馬
発行者　藤原良雄
発行所　株式会社 藤原書店

〒162-0041　東京都新宿区早稲田鶴巻町523
電　話　03（5272）0301
FAX　03（5272）0450
振　替　00160-4-17013
info@fujiwara-shoten.co.jp

印刷・製本　中央精版印刷

落丁本・乱丁本はお取替えいたします
定価はカバーに表示してあります

Printed in Japan
ISBN978-4-89434-803-5

「後藤新平の全仕事」を網羅！

『〈決定版〉正伝 後藤新平』別巻

後藤新平大全

御厨貴編

巻頭言 鶴見俊輔
序 御厨 貴
1 後藤新平の全仕事（小史／全仕事）
2 後藤新平年譜 1850–2007
3 後藤新平の全著作・関連文献一覧
4 主要関連人物紹介
5 『正伝 後藤新平』全人名索引
6 地図
7 資料

Ａ５上製 二八八頁 **四八〇〇円**
（二〇〇七年六月刊）
◇978-4-89434-575-1

後藤新平の〃仕事〃の全て

後藤新平の「仕事」

藤原書店編集部編

郵便ポストはなぜ赤い？ 新幹線の生みの親は誰？ 環七、環八の道路は誰が引いた？ 日本人女性の寿命を延ばしたのは誰？ ――公衆衛生、鉄道、郵便、放送、都市計画などの内政から、国境を越える発想に基づく外交政策まで「自治」と「公共」に裏付けられたその業績を明快に示す！

写真多数 ［附］小伝 後藤新平

Ａ５並製 二〇八頁 **一八〇〇円**
（二〇〇七年五月刊）
◇978-4-89434-572-0

後藤新平の「仕事」
「東京を創った男」
後藤新平の"仕事"の全て

今、なぜ後藤新平か？

時代の先覚者・後藤新平

〈1857-1929〉

御厨貴編

その業績と人脈の全体像を、四十人の気鋭の執筆者が解き明かす。
鶴見俊輔＋青山佾＋粕谷一希＋御厨貴／鶴見和子／苅部直／中見立夫／原田勝正／新村拓／笠原英彦／小林道彦／角本良平／佐藤卓己／鎌田慧／佐野眞一／川田稔／五百旗頭薫／中島純 他

Ａ５並製 三〇四頁 **三二〇〇円**
（二〇〇四年一〇月刊）
◇978-4-89434-407-5

二人の巨人をつなぐものは何か

往復書簡

後藤新平－徳富蘇峰

1895–1929

高野静子編著

幕末から昭和を生きた、稀代の政治家とジャーナリズムの巨頭との往復書簡全七一通を写真版で収録。時には相手を批判し、時には弱みを見せ合う二巨人の知られざる親交を初めて明かし、二人を廻る豊かな人脈と近代日本の新たな一面を照射する。 **実物書簡写真収録**

菊大上製 二一六頁 **六〇〇〇円**
（二〇〇五年一二月刊）
◇978-4-89434-488-4

Ⅵ 魂（こころ）の巻——水俣・アニミズム・エコロジー　　解説・中村桂子

Minamata : An Approach to Animism and Ecology

四六上製　544 頁　**4800 円**（1998 年 2 月刊）◇978-4-89434-094-7

水俣の衝撃が導いたアニミズムの世界観が、地域・種・性・世代を越えた共生の道を開く。最先端科学とアニミズムが手を結ぶ、鶴見思想の核心。

月報　石牟礼道子　土本典昭　羽田澄子　清成忠男

Ⅶ 華の巻——わが生き相（すがた）　　解説・岡部伊都子

Autobiographical Sketches

四六上製　528 頁　**6800 円**（1998 年 11 月刊）◇978-4-89434-114-2

きもの、おどり、短歌などの「道楽」が、生の根源で「学問」と結びつき、人生の最終局面で驚くべき開花をみせる。

月報　西川潤　西山松之助　三輪公忠　高坂制立　林佳恵　C・F・ミュラー

Ⅷ 歌の巻——「虹」から「回生」へ　　解説・佐佐木幸綱

Collected Poems

四六上製　408 頁　**4800 円**　（1997 年 10 月刊）◇978-4-89434-082-4

脳出血で倒れた夜、歌が迸り出た——自然と人間、死者と生者の境界線上にたち、新たに思想的飛躍を遂げた著者の全てが凝縮された珠玉の短歌集。

月報　大岡信　谷川健一　永畑道子　上田敏

Ⅸ 環の巻——内発的発展論によるパラダイム転換　　解説・川勝平太

A Theory of Endogenous Development : Toward a Paradigm Change for the Future

四六上製　592 頁　**6800 円**（1999 年 1 月刊）◇978-4-89434-121-0

学問的到達点「内発的発展論」と、南方熊楠の画期的読解による「南方曼陀羅」論とが遂に結合、「パラダイム転換」を目指す著者の全体像を描く。

〔附〕 年譜　全著作目録　総索引

月報　朱通華　平松守彦　石黒ひで　川田侃　綿貫礼子　鶴見俊輔

人間・鶴見和子の魅力に迫る

鶴見和子の世界

R・P・ドーア、石牟礼道子、河合隼雄、中村桂子、鶴見俊輔ほか

学問／道楽の壁を超え、国内はおろか国際的舞台でも出会う人すべてを魅了してきた鶴見和子の魅力とは何か。国内外の著名人六十三人がその謎を描き出す珠玉の鶴見和子論。〈主な執筆者〉**赤坂憲雄、宮田登、川勝平太、堤清二、大岡信、澤地久枝、道浦母都子ほか。**

四六上製函入　三六八頁　三八〇〇円（一九九九年一〇月刊）◇978-4-89434-152-4

鶴見俊輔による初の姉和子論

鶴見和子を語る（長女の社会学）

鶴見俊輔・金子兜太・佐佐木幸綱

黒田杏子編

社会学者として未来を見据え、〝道楽者〟としてきものやおどりを楽しみ、〝生活者〟としてすぐれたもてなしの術を愉しみ……そして斃れてからは「短歌」を支えに新たな地平を歩みえた鶴見和子は、稀有な人生のかたちを自らどのように切り拓いていったのか。

四六上製　二三二頁　二二〇〇円（二〇〇八年七月刊）◇978-4-89434-643-7

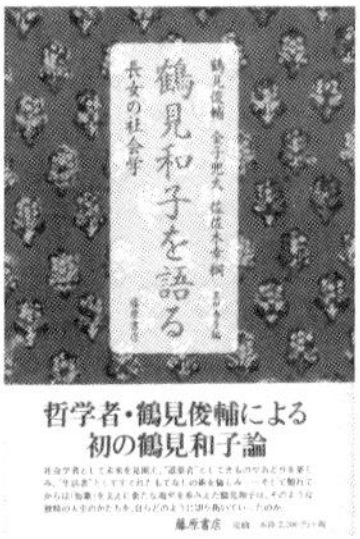

伝説的快男児の真実に迫る

「バロン・サツマ」と呼ばれた男
（薩摩治郎八とその時代）

村上紀史郎

富豪の御曹司として六百億円を蕩尽し、二十世紀前半の欧州社交界を風靡した快男児、薩摩治郎八。虚実ない交ぜの「自伝」を徹底検証し、ジョイス、ヘミングウェイ、藤田嗣治ら、めくるめく日欧文化人群像のうちに日仏交流のキーパーソン〈バロン・サツマ〉を活き活きと甦らせた画期的労作。**口絵四頁**

四六上製　四〇八頁　**三八〇〇円**
（二〇〇九年二月刊）
◇978-4-89434-672-7

真の国際人、初の評伝

松本重治伝
（最後のリベラリスト）

開米潤

「友人関係が私の情報網です」――一九三六年西安事件の世界的スクープ、日中和平運動の推進など、戦前・戦中の激動の時代、国内外にわたる信頼関係に基づいて活躍、戦後は、国際文化会館の創立・運営者として「日本人」の国際的な信頼回復のために身を捧げた真の国際人の初の評伝。**口絵四頁**

四六上製　四四八頁　**三八〇〇円**
（二〇〇九年九月刊）
◇978-4-89434-704-5

回帰する"三島の問い"

三島由紀夫vs東大全共闘
1969-2000

三島由紀夫
芥正彦・木村修・小阪修平・橋爪大三郎・浅利誠・小松美彦

伝説の激論会"三島vs東大全共闘"（1969）、三島の自決（1970）から三十年を経て、当時三島と激論を戦わせたメンバーが再会し、三島が突きつけてきた問いを徹底討論。「左右対立」の図式を超えて共有された問いとは？

菊変並製　二八〇頁　**二八〇〇円**
（二〇〇〇年九月刊）
◇978-4-89434-195-1